LEAN SUPPLY CHAIN &
PRODUCT DESIGN

精益供应链与产品设计

殷绍伟 ◎著

机械工业出版社
CHINA MACHINE PRESS

图书在版编目（CIP）数据

精益供应链与产品设计 / 殷绍伟著 . —北京：机械工业出版社，2023.5
ISBN 978-7-111-72982-2

Ⅰ. ①精… Ⅱ. ①殷… Ⅲ. ①通信企业 - 企业管理 - 供应链管理 - 经验 - 深圳 Ⅳ. ① F632.765.3

中国国家版本馆 CIP 数据核字（2023）第 063398 号

机械工业出版社（北京市百万庄大街 22 号　邮政编码 100037）
策划编辑：杨振英　　　　　　　责任编辑：杨振英
责任校对：张爱妮　卢志坚　　　责任印制：郜　敏
三河市国英印务有限公司印刷
2023 年 7 月第 1 版第 1 次印刷
170mm×240mm・23 印张・1 插页・296 千字
标准书号：ISBN 978-7-111-72982-2
定价：89.00 元

电话服务　　　　　　　　　　网络服务
客服电话：010-88361066　　　机 工 官 网：www.cmpbook.com
　　　　　010-88379833　　　机 工 官 博：weibo.com/cmp1952
　　　　　010-68326294　　　金 书 网：www.golden-book.com
封底无防伪标均为盗版　　　机工教育服务网：www.cmpedu.com

送给我的宝贝殷芮莹!
在巴西索罗卡巴,在美丽的松山湖,在路边咖啡店,
爸爸抱着你,你陪爸爸码字的时候,带给爸爸那么多
那么多的快乐和幸福……

前　　言 ▶ PREFACE

我在华为的供应链实践与探索

精益遇到供应链，是在巴西华为掉到全球化泥巴坑里时。

相比中国大部分企业，华为很早就开始重视供应链。IBM顾问指导下的华为两大变革，一个是集成产品开发（integrated product development，IPD），另一个是集成供应链（integrated supply chain，ISC）。即使这样，在巴西华为我们还是一下子掉到了坑里。在华为不都是鲜花和掌声，我们也遇到了很多挫折和失败。这些挫折和失败，也许更值得复盘和思考。

中国经济和企业管理进入了新阶段，需要从产销研单点线性竞争走向供应链系统协同。但情况并不乐观，供应链管理多少有点"精神分裂"。粗看，数字化、智能化技术手段满天飞，精神上已羽化飞升；仔细看，双脚还在泥泞里挣扎，身体跟不上灵魂的节奏。变革不是人云亦云，生怕落伍而凑热闹。不能像华为一样经受了供应链的生死考验，才认识到它的重要性。兵马未动，粮草先行。无论在商场还是在实际战场，很多时候打的就是背后的供应链，是武器、弹药供应和人员机动能力。

战争场景在变，大规模阵地战、海陆空多元化协同作战，以及闪电战、灵活穿插运动战、数字化信息战等，不同场景下作战模式和供应链有很大不同。但不少人不懂场景已经改变，来来去去用的还是传统阵地战的三板斧，堆人、堆资源被动解决问题。模式不对，就靠救火来弥补，电话邮件满天飞，拉通对齐端到端，这边好不容易搞定供应商，那边客户需求又变了，最后一堆库存砸在手里。供应链就这样被裹挟在中间坐"过山车"，忽上忽下，循环往复，被折腾得七荤八素。折腾几年人就麻木了，兵来将挡，水来土掩。供应链本应主动规划设计、运筹帷幄，却被干成了救火的夜壶：平时不被重视，着急的时候才被拉过来救火。夜壶做一年和十年都差不多，没什么前途，唯手熟耳。

马丁·克里斯托弗说，未来的竞争是供应链与供应链之间的竞争。以前我也是人云亦云，其实对这句话并没有多深的感受。直到掉到坑里痛过，我才真正理解它的意思。好不容易从坑里爬出半截，想把一路摸爬滚打的实践思考分享出来，给在供应链探索路上的同路人参考，希望能够为中国企业的供应链管理进步出一份力。

一、2G GSM 的曲折探索与规模化供应挑战

现在说起华为无线产品 5G（第 5 代全球移动通信系统），大家都竖起大拇指。其实华为的无线产品也有它曲折探索和艰难突破的过程。作为无线 2G GSM（第 2 代全球移动通信系统）的供应链小兵，我有幸见证了这个过程。当时无线连年亏损，向公司借钱发奖金，压力很大。老板有机会就念叨，无线什么时候还公司钱。我作为生产工艺人员，大部分时候都被问题追着屁股跑，经常被动救火，并不因为身在供应链管理部就懂供应链管理。多年后复盘才发现，我们搬的砖，包括极简工艺技术突破、质量前移和海外生产布局等，都是在搭建无线千亿

级规模化供应链的"教堂"。复盘对比苹果、特斯拉等伟大企业，我们才认识到 ECRS ROOT（深度极简设计方法）对规模化供应链的价值。

二、泥坑里的巴西华为与全球化供应链

华为的无线产品快速增长，实现全球突破。2007 年底我被派到巴西，负责海外生产布局。巴西的海外生产费了很大劲才被建立起来，却始终不温不火。后来发现海外生产不仅仅是海外工厂管理的事，还需要税法政策解读引导，销售协同，本地合作伙伴管理，产品供应、销售、税法等集成方案设计，以及最终收益闭环的端到端管理能力。在国内理所当然的事，到了全球化场景可能到处都是坑。

海外生产终于慢慢走上正轨，供应和销售又经常"吵架"。今天你抱怨我欠料，明天我抱怨你压库。很奇怪，问题总解决不了。后来慢慢发现是因为语言没对上，长期各说各话。2010 年，我们从本地编码清理开始，分产品梳理区域产品配置主数据，对齐语言后问题得到明显改善。然后，我们推行场景化集成业务方案，集成配置数据设计、配置打包、配置拉通，一步一步把巴西华为主干数据流与业务价值流打通了。数据是连接业务流和信息流，连接实体世界和虚拟世界的关键。我们以数据为抓手打通业务流和信息流的"任督二脉"，端到端价值流实现了高效运转。巴西华为还是那个巴西华为，原来亏损得连奖金都发不出，供应链被人诟病和挑战，变革成功后收入、盈利大幅改善，供应链也成为巴西华为的核心竞争力。

巴西华为遇到的问题，是华为供应链走向全球化场景遇到的共性问题。只是巴西商业环境让问题更早暴露。2012 年开始，我边干边总结，把实践和思考分享到 3MS（华为内部知识社区），供其他同事参考。用笔思考，比用脑思考更系统和深刻。总结中我意识到，这不只是华为，而是中国企业在走向全球化过程中可能会遇到的共性问题。中国企业这么多，全球化企业却非常少，是产品不行？不是。是销售不行？不完全是。很多企业全球化失败是因为供应链。国内习惯使用的三板斧，到了全球化场景就失效了。很多企业意识不到这些问题和风险，不提前准备就仓促出海，遇到问题临阵磨枪，于是手忙脚乱、稀里糊涂地败下阵来。

三、产品设计中给精益供应链插上数字化翅膀

数字化是大势所趋，如火如荼。2016年我回国参加数字化融合设计变革项目，希望在产品设计源头构建精益，给精益供应链插上数字化翅膀。我是个慢性子的人，但刚回国也有点着急。大家都在说数字化、智能化和无人工厂等，让我觉得自己落伍了。但我又有点兴奋，觉得巴西华为的全球化供应链是在"补课"，这次数字化供应链的探索突破，让中国企业终于和全球一流供应链管理同行站在同一条起跑线上了。但数字化却没那么简单，无论实物流还是信息流，如果没有精益，插再多的数字化翅膀，再怎么扑腾也飞不起来。

大道甚夷，数字化难是因为方法不对，容易走岔路上去。这几年我们归本溯源，针对不同产品规划不同的理想供应模式，从产品源头，从更基础的简洁化、精益自働化㊀开始，然后再考虑数字化、智能化。从源头和基础做起，看起来不高大上，但有效。我做了2年融合设计变革项目，然后"自己吃自己的狗粮"㊁，在存储和能源产品上落地。我对存储产品设定的目标是生产成本减半，供应周期减半，大家说这太理想化了。一年多时间，通过融合设计V6版本，这个目标一步步实现了。而且大家发现，从产品源头入手没想象中那么难。这个版本成为明星产品，竞争力上了一个大台阶。领导说能源产品问题多，我说

㊀ 自働化是精益常用语，是精益场景下的LCIA（低成本柔性智能自动化），是相对传统企业追求高度自动化、无人化，过于刚性而言。精益中带单人旁的"働"是指人机结合，柔性、低成本，具备智慧的自动化。

㊁ "自己吃自己的狗粮"是华为内部通俗说法，是指自己用自己设计的产品或者亲自实践自己的变革理论方法。

问题就是机会，面向未来百亿美元规模化、全球化、数字化供应场景设计理想供应模式，制定挑战目标和分阶段路标。有人一看，说我们这是吹牛。殊不知只要改变了模式，这些看起来不可能的目标都有些过于保守了。经过 2 年时间，逆变器等模块类能源产品逐步落地，柜式能源产品持续收敛，最困难的数据中心能源建筑级产品也取得了从 0 到 1 的突破。只要不急功近利，不来回折腾，应该说能源产品已经从坑里爬出小半截了。

———

供应链是重实践的管理科学。实践证明，数字化不能急功近利，而要"拙速胜巧迟"。从产品源头，从精益开始，正本活源，全球化、数字化供应链会更早成功。

我对供应链管理的未来充满期待，希望：

越来越多的中国企业在全球化竞争中占有一席之地。

越来越多的供应链成为企业核心竞争力，像丰田、苹果、特斯拉一样。

供应链人不说像库克一样成为全球 500 强企业的 CEO，但供应链至少应该成为受人尊重和大家向往的职业。

INTRODUCTION ◀ 内容导读

前作《精益供应链：从中国制造到全球供应》[一]，是基于巴西华为的实践，内容侧重全球化供应链。当时对相关的内容理解不够深，有表述不准确的地方。本书在更正和补充的基础上，内容侧重前端供应模式与产品的规划设计，梳理不同供应模式的特点和产品协同演进规律，介绍不同场景下供应模式的设计方法，以及如何在产品源头构建精益自働化、全球化、数字化供应链。产品源头规划设计好了，后面就事半功倍、水到渠成。源头没规划设计好，后端再补救也是"浑身不对劲"。

介绍华为成功案例和优点的书已经很多，其实失败案例更有价值。我们知道华为没有想象中的那么好，在华为内部十几年来看到的都是问题。本书是我们在巴西华为掉到泥巴坑里，好不容易爬出半截时，对这些问题的反思：**对精益生产的反思，对华为集成供应链的反思，对当前全球化、数字化供应链和智能制造的反思。**

[一] 机械工业出版社 2016 年出版。

本书适合：

（1）**制造管理，特别是精益生产推行与制造系统设计人员**。中国制造走到新阶段，微笑曲线已过时，传统制造模式瓶颈亟待突破。精益生产、智能制造看起来都不错，但推行起来困难重重，成功的很少。从精益生产走向精益供应链，从被人轻视的微笑曲线最低端，走向价值枢纽"芯"价值，为企业发展提供新动力、打开新空间。本书重点介绍精益的本质，介绍精益制造系统与产品设计方法。

（2）**供应链管理，特别是规划设计人员**。客户需求快速变化，预测不准，需求波动大，充满不确定性。传统供应链被动响应，提不起速、刹不住车。本来应该主动规划、运筹帷幄的供应链管理，被做成了救火的夜壶：平时想不起来，用的时候才拉过来救急。我看到的很多供应链问题的症结都是模式问题：模式不匹配只能靠救火来弥补。当前供应链管理处于"战国时期"，传统模式解构、新模式亟待建立，矛盾突出、信息混乱，很多人都搞不清有哪些供应模式。本书通过案例梳理供应模式的演进规律，梳理不同模式的底层逻辑和优缺点，帮助大家匹配合适的供应模式和产品设计。

（3）**研发和产品管理，特别是产品架构设计人员**。产品竞争力不只是纯粹的产品性能，还包括产品供应竞争力。不同产品不同供应模式，匹配不同的产品架构级可制造性设计（design for manufacture，DFM）、可供应性设计（design for supply chain，DFSC）。另外，产品研发设计人员也需要对供应模式有一定了解，知道如何给供应链提需求，支撑产品整体竞争力的提升。

（4）**有志于全球化拓展的企业管理者**。全球化充满机遇，成功了可以站上全球竞争舞台，利用全球市场规模和优势资源甩开国内对手。但全球化也布满陷阱。中国企业前仆后继，但成功的很少。很多企业在全球化路上伤痕累累，在中国制造中辛苦节约的，在全球供应中损失殆尽，不得不断臂求生。全球化究竟有哪些陷阱和挑战，企业该如何应对？基于巴西华为经验复盘，包括面对割裂的全球化场景，本书探讨如何在产品可供应设计中提前预埋能力。

（5）**数字化变革管理者**。数字化如火如荼，但雷声大雨点小。数字化是一门技术，除了从技术视角提升效率，也要从模式视角思考如何打开新的价值空间。数字化现在多少有点急功近利，需要向下扎到根，才能向上捅破天。数字化需要精益，精益也需要数字化，基于巴西华为的实践探讨精益和数字化的关系，本书重点介绍4VD（精益智儆化方法）。

（6）**学习华为，并敢于超越华为的企业管理者**。除了学习华为，能不能超越华为？中国企业到了新阶段，产销研线性竞争模式即将走到尽头，企业如何先人一步构建差异化竞争优势？无论企业在什么阶段，从初始突破阶段，到十亿美元、百亿美元，甚至千亿美元规模化成长阶段，或者多元化集团军协同作战阶段，以及平台化、生态网络化发展阶段，本书都有借鉴意义。

————

鉴于商业保密，除已过时的无线2G产品和已公开的华为信息外，本书只介绍行业案例和通用套路。别人的案例毕竟不如亲手做的生动，隔靴搔痒效果会差些，请大家理解。华为同事可以在3MS我的博客空间找到内部案例，包括巴西华为、无线、存储、能源产品实战案例，以及数字化融合设计的分产品类别设计指南、分场景解决方案货架、设计基线等。

致　谢 ▶ ACKNOWLEDGEMENTS

本书得以面世，首先感谢华为公司。

感谢公司提供平台，感谢李总和老杨给我们上场和全球一流对手竞技的机会，让我有机会接触全球领先的管理思想和方法。感谢在巴西华为一起从泥坑中爬出来的战友，一起探索产品融合设计的兄弟姐妹。本书来源于我们在泥坑中的摸爬滚打，只是通过我的手总结提炼了出来。当然，书中观点只代表我个人，和其他人、和华为公司无关。

感谢梁雪莹同学，让我回家后，除了带娃这种美差外，有时间写作。

特别感谢机械工业出版社的编辑，以及前辈刘宝红的指正与鼓励。码字是体力活，很耗时间。是用中国人自己的管理实践帮助中国企业管理进步，前面掉过的坑不重掉一遍的朴素愿望，让本书得以面世。原本想起名"场景化供应模式与产品设计"。但国内供应链管理还处于"战国时期"，矛盾突出，信息混乱，生怕大家病急乱投医，盲目学先进，却学到坑里。没有最好的模式，只有最合适的模式。华为自己掉过很多坑，集成供应链也有不少问题。数字化供应链虽然是大势所趋，但饭要一口一口地吃，要打好基础，管理好节奏。供应链是偏实践的学科，一定要追本溯源，活学活用。

半路出家，水平有限，意见建议欢迎联系 yinshaoweisovin@gmail.com、微信 sovin26904554 或者公众号"精益供应链"交流。从产品组织到供应链组织，从社会组织到生物组织，底层逻辑都有相通之处。希望通过本书找到更多本领域或者跨领域同路人，互相启发、共同进步。这也是总结分享的乐趣所在。

目 录 ▶ CONTENTS

前言
内容导读
致谢

第一部分　场景化供应模式与产品设计

第一章　融合创新：产品研发创新到供应模式创新　2

第一节　场景化供应模式与产品设计的价值　2
一、从散兵游勇到战无不胜的戚家军　2
二、学习丰田的精益生产为什么难　5
三、从精益生产到精益供应链　7
四、供应模式和制造模式、生产模式的区别　9

第二节　过时的微笑曲线与中国制造"芯"价值　11
一、中国企业线性竞争模式走到尽头　12

		二、制造的新价值和"芯"价值	13
		三、枢纽价值不只看蓄水量	14
		四、过时的产业微笑曲线与组合布局	15
	第三节	供应链的"中年危机"与融合设计流程方法	16
		一、供应链的"中年危机"	17
		二、数字化融合设计	20
		三、从产品到解决方案的两种理解	23

第二章　突破场景：金刚钻价值设计模型　26

	第一节	2G GSM 的曲折探索与艰难突破	26
		一、价格竞争和跟随没有出路	26
		二、弯道超车还是弯道翻车	28
		三、微基站为什么能突破	29
		四、分布式基站如何突破欧洲高端市场	32
		五、价值设计基础上的极简融合	35
		六、5G 继续引领全球	37
	第二节	失败锤炼出来的价值设计	38
		一、文化来源于故事传承与基因内化	38
		二、以客户为中心的价值设计	39
		三、价值客户与价值突破口的选择	40
		四、低端不是简单打价格战	40
		五、高端不是简单追求技术领先	42
	第三节	从价值链到价值锥	42
		一、全面客户关系	43
		二、全场景价值扫描	43
		三、全功能专业团队	45
		四、融合设计	47

　　　　　五、先散再聚，让子弹先飞一会儿　　　　　　　　　48

第三章　有效增长：规模化供应链与极简产品设计方法　49

第一节　改变世界的 ECRS ROOT 极简设计方法　　　　49
　　　　　一、技术领先的德国武器　　　　　　　　　　50
　　　　　二、苏联武器供应链的胜利　　　　　　　　　51
　　　　　三、发明汽车的德国人和改变世界的美国人　　53

第二节　改变世界的基因传承：从索尼到苹果　　　　　62
　　　　　一、改变世界的索尼随身听　　　　　　　　　62
　　　　　二、极简设计的基因传承　　　　　　　　　　64

第三节　创新驱动的垂直整合供应链：张弛有道　　　　71
　　　　　一、让人恐怖而又无奈的三星　　　　　　　　71
　　　　　二、三星的"快鱼"理论　　　　　　　　　　72

第四节　苹果生产外包了但依然是垂直整合供应链　　　77
　　　　　一、苹果的 ECRS ROOT 深度极简产品设计　　77
　　　　　二、谁说垂直整合供应链一定要拥有全部资源　79
　　　　　三、产品与供应链融合创新构建高门槛　　　　79
　　　　　四、一脉相承的特斯拉　　　　　　　　　　　81

第五节　GSM 规模化极简供应链　　　　　　　　　　 84
　　　　　一、初识不明画中意　　　　　　　　　　　　84
　　　　　二、极简工艺　　　　　　　　　　　　　　　85
　　　　　三、质量前移　　　　　　　　　　　　　　　88
　　　　　四、精益启蒙与海外生产布局　　　　　　　　89

第四章　多元分蘖：集成供应链与模块化设计方法　92

第一节　通用汽车与现代企业分权管理　　　　　　　　92
　　　　　一、不受约束的多元化市场驱动　　　　　　　92

二、生产效率持续收敛的困境　　　　　　　　　94
　　　三、创新性应对价格战的第三条路　　　　　　　94
　　　四、集约高效与分权灵活　　　　　　　　　　　96
　　　五、德鲁克与斯隆的君子之争　　　　　　　　　97
　第二节　模块化集成设计让鱼和熊掌兼得　　　　　　99
　　　一、华为为什么要学 IBM　　　　　　　　　　　99
　　　二、模块化 IBM360 与蓝色巨人的崛起　　　　　100
　　　三、解耦容易集成难　　　　　　　　　　　　　101
　　　四、从模块化产品到模块化组织　　　　　　　　102
　第三节　向七巧板学习模块化设计　　　　　　　　　106
　　　一、世界是多元的还是归一的　　　　　　　　　108
　　　二、燕几图到七巧板　　　　　　　　　　　　　108
　　　三、模块化设计目标　　　　　　　　　　　　　109
　　　四、模块化设计挑战　　　　　　　　　　　　　111
　　　五、模块化供应链设计原则　　　　　　　　　　112
　　　六、模块化产品 DFX 设计原则　　　　　　　　113
　　　七、模块化设计经验基线　　　　　　　　　　　114
　第四节　集成供应链的挑战与未来　　　　　　　　　114
　　　一、排队模式　　　　　　　　　　　　　　　　115
　　　二、集成供应链为什么不集成　　　　　　　　　116
　　　三、计划赶不上变化　　　　　　　　　　　　　118

第二部分　精益供应链与全球化数字化演进

第五章　精益豹变：从精益生产到精益供应链　　　122

　第一节　从心脏结构看精益的本质　　　　　　　　　122

	一、生物组织与心脏结构的演进	122
	二、人的差异化演进路线	127
	三、社会组织的螺旋演进路线	128
	四、精益组织的心跳频率	134
第二节	集成供应链得了慢性病	136
	一、中心性肥胖与心血管堵塞	137
	二、供应链心血管健康度检查	138
第三节	精益不是减肥那么简单	143
	一、为什么会暴饮暴食	143
	二、精益生产推行的现实困难	144
第四节	精益供应链在战争中的应用	148
	一、小颗粒混流与大规模穿插	148
	二、低成本柔性自働化的武器装备	148
	三、组织文化与能力建设	149
	四、让精益从信仰回归管理	149
	五、精益是什么	150
	六、精益不是什么：常见误区	153

第六章　源头精益：在产品设计中预埋基因　　156

第一节	丰田的精益自働化产品设计	156
	一、精益供应链与敏捷产品设计	156
	二、丰田产品设计模式分析	157
	三、丰田如何在产品设计中构建精益	160
第二节	大众的模块化平台为什么做薄不做厚	163
	一、大众早期的平台化设计	164
	二、大众的MQB模块化平台	165
	三、模块化平台对精益的价值	168

	四、模块化平台在供应链设计中的应用	169
第三节	需求波动场景下的空调供应链与产品设计	171
	一、分波：差异化管理波动	171
	二、缓波：组件化轻整机设计	172
	三、冲浪：主动利用波动	175
	四、生态：柔性网络布局与产品设计	177

第七章 核芯精益：精益制造系统设计　　　　179

第一节	产品制造系统设计方法	179
	一、产品制造系统"芯"设计	180
	二、传统制造系统瀑布模型	180
	三、导入验证是"以小见大"的技术活	182
	四、动态复杂制造系统的设计挑战	182
	五、上帝之手与精益演进设计	183
第二节	精益制造系统的动态需求工程	186
	一、传统 QCD 铁三角的局限性	186
	二、动态系统如何度量	187
	三、制造系统设计的需求工程	189
第三节	精益制造系统架构设计	193
	一、制造系统比产品设计复杂	193
	二、传统制造系统设计为什么这么弱	194
	三、设计不足运作来补的躺平八爪鱼架构	196
	四、制造系统与产品设计的差异	196
	五、猎豹架构	197
第四节	精益制造系统概要设计	201
	一、模块化平台制造系统架构	203
	二、全流程极简工艺	204

三、系统心跳　　　　　　　　　　　　　　206
　　四、灵活变阵的柔性线体　　　　　　　　208
　　五、标准作业与线体人员方案　　　　　　209
　　六、精益自働化方案　　　　　　　　　　210
　　七、物流网络与物料配送方案　　　　　　212
　　八、多产品混编排产和缓冲容错方案　　　213
　　九、标准化快速换线方案　　　　　　　　216
　　十、质量管控与异常管理方案　　　　　　217
　　十一、系统级可靠性与容错方案　　　　　218
　　十二、供应风险与不确定性应对方案　　　220

第八章　全球化：从泥坑里爬出来的巴西华为　　221

第一节　从巴西华为看全球化机会与挑战　　221
　　一、全球化机会窗　　　　　　　　　　　222
　　二、前仆后继但成功的凤毛麟角　　　　　223
　　三、中国制造辛苦节约的在全球供应中损失殆尽　224
　　四、凡事预则立，不预则废　　　　　　　225

第二节　割裂的全球化与产品可供应性设计　　228
　　一、传统三板斧为什么失效了　　　　　　228
　　二、猛龙不过江：全球供应布局4大陷阱　229
　　三、全球化产品可供应性设计　　　　　　231

第三节　分布式产品架构与分布式供应网络布局　　237
　　一、集中式宏基站与分布式微基站　　　　237
　　二、分布式产品设计原则　　　　　　　　239
　　三、分布式需要解决的问题　　　　　　　241
　　四、分布式打开新价值空间　　　　　　　242
　　五、分布式产品设计与灵活供应布局　　　243

第九章　数智成人：数字化需要精益，精益也需要数字化　　245

第一节　精益数据治理支撑巴西华为变革成功　　245
　　一、产品源头数据清洁　　248
　　二、数据治理的全球化与区域化　　249
　　三、数据质量管理的挑战　　249
　　四、传统PDM数据断裂后的业务断裂　　250
　　五、场景化业务方案与数据方案设计　　252
　　六、数据打通业务流和信息流的任督二脉　　253

第二节　数字化也要向下扎到根，才能向上捅破天　　259
　　一、向蓝血十杰学习数字化管理　　259
　　二、部分中国企业没有经过科学管理的充分洗礼，
　　　　数字化基础不牢　　261
　　三、精益智働化4VD数据管理方法　　262
　　四、回归不是撤退，是为了走得更远　　269
　　五、聚焦价值，警惕为了数字化而数字化　　271

第三节　数字化融合设计与C2M客户化定制　　272
　　一、数据管理软能力比设备硬能力更重要　　273
　　二、集成数据管理的问题与挑战　　274
　　三、数据管理的小颗粒混流与大规模穿插　　275
　　四、数字化融合设计实现真正的C2M　　276
　　五、产品数据是主线　　277

第四节　从控制到赋能：开放数据与供应链生态网络　　277
　　一、逆袭的茑屋书店　　278
　　二、做大市场：从产品到场景化解决方案　　279
　　三、少就是多：聚焦核心能力　　280

	四、赋能：从管控供应商到赋能供应伙伴	281
	五、赋能客户生态	282
	六、面向数据生态的产品设计原则	283
第五节	从效率提升到价值创造	284
	一、润物细无声的数字化1.0	284
	二、沿着数字化网络的价值迁移与升华凝结	285
	三、软硬件解耦价值不一定解耦	287
	四、数字化产业的供应链价值探讨	288
	五、知识供应链探讨	291
第十章	**万物共生：供应模式演进乾坤图**	**294**
第一节	需求解构与场景分类	294
	一、需求解构	295
	二、三维立体需求场景	296
	三、不同产品的需求特点	297
	四、不同发展阶段的注意点	298
第二节	供应模式分类与演进	301
	一、项目型原始供应链	302
	二、专业化规模供应链	303
	三、垂直整合供应链	305
	四、模块化集成供应链	307
	五、精益供应链	307
	六、全球化演进	309
	七、数字化到数智化供应链	312
	八、博采众长的混合模式设计	316

第十一章　组织与人才　318

第一节　流水不腐：沿着价值流建组织　318
一、超强的战略规划能力　319
二、为什么起个大早赶个晚集　319
三、利用价值流减少组织淤积　320
四、不同创新场景的组织选择　322

第二节　"知本主义"与人才管理　323
一、社会组织模式的关键生产要素演进　325
二、不同组织的罩门与运营管理要点　326

第三节　学习型组织与"⊥"形成长　333
一、理想的现实主义者　333
二、温故而知新，喜新但不厌旧　335
三、隔行如隔山，但隔行不隔理　337
四、能力建立在组织上：如何做好COE　338
五、不同成长路径　339
六、探索型工作方法　341

参考文献　342

后记　344

PART 1 ◀ 第一部分

场景化供应模式与产品设计

优秀企业总是先人一步,创新引领未来。中国企业发展到了新阶段,产销研线性竞争模式快走到尽头,下一步何去何从?数字化是个机会,但它只是技术,核心还是模式的改变。我认为,从产品研发创新走向供应模式创新,从单点线性竞争走向系统协同竞争是其中一个方向。有的企业已经在这么做,比如丰田、苹果和特斯拉。学习这些优秀的企业,不能只看它们成功的时候,一俊遮百丑,好像它们做什么都是对的,而是要看它们的适用场景,它们在"微"时,在成功之前的挫折,经受过失败锤炼的优秀基因。隔行如隔山,但隔行不隔理。跨行业学习很有价值,但不是简单地抄作业,它需要我们有抽取核心基因的能力,以及桃嫁李接的技巧。

第一章 ▶ CHAPTER 1

融合创新
产品研发创新到供应模式创新

大道甚夷,而民好径

第一节 场景化供应模式与产品设计的价值

一、从散兵游勇到战无不胜的戚家军

明嘉靖年间,中国沿海一带倭寇非常猖獗。政府正规军虽然人数众多,军资雄厚,却屡战屡败。百姓深受倭寇蹂躏之苦。相比于装备齐全、给养充足的政府正规军,戚家军大部分是农民。他们拿的武器,所谓狼筅,就是沿海一带本地产的毛竹,盾牌是藤条编织的藤盾。但就这样的资源条件,戚家军的战斗力反而甩正规军几条街,真正是百战百胜,从无败绩。四千戚家军,斩倭寇高达十余万人,创造了中国

古代军事史上，冷兵器伤亡比例最高纪录：㊀

  海宁前哨战：0∶200，倭寇死亡200余，戚家军1人轻伤，0死亡。
  新河保卫战：1∶90。
  宁海花街大战：1∶333。
  台州大捷：1∶250，戚家军伤亡20余人，倭寇死伤5000余人。

戚家军的战斗力为什么这么强？

很重要的一点在于其特有的阵法——鸳鸯阵，以及以鸳鸯阵为核心的配套资源要素和组织能力。如图1-1所示，鸳鸯阵以12人为一队，由盾牌手（长牌手或藤牌手）、狼筅手、队长以及长枪手、短兵手、伙夫组成，分工明确，相互配合。盾牌手在前，遮挡箭矢、长枪；狼筅手随后，掩护盾牌手的推进和后面长枪手的进击；中间四名长枪手，照应盾牌手和狼筅手；最后两个手持"镋钯"的短兵手承担警戒、支援等工作。鸳鸯阵使用的武器，也很有特色。狼筅用的是当地的毛竹，表面覆盖锐利的箭头，攻击范围大，而且非常坚硬。盾牌用的是藤条，比较轻便。藤条就地取材，资源在当地容易获取。鸳鸯阵匹配的这些武器看上去原始，但它们和沿海山地场景，以及鸳鸯阵阵型非常匹配。阵型模式和武器装备都是戚继光针对倭寇特点，根据我国东南沿海作战地形，场景化专门设计的。后来作战场景变成与北方游牧民族对抗时，戚继光又对鸳鸯阵和配套武器进行了改造升级，研发了虎蹲炮等新式武器。特别是虎蹲炮，杀伤力大，又便于携带和大量制造。

不同兵器分工明确，矛与盾、长与短紧密配合，充分发挥协同优势，而且阵型根据作战场景，变化灵活。在地形有限制时，鸳鸯阵阵型可以分解为左右两小阵或左中右三小阵。两小阵时称5人组合的

 ㊀ 数据基于《戚少保年谱耆编》整理。

"两才阵"(见图1-2)。左右盾牌手分别跟随左右狼筅手、长枪手和短兵手,护卫他们进攻。两个小阵既相互独立,又互相配合。三小阵时进一步解耦为4人一队的"三才阵",三个小阵互相配合,变阵为狼筅手、长枪手和短兵手居中,盾牌手在左右两侧护卫。

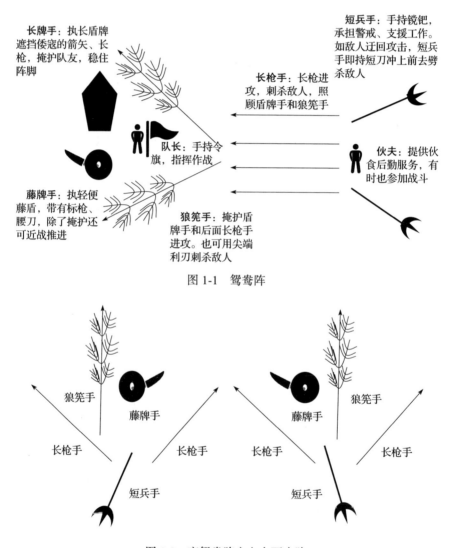

图1-1 鸳鸯阵

图1-2 变鸳鸯阵之左右两小阵

长短结合、攻防兼备,灵活变阵,原来的散兵游勇构建出超强的战斗系统。戚家军能以一当百,百战百胜,发挥的就是阵法(或者说模式)和兵器(产品)协同的威力。中国古代另一支军队,岳家军,也很善于用阵法。在军事力量一向羸弱的宋朝,一万岳家军,打得十万铁浮屠重装骑兵落花流水,发出"撼山易,撼岳家军难"的感叹。

———

什么是模式?

它是针对某一类问题提炼出来的核心系统方法,比如生产模式、运作模式、设计模式,通常具备以下特征。

- ▶ **系统性**:从整体视角,系统解构,提炼出来的成功套路方法。
- ▶ **重复性**:提炼出的核心方法,具备一般性,可重复应用。
- ▶ **场景性**:没有普适的模式,也没有最好的模式,只有最合适的模式。
- ▶ **灵活性**:模式是理论到实践的关键桥梁。基于模式,结合具体情况,灵活调整,可实现一般性和特殊性的衔接。

二、学习丰田的精益生产为什么难

受过时的微笑曲线影响,大家认为研发和销售是核心竞争力,比制造和供应链更重要。研发和销售的同事一般也更有优越感,觉得自己的工作更有技术难度、门槛更高。我们供应链很多人自己也气短一截。

我这个人自尊心强一些,不完全认同以上看法。我和研发说,研发是很重要,但你们搞个技术出来,宝贝得不得了,又是信息安全,又是专利保护,生怕别人学去了。可惜现在信息流动很快,千防万防,还是容易被对手抄袭。搞研发就像安徒生童话里穿上红舞鞋的女孩,必须不停地跳,不能停下来。一旦停下来,对手就追上来了。即使是有专利保护,对手也可能另辟蹊径,绕过专利。大家以为后端制造供应链简单,只是拉通协调端到端。但看看丰田,打开门让人学,让人抄,还是抄不会，它靠精益领先世界几十年，一直被模仿，从未被超越。

丰田的精益完全就是"阳谋"，摊开给别人学，生怕别人学不会。

如图1-3所示，到丰田只要填一个申请表格，就可以直接参观生产线，毫无隐瞒。丰田还专门写书把理论和工具方法和盘托出，不遗余力地宣传。有的精益顾问年纪很大，衣食无忧，却还是满世界跑，传道布道，就怕手艺失传了。丰田为了让大家更直观地理解精益，还专门建了博物馆。只要花上不多的费用（约人民币50元），观众就可以在里面观摩学习一整天。从丰田最早的纺织机，即精益思想的启蒙开始，一代一代地，不厌其烦地向访客展示精益思想的底层工作原理。全部都是真实场景，1∶1的比例，还有专门的操作人员演示（这个门票价格肯定是亏的）。即使这样，能真正学会的还寥寥无几。

开放的生产现场，欢迎参观

博物馆宣传

写书，理论和工具方法和盘托出

实物演示，帮助理解底层逻辑

图1-3 生怕你学不会的丰田

为什么学不会？

因为精益不只是生产，不是单点竞争力，而是系统协同的供应模式竞争力。

所以难学！

对于一个企业，我们往往只看到产品，再进一步看到生产线，因为它们是价值载体，比较显性。很多时候我们忽视了背后的系统。丰田的关键竞争力不只是生产线，还有背后的精益生产系统，以及产销研协同的精益供应链（见图 1-4）。这是丰田产品优秀基因的本质来源，保证了丰田汽车竞争力长期的一致性和稳定性。

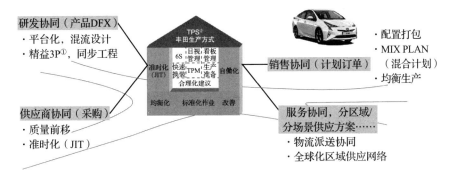

图 1-4　精益的产销研系统协同

① 精益 3P 即精益生产准备流程（production preparation process），是精益在新产品导入阶段的关键活动。
② TPS 全称为 Toyota production system，即丰田生产系统。

三、从精益生产到精益供应链

投资研发就是投资未来。现在大家都很重视研发。在欣慰的背后，也需要思考：舍得投钱就能搞好研发吗？当多数人不重视研发的时候，舍得投钱可以领先一步。现在产销研和研产销之争尘埃落定，大部分企业都开始重视研发、投资研发，我担心很快会出现研发的同质化竞争，线性思维容易走入死角，变成拼体力。

面向未来,企业的差异化竞争优势应该构建在哪里?

如图 1-5 所示,我们看第一代优秀企业的代表长虹,到第二代优秀企业的代表海尔,再到第三代优秀企业的代表华为,都是敢为天下先构建的差异化竞争力。中国企业下一步竞争的关键是什么?企业如何未雨绸缪,提前构建能力?产销研协同构建的供应链系统竞争力,是其中一个关键的方向。

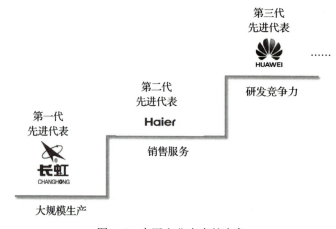

图 1-5　中国企业未来的竞争

单点线性竞争模式下,整体竞争力易受限于企业能力的短板,也就是瓶颈环节。

系统模式竞争力是取长补短,系统协同涌现出的协同竞争力。同样是碳元素,连接方式不同,系统层面会表现出很大的差别。如图 1-6 所示,将碳元素以线性或者平面的方式连接,呈现出来的是可塑性强、易于改变形状的石墨,而如果将碳元素立体系统地组织起来,就是坚硬无比的金刚石。明军粗看由专业士兵组成,但打起仗来却是散兵游勇,一触即溃。而原来是农民的普通百姓,被戚继光的鸳鸯阵组织起来,就是戚家军,可以以一当百,战无不胜,攻无不克,发挥出 1+1 远远大于 2 的效果。没有先进供应模式的指导,研发、采购、生产、销售等要素之间是弱连接,供应链就是散兵游勇,被人鄙视,不得不尴尬地待在微笑曲线的底端，被人当救火的夜壶使。而被精益供应模式组织起来的丰田，供应链就是其核心竞争力，几十年来一直被模仿，从未被超越。今天我们看特斯拉的崛起，看起来终于有企业要超越丰田了。特斯拉的胜利是一种螺旋式上升，也是模式的胜利，是产品与供应模式融合创新的胜利。

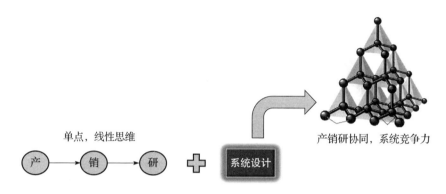

图 1-6　从单点线性竞争到系统模式竞争

这种系统竞争力的构建，除了设备等资源要素和自动化、数字化等技术要素外，更重要的是模式架构，是要素之间的连接协同方式。它会涌现出单点要素不具备的系统竞争特性，是一种打开门让你学也学不会，很难被模仿的更高竞争壁垒！

四、供应模式和制造模式、生产模式的区别

模式是针对不同系统，提炼出来的一般性核心系统方法。系统是层层嵌套的，大系统嵌套小系统，小系统再嵌套更小的系统。不同层级的系统，对应不同的模式。我们常常说的"生产模式"，非常容易和"制造模式"相混淆。制造系统范围边界相对清楚，而生产是一个比较大的概念。它可以是企业生产，也可以是社会生产，比如封建社会的离散农业、手工业生产，工业社会初期的大规模机器生产，丰田针对大批量小频次的精益生产。

如图 1-7 所示，我理解的丰田的"精益生产模式"是一个比较大的概念，指的不是狭义的制造模式，而是包含了制造、采购、物流等完整的供应链，甚至还包含了研发、销售等，指的是广义的社会生产模式。从社会生产组织的角度，叫精益生产模式。而从企业管理维度我认为不需要那么大，从精益供应链做起会更合适。很多企业在学习精益生产时，大的社会生产肯定抓不住，然后范围又收敛太小，局限在生产线。这在很大程度上是混淆了生产和制造的概念，局限在制造单点竞争力。对很多企业来说，没有供应链系统管理环境，在制造领域单点推行精益生产是比较困难的。我认为这是很多企业推进精益生产失败的主要原因。

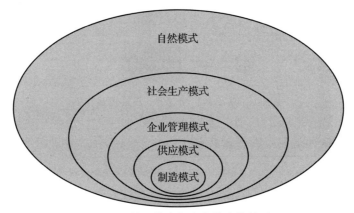

图 1-7 制造模式与生产模式的关系

供应链这样的复杂系统，在很多方面和软件系统类似。首先复杂度高，其次都是持续演进的半开放动态系统。对软件系统来说，模式架构与核心源代码设计非常关键。对供应链来说，供应模式和产品设计源头也非常关键。

———

精益为什么这么难？

难，就对了！这是甩开对手，建立更高竞争门槛的好机会！

大道甚夷，从岔路回到正路，追本溯源，找到正确方法，精益其实也没那么难。

第二节　过时的微笑曲线与中国制造"芯"价值

一般理工男都有研发情结，我大学毕业到四川长虹应聘的就是硬件工程师。因为我的专业是测控技术与仪器，刚好仪表处缺人，我被安排到仪表处修了一年多仪器。什么 LCR（电感电容电阻）测试仪、绝缘耐压测试仪、示波器等，现在看到都还挺亲切。只是下班顺便逛街买东西的时候，店员看我们穿着长虹工厂的工衣，明显没有像对其他人那么热情，去挑衣服，店员带我们看的档次也要低一些。这是我第一次比较明显地感受到微笑曲线，感受到大众对制造业的态度。

离开四川长虹后我到深圳找工作，我想一定要找研发岗位了。可惜机缘不凑巧，华为招聘的"硬件工程师"还是搞制造的。还好在华为十多年，我在制造领域慢慢建立了一些专业自信。即使到了海外搞当地的生产和供应链管理，我和同事也能通过自己的专业能力，获得包括一线销售和外部客户在内的尊重。但也总会遇到一些人，专业水平不怎么样，就因为"微笑曲线"而自我感觉良好，好像研发和销售就是要比制造重要，很有优越感。

微笑曲线，是宏碁集团创始人施正荣先生于 1992 年提出的。从附加值的视角，他认为制造处于价值曲线的底端（见图 1-8）。企业要发展，生产重心应该从制造向高附加值的研发和销售转移。在微笑曲线的指导下，很多企业开始外包业务，有的甚至放弃了生产制造。这个理论在当时有合理性，给中国企业的进一步发展指明了方向。这些年，竞争模式的演进路线确实也是沿着这条曲线在前进。以长虹为代表的第一批现代化企业，以大规模流水线制造打开局面；当价格战走不下去时，海尔等企业开始以产品销售与服务质量为核心建立竞争力；而以华为为代表的第三代，则是以技术研发为核心建立竞争力。所谓贸工技路线，还是技工贸路线，说的也是这个问题。

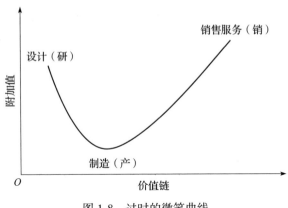

图 1-8　过时的微笑曲线

一、中国企业线性竞争模式走到尽头

按照微笑曲线，从生产（产）到销售（销），然后到研发（研），走的是产→销→研的发展路径。成功的企业总是先人一步构建差异化竞争力，比如华为，大家不重视研发的时候，华为先人一步重视研发。但到今天，大家都开始重视研发了，华为如何再先人一步，继续构建差异化竞争优势？

中国企业单点线性竞争模式已到极致，下一步竞争模式是什么？

有的企业选择往下做深做细，往有门槛的部件、器件和芯片转移。比如索尼等日本家电企业，就开始向摄像头等精密部件及精密制造转移，在精密部件研发、加工工艺和质量管控上构建竞争力。有的企业选择继续进攻，从单点竞争力到系统竞争力转移，加入供应链的战争。无论是ISC，还是丰田的精益生产，或者说精益供应链，都是从单功能领域向以产品价值流为主线的端到端系统竞争力发展。很多年以前，在商业管理领域就有人提出，未来的竞争是供应链的竞争。但在国内，这个观点只是停留在口号上，并没有多少企业真正地理解它的必要性，更不要说去落地实践。这也是合理的，因为中国企业以前发展够快，到处都是机会。人又多，资源又便宜，堆资源是推动企业发展最便捷的方式。但发展到了今天，中国的企业靠堆人、堆资源来争取竞争优势越来越难了。在新的环境下，我们都需要重视，并深入理解这句话的含义。

二、制造的新价值和"芯"价值

专业产生价值，定位决定地位。

如果我们制造人只是一味抱怨没有得到相应的重视，那都无济于事，关键还是要找准价值定位，冲破传统微笑曲线的定位束缚。在供应链管理时代，我认为微笑曲线开始过时了。在大规模流水线生产时代，核心的竞争力是流水线的线性思维。但到了供应链管理时代，客户多样化，需求多样化，产品多样化，价值链不再是一条简单的曲线，而是一个立体有生命的价值系统。

如图1-9所示，制造是这个价值系统的心脏、高效运转的枢纽。

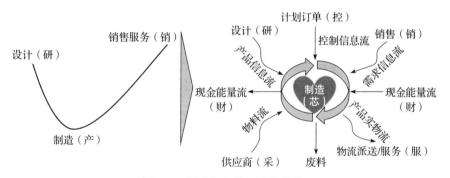

图1-9 制造枢纽的"芯"价值

在华为，以前我看IPD、ISC和LTC（从线索到现金），都是分开割裂来看的。后来才理解，它们是同一个流程的不同部分。它们都是产品价值流，是从客户中来到客户中去的不同流程段。

在这个端到端集成产品管理流程中，产品设计是源头，制造是枢纽。研发从0到1的产品流在制造交汇，把产品信息流变成产品实物流。从1到N，不同供应商的采购物料流和计划订单控制信息流等，也在制造交汇。关键的现金能量流等，也在制造交汇。很多企业有不同的产品,但只有一个制造系统;有不同的销售区域,也只有一个制造系统。不同产品、不同客户、不同区域都在制造交汇。

三、枢纽价值不只看蓄水量

很多人有"近视眼",不太重视制造。他们选择短期小成本视角,说制造成本在总成本中的占比并不高,更高的是采购成本、销售和研发成本。我告诉他们,看都江堰的价值,不只看都江堰蓄水量多少。要看到都江堰这个枢纽对整个水利系统的价值,看它如何驱动整个系统高效运转(见图1-10)。丰田公司CEO每天花很长时间在生产线,他从生产这个核心枢纽,就能发现整个价值系统运转是否正常,可以发现很多系统性的问题,看到很多改进机会。这比在办公室听汇报,要直接和有效得多。

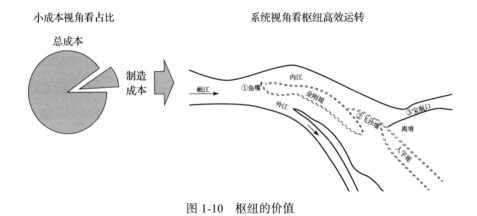

图 1-10 枢纽的价值

即使只从成本视角,也不能只看小成本,而应看大成本;不能只看显性成本,还要看隐性成本。一个低效运转的枢纽,除了本身成本的增加外,还会导致系统整体的低效运作,周期长、库存多和效率低。周期长带来的预测偏差成本,以及因为反应慢失去的商业机会成本,会比制造成本本身要高得多。如果企业只看单点附加值,并因此看低制造,不重视制造,简单外包甚至放弃制造,丢掉了"芯",它们最后都要为这种偏见买单。我们说不能"缺芯少魂",制造系统就是供应链的芯，数字化就是供应链的魂。

在客户需求日益多元而且多变，商业环境中的不确定因素较多的情况下，有一颗强健的心脏才能有健康的体魄，以及柔性敏捷响应需求的能力。体现在制造枢纽中，就是多产品精益混流，动脉静脉交叉高效运转、并行不悖的能力。如果心脏不够强健，稍微面临一点客户需求波动就气喘吁吁，缓不过气来，那就要小心，也许得了"心脏病"。说不定哪一天供应链就会心肌梗死，断裂停摆。

四、过时的产业微笑曲线与组合布局

微笑曲线扩展到产业层面，被称为产业微笑曲线。它影响了很多企业，甚至国家和地区的产业政策。在微笑曲线的影响下，政府开始剥离所谓的低端产品和低端产业，鼓励企业向高附加值的产业转移，改善商业投资环境，在土地供应、税收减免政策方面推出了不同的产业政策，加大力度吸引互联网、信息产业、电商以及生物科技等高新技术产业。传统的制造业开始不那么受待见了，好一点的不打压也不鼓励，任其自生自灭；激进一点的甚至会腾笼换鸟，把制造业向其他低成本区域驱赶。这在一定时期内对当地的产业结构、经济结构和人才结构升级起到了促进作用。特别是在经济繁荣周期内，以微笑曲线为指导的产业政策推动产业升级，金融大厦代替工厂，虚拟经济高歌猛进。对应的GDP、就业率和个人收入都稳步增长，看起来皆大欢喜，欣欣向荣。

但经济有高潮就有低谷，经济发展需要虚实结合。那些过早腾笼换鸟，甚至抛弃制造业的企业和国家地区，抵抗风险和经济泡沫的能力会差很多。其实也不是说虚拟经济、金融业不好，只是不能做过了。实物流、信息流和财务流都是产业链的有机组成部分。更加多元化、根扎得更深的产业，抵抗风险的能力更强。产业如果空心化，没有强大的根，风调雨顺的时候可能长得高、长得快，但一旦遭遇风吹雨打就容易被连根拔起。

总的来说,微笑曲线是一种单点发展的线性思维。在经济环境好、单向快速发展的时候是有效的。一旦面临经济多元化发展、外部环境多变的不确定时代,需要从线性思维转换到系统思维,重新思考制造的价值和定位。没有制造的实体经济,哪里来的虚拟经济。没有低端制造的支持,哪里来的高端制造。即使有了高端制造,低端制造我们也不能轻易放弃。发展是多层次和多梯队的。只有低端的管理,没有低端的产业。很多看起来低端的产业,只要客户需求在,我们用新的思想技术和管理方法,创造新的价值,它们就又会焕发新机。没有中低端一层又一层的护城河,高端就要直接面对低端竞争对手,每天疲于应对低端竞争,而无暇聚焦高端技术的突破。失去了中低端规模化的竞争,高端孤军深入,高处不胜寒,也很难成功。

从古至今,能打下地盘,还能坐稳江山的,都具备了系统思维和核心能力。

基于核心能力构建起多产业的组合布局、多产品的立体组合管理,最终构建一个完整的产业生态。在这个产业生态中,所谓中低端制造是王小二卖豆腐,规模大成本低,周围的虎狼们进不来。而高端制造是这个产业生态皇冠上的明珠,技术绝对领先,高品牌、高利润、高形象,有中低端规模化利润支撑,高端制造才可以心无旁骛地聚焦技术与高端产品突破,在向技术高峰不断前进的过程中,沿途突破,取得成果,一方面建立起技术领先的高端品牌形象,另一方面技术也流下去滋润中低端产品,迭代开花结果。

第三节 供应链的"中年危机"与融合设计流程方法

有次,我带闺女去科技馆,看到了地球生命的进化图。

如果说从地球诞生到现在是 1 天,那生命在凌晨 4 点(34 亿年前)就已出现,而人类到最近 2 分钟(160 万年前)才出场,现代人种的登场，要到最后 3 秒（4 万年前）。这和我们的日常感知相符，社会在以加速度发展。

问题是，加速的原动力是什么呢？我认为是主动创新！

以进化论为基础的自然演进模式也有创新，但被动、缓慢，创新效率很低，主要靠偶发变异和优胜劣汰自然筛选。自从人出现了以后，基于想象力的主观能动性打开了新的赛道，换档加速。人类通过主动创新不断引入新力量，打开新的价值空间。今天，随着经济规模总量和研发创新资源投入比例的不断扩大，创新越来越成为经济发展的主发动机，火力也越燃越旺。

现在这个发展阶段，经济加速度发展，物质相对富足，精神上的竞争却更加激烈。

从哲学意义上说，现代人在物质上极大丰富，但精神上却面临"现代精神危机"。重复性的工作导致人的"异化"，以及人生意义感的缺失。人生的方向只能自己去寻找、创造，在创新中找到存在的意义。笛卡尔说"我思故我在"，现在变成了"我创故我在"，从消费主义进入了创新主义。无论企业还是个人，大家竞相推陈出新，争先恐后加大创新投入。创新的范围和深度、创新模式，都在发生变化。创新者不再局限于爱迪生式的少数科学家，而是扩大到了普通企业、普通劳动者。我们正加速进入普遍创新的商业新时代。

一、供应链的"中年危机"

普遍创新时代，新产品、新产业和新模式不断涌现。

产业迭代周期开始短于职业生命周期。个人和企业，甚至国家，在生命周期内都会遇到一次甚至多次跃迁式、颠覆式变化。我们需要穿越一次甚至是多次的"中年危机"（见图 1-11）。面对非连续性跃迁式变化，传统线性思维与学习管理方式都需要做出改变。但惯性的力量是强大的，学校还在按部就班地传授着原来的知识，原来光鲜体面的热门职业一个个过时。大家刚开始还茫然乐观，觉得那个"倒霉蛋"不会是自己。等大厦将倾时想跳出来，却发现为时已晚。从历史经验看，能够安稳度过"中年危机"、成功变革的企业只有5%。IBM、华为、微软等有变革管理机制的企业，成功率也只有20%。

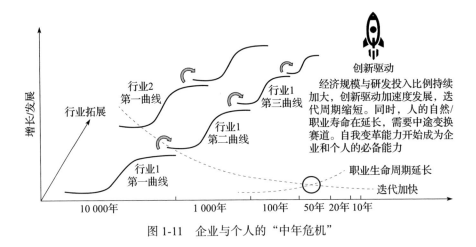

图1-11　企业与个人的"中年危机"

不是不愿，而是不能！

客户虐我千百遍，我待客户如初恋。

企业要留住客户，只靠真心是不够的。市场在变、客户在变，很多时候客户抛弃你，并不是因为你做错了什么，只是因为客户有了更好的选择。在现代企业，对变化的快速反应能力非常关键。企业各个部门中，销售这个侦察兵离客户最近，对变化最敏感，反应也最灵活。销售在很多时候是短视的YES先生，先不管能不能做到，订单拿下来再说，回头再搞定研发和供应链。而研发天生面向未来，职责就是持续迭代产品，不断发明新武器。研发是0到1，初始投入可以小些，多路径、多梯次布局，打　枪，放一炮，然后人部队再上。

大部分系统，是周边灵活，核心稳定。

在多变的商业环境下，最难改变的往往是处于系统核心地带的制造与供应链。传统的重载供应链是炊事班，带着锅碗瓢盆、辎重和武器弹药。若侦察兵在行进中遇到困难，跋山涉水很快就过去了。规模化的重载供应链，则需要搭桥修路。面对快速变化的需求，供应链反应天生就慢一拍（见图1-12）。但是，供应链作为整个系统的中枢，如果不能快速做出改变，只是销售和研发做出变化，也没有用。

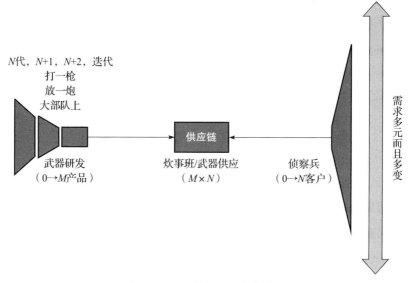

图1-12　处于核心的重载供应链

需求上升，提不起速！

需求下降，刹不住车！

身体跟不上灵魂的步伐，这是很多传统供应链的痛苦所在！

今天很多供应链问题的关键是环境变了，但供应模式没有同步匹配。

在现代的商业社会中，新产品、新产业、新模式不断迭代，但我们大部分企业的生产制造模式、供应模式好像在这里冻结了，时间还停留在20世纪的福特时代。如果模式落后、不匹配，大家再怎么努力，也是无济于事。各个领域都痛苦，没有谁能够偏安一隅，都迫切希望有所改变。各个领域从不同路径寻找突破：从小采购到大采购，小制造到大制造，物流与供应链管理，采购与供应链管理，努力往上挤；集成计划，订单统筹，拉通对齐端到端纷纷登台，各展其能，大显身手；互联网新势力，从销售端突破，从上往下扩展，数字化、智能化，各种新思维、新模式都不放过。这些运作管理，或者数字化单点技术的突破，如果不涉及核心模式的变革，效果都很难尽如人意。

"中年"的供应链，在快速变化的市场环境中，在新旧力量盘根交错间，进退两难。

矛盾越来越凸显！

二、数字化融合设计

求人不如求己！

对于供应链的"中年"困境，解决的关键还在改变自身。改变不了环境，只能练好内功，然后再牵引整个系统改变。产品是源头，是价值的载体。产品设计可以是"万恶之源"，也可以"优生优育"，成为优秀基因之源。数字化技术帮我们在产品源头实现供应模式的融合设计，实现供应链与前端研发和后端销售的高效协同。

对一个系统来说，除了组成要素，更关键的是它们之间的连接关系。

如图 1-13 所示，传统的研发、供应链和销售之间的连接关系，是串行的线性关系。新产品导入（new product introduction，NPI）流程是这样的：研发先完成产品设计，在进入生产前通过小批量验证（试制验证）拦截问题，然后再反馈给研发做相应修改。经历过这种串行运作方式的人都知道，这种被动拦截问题，反反复复一轮轮修改的方式效率非常低，周期会拉得非常长。比如在巴西华为，我曾经跟踪过几个订单的串行处理流程。每一个环节出现问题，都要返回上面环节进行处理，再修改、再反馈，一套完整的流程下来，非常让人崩溃。后来，IPD 出现了。制造、销售等功能领域代表前移到研发环节，在产品设计关键技术评审（technical review，TR）点评审把关，提前发现问题。通过 DFM 需求，将制造后端的需求提前融入产品设计中，预埋能力。

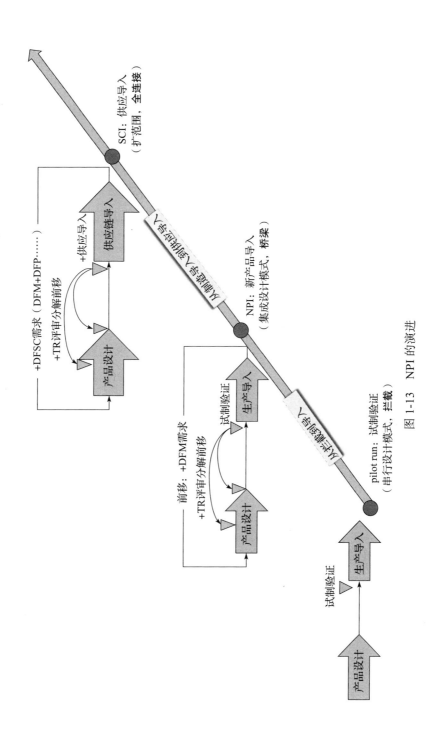

图 1-13 NPI 的演进

慢慢大家发现，试制验证和新产品导入不能只是生产线验证，还包括生产线外的物流以及计划、订单等信息流的导入验证。制造导入被扩展到供应导入，对应的DFM也变成DFSC，增加面向可计划性设计（design for plan，DFP）、订单、物流以及供应模式的架构级可供应设计内容。

普遍创新时代，带着锅碗瓢盆的重载供应链，如何改变在后端被动响应客户需求变化，快速适应产品的快速迭代？答案只能是进一步前移（见图1-14），IPD与ISC从连接到融合，产品供应链融合创新。

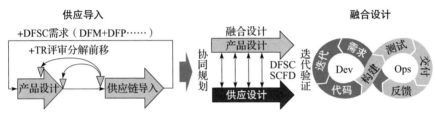

图1-14　产品供应链融合设计

这样做有很多好处：

（1）**向客户靠拢，缩短需求变化的感知与响应时间**。传统IPD流程虽然前移了，但只是提需求和被动评审，对未来的新需求感知不够，且距离客户需求远，周期长，响应也就要慢半拍。融合设计将供应链进一步前移，在产品规划设计的同时洞察客户面向未来场景的供应需求，感知更敏锐，响应更快。

（2）**机制上承载供应链创新，激烈变革分解迭代，润物细无声**。产品研发创新中有IPD流程与组织承载，持续迭代。而供应链创新缺乏业务流程承载，主要靠后端持续改善。但很多系统性的问题难以通过持续改善解决，只能日积月累到了不得不变的时候，再来一场激烈的变革。但这种激烈变革的成功率通常非常低。融合设计把供应链创新前移到产品设计源头，此时产品和系统都没有定型，相对容易改变。长期累积的变革被分解成了一个个小颗粒的迭代改良，静水潜流，润物细无声，成功率要高很多。

（3）**DFX 需求更系统和完整，有的放矢**。传统的 DFX（design for X，X 为泛指，即面向各领域的非功能设计）需求往往依赖个人经验，受限于设计者个人的能力水平。DFX 基线也主要是从历史经验中提炼出来的"后视镜"，后知后觉，面向未来需求变化反应慢半拍，很难保障系统性和完整性。而融合设计的 DFX 需求，是以后端的制造系统与供应链设计为核心的。以终为始，有的放矢，DFX 需求会更加系统和完整，反应也更快。

（4）**缩短整体上市周期，快速响应客户需求**。传统 IPD 采用 V 字瀑布模型，周期长，打靶命中率低。而融合设计在产品设计时同步设计产品制造系统与供应链，这给快速迭代验证创造了基础，大幅缩短了从设计到导入验证的周期，更加敏捷地响应需求变化。其中需要结合一些传统验证以及虚拟仿真等新技术，虚实结合，迭代验证。比如，在只有概要图纸时，研发的产品方案与供应链的供应方案相互串讲，由专家评审；或者骡子产品[一]、骡子生产线交叉验证。到详细设计与数字化样机阶段，通过数字化虚拟验证提前发现问题。不管是传统的还是新的技术，都是在前段尽早发现问题。

三、从产品到解决方案的两种理解

流水不争先，争的是滔滔不绝。企业如何厚积薄发，使创新像海浪一样，一波接一波，稳定而后劲十足？这不能单靠产品研发创新，而要依靠包含制造供应链在内的全流程价值链创新、融合创新。IPD 的核心逻辑是同步工程。但很多 IPD 还没有真正做到这一点，还局限在纯粹的产品设计上。真正的同步工程应该在产品设计的同时，同步设计产品制造系统与供应链。在产品设计源头构建先进供应模式，构

[一] 指在老产品版本上寄生新特性，手工快速打造样机。

建差异化竞争力。

IBM 和华为都特别强调产品与解决方案（product&solution）。不要只关注产品（product），还要基于客户场景，关注能最终解决客户问题的解决方案（solution）。通常来说，大家主要强调的是跨产品组合解决方案，产品之间横向拉通来看。但我对产品与解决方案还有另一个维度的理解，即从横向到纵向。如图 1-15 所示，沿着价值流，从裸的产品到产品供应方案、销售方案、服务方案等。从客户中来，到客户中去，形成端到端的产品与解决方案。裸的产品无法满足需求，只有销售、供应给客户，才能实现价值变现，所以 IPD 的核心应该在产品设计源头，同步设计端到端产品解决方案，包括供应方案。强调一下，我说的不是供应模式，而是供应解决方案。因为模式是相对抽象的，很难落地。只有和具体产品及场景结合起来形成具体的供应解决方案，才能执行和落地。

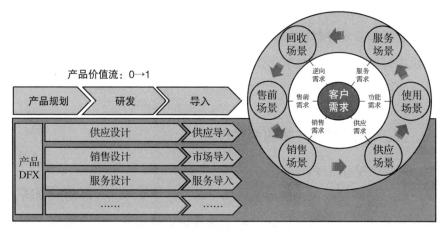

图 1-15　产品解决方案的另一种理解

产品设计决定供应模式，还是供应模式决定了产品设计？

都不对，客户需求才是源头！

客户需求的特点最终决定了产品架构，决定了产品供应模式和销售模式，决定了底层的共同逻辑。这是最核心的基因，或者说底层密码。我们习惯于顺着时间顺序，先有产品设计，包括 DFSC，然后有供应模式设计。

实际上，我们应该以终为始调整顺序。

如图 1-16 所示，基于客户供应需求设计理想产品架构与理想供应模式。对准供应模式，将 DFX 需求落入产品设计。对准理想产品架构，同样将 XFD⊖需求落入各功能领域的方案设计。比如 MFD（manufacture for design）落入制造系统设计，SCFD（supply chain for design）落入供应链设计，SFD（sale for design）落入销售方案设计。

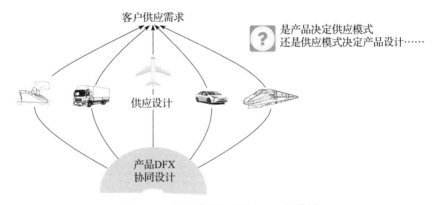

图 1-16　供应模式与产品 DFX 的关系

这才是真正的集成产品解决方案设计，融合创新。

普遍创新时代，从产品创新到供应模式创新，再到产品与供应模式融合创新！

从被动响应，到主动引领，海阔凭鱼跃！

⊖ 全称为 X for design，X 指各功能领域。XFD 意为功能领域支撑产品设计。X 可以为 manufacture（制造）、supply chain（供应链）、sale（销售）等。

第二章 ▶ CHAPTER 2

突破场景
金刚钻价值设计模型

先散再聚，打破约束，向阳而生

第一节　2G GSM 的曲折探索与艰难突破

华为 5G 在中美贸易摩擦中是科技领域的上甘岭，首当其冲。

在美国举国之力的打压下华为顶住了压力，没有过硬的产品竞争力很难做到。这是华为多年持续投入、能力积累的结果。现在大家看华为往往只看到成功，一俊遮百丑，好像什么都是好的。其实华为无线产品也有它曲折的探索与艰难的突破过程。作为无线 2G GSM 的供应链小兵，我见证了这个曲折探索与艰难突破的过程。

一、价格竞争和跟随没有出路

无线的空间是"无限"的！

1994年华为就开始投入无线研发，第一代GSM基站于1997年9月在中国国际信息通信展览会上亮相："中国人自己的第一个GSM！"从产品架构到性能，华为都不比行业标杆差，而且价格便宜很多！华为战略眼光很准，技术路线选择也很准确（"重兵"投入GSM，没有选CDMA），产品上市节奏也踩得准，大家都认为客户肯定会选我们！

当时正是GSM最红火的时代。中国移动密集投资GSM，每年发出巨额的设备采购合同。而且华为在本土市场有主场优势，高举着中国人自己的GSM旗帜。

一切都很好，然而华为却颗粒无收。

当时一个广东移动的GSM合同，金额高达上百亿元，但华为没能从中分得一杯羹。

学习业界标杆是必要的，但只有模仿和跟随，是没有出路的。

做存储产品制造代表时，我与研发同事讨论设计方案。有同事说，我们的标杆某某某，也是这样设计的。我问大家，即使做到和标杆一样，客户会不会选我们？我看不会！跟随学习，学习的是老产品，节奏总是慢一拍。亦步亦趋，一步落后步步落后。即使做到和标杆一样，客户还是会倾向选择标杆。一方面客户用习惯了，另一方面产品经过长时间的合作验证，也更保险。选择标杆产品即使出现问题，对采购决策者影响也不大。大家都这么选，这不是个人的责任。如果选择挑战者出了问题，采购决策者个人需要担很大风险，会受到很大的质疑，甚至可能丢掉"乌纱帽"。

中国企业最容易选择的价格竞争，在GSM通信设备上失去了效果。西方对手吸取了固网的教训，只要华为推出产品，就联合降价。华为想做一条鲇鱼，通过价格竞争，甚至免费开实验局进入市场、激活市场，客户都不给机会。付出这么多，找谁说理去，市场不相信眼泪。

二、弯道超车还是弯道翻车

当年全球 GSM 市场，包括中国市场高歌猛进。华为的无线产品却迟迟打不开局面，不温不火，屡败屡战。某种程度上华为可能已经接受现实，抽调 GSM 团队开始在 3G 上"重兵"投入，希望弯道超车。当时 3G 很火，什么视频通话之类，热闹程度和今天的 5G 不相上下。很多人都一窝蜂选择 3G，选择未来，把资源投入在 3G 上，觉得 2G GSM 快要过气了。我于 2003 年底加入无线生产工艺团队。几位老前辈都选择去做 3G CDMA、WCDMA 去了。2G GSM 谁都不愿干，就丢给我这个对通信一窍不通的新手，让我一个人搞定单板和模块生产。后来负责 GSM 整机的同事也出征海外去了，整机业务也让我负责。真的是单板、模块、整机生产全流程，从装配、测试到维修都让我全包了。有几个月新同事还没到，我每天忙得脚不沾地，经常一整天都没空喝水。回想起来，那也是我的激情燃烧的岁月，为了做实验解决问题搞过几个通宵，回宿舍时脚都有点发飘。就这样过了好几年，3G 业务迟迟不起来，2G GSM 却快速增长。

为了保证 3G 的投入，研发后来甚至停止了对 GSM 的投入。如果成功了，现在可以说，这是战略聚焦和领导魄力的体现。不幸的是 3G 没有业务应用，客户不买单，市场节奏迟迟不起来。技术落后，看起来要被淘汰的 GSM 反而风风火火，市场规模越来越大。华为在 GSM 上不投入，产品竞争力比不过友商。在 3G 上持续投入巨额资金，却只播种不收成，难以为继。逼不得已，研发又把人从 3G 抽回 GSM。现在我看很多企业的战略，什么投资未来，全面某某化，都会为他们捏一把汗。可能大家《创新者的窘境》看多了，都想着成为颠覆式创新者。但再颠覆，方向再对，再面向未来，也要以客户为中心，踩准节奏。

走了很多弯路，掉了这么多坑，最后无线的成功不能不说是非常幸运！

要不是老板有战略定力，保持十几年上百亿元的持续投入；要不是及时回撤在 GSM 上取得突破，有收入支撑持续高强度的研发投入和大规模的企业日常运营，不要说弯道超车，早已弯道翻车了。

三、微基站为什么能突破

帮助华为打开局面的，是面向边缘市场的微基站产品。

比较幸运的是，我加入公司后刚好负责 GSM，负责 BTS3001C、BTS3002C 微基站产品的生产工艺。我是一步步看着微基站产品突破，不断演进迭代，成为无线通信设备领域的霸主，最终构建起全球一流，甚至是全球超一流的竞争力。当时我懵懵懂懂，只觉得发展快。现在回头复盘，对比苹果、特斯拉这些伟大的企业，才认识到 GSM 优秀 DNA 的价值。

微基站从研发技术性能视角看，其实是一种倒退。

研发通常拼技术、拼性能，追求更新、更强、更大、更快。比如电脑 CPU 速度，286、386、586……英特尔推动"军备"竞赛不断升级。而微基站就像大家在比拼 586 时，华为突然退回去，拿出一个 286。传统宏基站 BTS3012 可以配 12 个载频，而 BTS3001C 只有 1 个载频，性能只有原来的 1/12。如图 2-1 所示，更大的微基站 BTS3002C，也只有 2 个载频，性能只有 BTS3012 的 1/6。

从传统供应链 DFX 视角看，微基站也没有竞争力。传统 DFX 强调归一，减少编码。微基站在宏基站基础上多了一个平台，却没有收编掉原来的宏基站平台。所有机架、模块，包括大部分辅料，都不通用。相当于多了一套编码。要是那一年考核编码收编指标，微基站负责人的 KPI 肯定为 0。

就这样一款从传统研发技术和传统供应链 DFX 视角看都落后的产品，反而取得了突破。

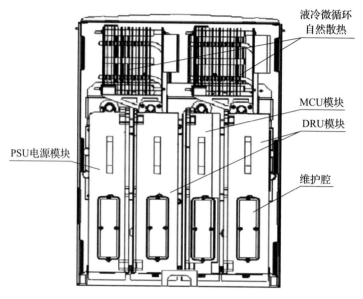

图 2-1　BTS3002C 微基站

靠的是什么，就是以客户为中心的价值设计！

从客户视角，基站除了主设备，还有很多配套设备和辅料，比如天馈（天线和馈线等）、电源、机房空调通风设备与基建防雷等。它们中很多不是华为研发的，甚至不通过华为供应交付。从华为研发或者传统供应链视角，很少关注这些领域。但从客户视角，这些配套设备和华为的设备组合在一起，才算完整的产品解决方案。

配套的天馈设备，包含天线、馈线和跳线，以及配套馈线夹、走线架等，非常复杂。天线有不同频率、极性，馈线有不同口径。对应馈线夹的尺寸、转接头也有不同。馈线成卷特殊包装，体积大，需要特定的切割设备和工装。我做生产工艺时还专门组织开发过一款小型化馈线切割和重新打包的工装，供海外市场使用。

电源系统也不简单，首先有不同制式、交直流区分；基于主设备容量，有不同功率和备电电池容量，不同电源线线径和转接端子。强电在各个国家都是安全强管制对象，有严格标准和认证要求。即使性能可以共用，但不同国家线径规范和颜色都有不同要求。这进一步带来了产品和供应链管理的复杂性，以及需求的不确定性。

基建和机房有时不是华为负责。基站设备先到了，但要等基建，而客户要等所有设备都安装激活后才付款。这样供应链的设备资金往往被占用，库存周转率自然好不了。有时基建好了，基站设备又没有到位，造成施工队等待。从客户视角，通常宁愿让基站设备先到，然后等施工队。毕竟设备不用吃饭，也不抱怨，比施工队等待造成的耗费少一些。机房空调与运营维护费用，包括电费也很高。在当时，能用空调的家庭都还不多。我们住在马蹄山的农民房，夏天热得要死，也没有空调。而基站这样的通信设备很金贵，站点机房都装了空调。站点分散在不同的地方，很容易发生非正常损坏，比如空调丢失。当然，空调丢起来难一些，但作为贵金属的接地铜牌，不见却比较常见，让人头痛。

针对客户痛点，BTS3001C/3002C微基站通过价值设计取得突破。虽然按照纯产品看，微基站主设备性能下降了，但从客户视角，整个系统简化了配套设备，自然散热摆脱了电信机房束缚，减少了空调系统。供应交付被大幅简化。

另外，我们的微基站还支持挂墙安装、抱杆安装。

在农村和郊区，如图2-2所示，不需要修机房，2根抱杆就可以开通一个站点。这让基建的确定性大为提高。华为主设备也不再需要早早待命，耗费资金占用和库存成本。

2005年我和老王（王成杰）到福建跟着施工队跑了十几天，在站点看到微基站和宏基站的差异，就知道微基站一定是未来的发展趋势。当时微基站的短板是容量小，只适合农村和郊区等用户密度不高的场景。城市等人口密集、高价值的市场还是宏基站的天下。但我们要用发展的眼光看新事物。随着技术的进步，产品性能密度不断提升，微基站这个短板就逐渐补齐，甚至实现超越了。后来一个载频从

1T1R（1收1发），发展到2T2R（2收2发）。再后来又出现了4T4R、8T8R。短板补齐后，微基站逐步实现了从农村到城市，逐步收编取代宏基站。后来的分布式基站出现，可以说是顺理成章了。2008年我到巴西做海外本地生产，就和无线产品销售主管周保其达成共识，在巴西只销售分布式基站。而我的本地生产也就只导入分布式基站，通过规模优势降低本地生产成本。我们率先在巴西市场，实现了对宏基站的全面收编。

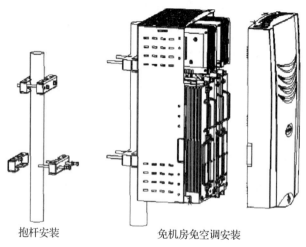

抱杆安装　　　免机房免空调安装

图 2-2　免机房抱杆安装

四、分布式基站如何突破欧洲高端市场

GSM微基站突破让华为无线产品活了下来。

但面向下一代3G通信，国内牌照却迟迟不发。华为不得已直接冲击欧洲等全球高端市场。欧洲是2G GSM、3G WCDMA无线通信技术的发源地，爱立信、西门子和诺基亚等老牌通信设备巨头的老家。在那里，客户并不认为中国企业能做通信设备高科技产品。华为在全球通信设备高端市场的突破之路，充满曲折和艰辛。华为不仅要证明自己行，还要证明中国人行，证明中国人也能做高端高科技产品，不是只会低端产品、低价竞争。

当时荷兰有个叫 Telfort 的运营商。它购买了 3G 牌照，但机房满了，不够用了。它希望设备供应商开发一种小型化的 3G 设备，这算是定制需求。它先找到战略合作伙伴诺基亚，它原来的设备全是诺基亚的。虽然是战略合作伙伴，但诺基亚 DFX 意识很强，委婉地拒绝了这种定制需求。诺基亚说不能因为这种小的定制需求增加产品规格，把供应链搞得太复杂。Telfort 不得已又找到爱立信，表示如果爱立信接受定制，愿意全部换掉诺基亚的设备。爱立信作为行业老大，也很有风度，禁得住诱惑，表示不能为了这种小需求更改产品大路标。

华为了解情况后，知道机会来了，提出了后来名震天下的分布式基站方案。

机房不够，那我们把基站拆分开，BBU（基带处理单元）留在机房；RRU（射频拉远单元）放到室外，挂到铁塔上去。

你也许会想，这么革命性的产品变化，要几年吧？

不用，8 个月就完成了。

华为在 GSM 上尝到了微基站的甜头，所以 3G WCDMA/CDMA 都有微基站。本来就是模块化解耦平台架构，迭代修改，如图 2-3 所示的名震天下的分布式基站就诞生了。

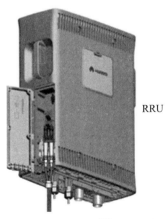

图 2-3　3G DBS 分布式基站

这一创新后来还获得了国家科技进步奖!

创新不一定要技术多领先,有时候窗户纸捅破了,就是这么简单!

分布式基站进一步简化了机房和天馈系统,体积更小,布局更加灵活。它在微基站基础上,将RRU进一步上移,上塔直接和天线相连。这取消了昂贵的馈线,以及配套馈线架、馈线夹等,从根本上颠覆了馈线行业。RRU与主控设备通过光纤相连,光进铜退。微基站一个主控支持2个射频模块。现在解耦后可配置更多RRU,成本效率大幅度提升,达到甚至超过宏基站。

如果有机房,BBU就放在机房。

如果没有机房,华为提供如图2-4所示的APM30堆叠机柜——室外机柜方案。APM30改变了传统机柜架构,可根据客户需求进行模块化组合。当客户只需要简单配电控制时,只需要一个机柜;需要扩大电池备电时,增加电池柜即可。

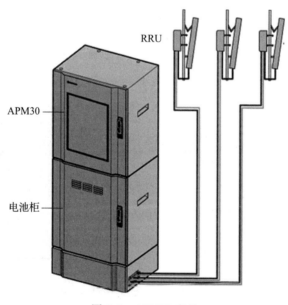

图 2-4　APM30 产品

好事多磨，华为分布式基站出来后，Telfort 却被荷兰皇家电信收购了。荷兰皇家电信根本不信任华为，认为分布式基站是一个冒险。等到了 2006 年，沃达丰在西班牙才愿意给一次机会，而且只有一次。华为分布式基站出手不凡，一炮走红。

2007 年，分布式基站陆续斩获大单。

2012 年，华为市场份额高居欧洲第一，而且售价更高。

华为证明了，中国人也能做高科技通信设备，还做得更好。以客户为中心的价值设计，帮助华为建立起品牌，为华为其他产品（包括后来的终端手机）铺了路，奠定了无线的江湖地位。分布式基站的优秀设计基因，部分来自 GSM 微基站，是价值设计基础上的极简融合。

五、价值设计基础上的极简融合

2007 年，随着苹果点燃移动互联网，移动通信快速进入 4G 时代。

运营商在 3G 上有巨大投入，不希望投资浪费；另外又担心 4G 跟不上节奏，掉了队。通信设备是重资产投入行业。这种"军备"竞赛让很多运营商左右为难。华为继续价值设计基础上的极简融合设计，创新性地将 2G、3G、4G 融合，支持平滑演进。

站址是稀缺资源。2005 年我们在福建开局跑站点，有一天和施工队去站点安装基站。队长突然让大家赶紧跑。我们虽然不明所以，但还够机灵，先跑路再说。跑出来后才知道，站点附近的居民因为担心辐射问题，联合起来抗议，不让装基站。那时我们真切感受到了站点资源的稀缺，这不是花钱就能解决的问题。2G、3G、4G 融合后节省了天线数量和很多站址空间。天线减少，可以放更多基站，同时也会节省站址房租等一系列成本。

通过架构创新构建远远领先于对手的竞争力，华为在无线市场突飞猛进，有时甚至不得不控制节奏以实现长期有序的发展。说起 DFX 设计原则，排在第一位的往往是"简洁化"。但我认为简洁化只能排第二，价值设计才是 DFX 设计第一原则。有了价值设计，后端极简设计才有生存的基础，而且才有更大的腾挪空间。如果没有价值突破，只是一味打价格战，研发成本被压得死死的，留给 DFX 的空间常常会被压缩。至少在短期利益上，研发会看得更重。你说 DFX 有长期利益、隐形利益，研发现在都活不下去，什么长期利益、隐性成本往往都顾不上了。

价值设计，往往伴随着根技术的突破。

通过架构模式和技术能力突破构建远远领先于对手的竞争力，华为手机在芯片上构建的竞争力大家有目共睹。部分竞争力，实际上是从无线基站上构建起来的。华为在射频器件，比如功率放大器件（简称功放）上取得突破，功放转换效率和功耗发热降低上取得数量级突破。因为功率放大和频率是非线性关系，传统的功放只能用其中一段频率。华为通过功放预失真技术，扩大了频率使用范围。有用的功率转换效率大幅提升，同时减少了无用的功耗发热。除了芯片和散热，还包括数字化软件算法。俄罗斯有着深厚的数学基础，华为很早就在俄罗斯建立了算法研究所。其中招聘了一个年轻的俄罗斯数学家。有很长一段时间，大家都不知道这个年轻人在忙什么，突然有一天他在算法上突破了，再加上其他技术，使华为成为全球第一家实现多载波合并的公司。华为创造性地用非线性多维空间逆函数，解决了多载波干扰问题。通过软件算法打通 2G、3G 和 4G 网络，实现了如图 2-5 所示的多模融合的 SingleRAN 产品。⊖

⊖ 分布式基站、SingleRAN 等信息来源于任正非对外采访交流、外部公开文章。

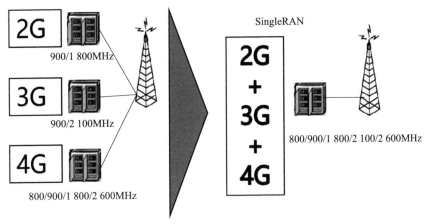

图 2-5　多模融合 SingleRAN 产品

六、5G 继续引领全球

任正非在采访中提到华为 5G 独特竞争力，还包括 5G+ 微波融合竞争力：全世界 5G 做得好的公司有几家，全世界微波做得好的也有几家，但能够把无线和微波整合起来深度融合的，只有华为一家。在微基站时代，BTS3001C 微基站只有一个载频，2G GSM 双密度是一个模块 2 个载频。多模技术突破后一个模块可以有 4 个载频、8 个载频。5G Massive MIMO（多路输入，多路输出）一个模块可以有 32 甚至 64 个载频，相当于原来一个机房中，十来个宏基站机柜的容量。这还只是考虑硬件载频数，没有考虑调制方式和算法上容量的增加。

性能不断提升，体积却不断融合缩小。

2G：微基站解除机房束缚。

3G：分布式基站，天线通过跳线直接相连，取消了馈线。

4G：实现了多制式的融合。

它们的优秀基因，部分起始于 2G GSM 微基站……

可以说，华为很多产品的很多优秀基因来自无线。因为美国对无线 5G 的打击，华为反而更加开放了。无线产品的发展历程在网上也都可以找到，不再是内部信息，我们在这里也可以讨论。但我们学习优秀，不能只看它风光的时候，只学成功案例，好像什么都是对的。最好追本溯源，看看英雄的微时，看它在成功之前是如何失败的，是如何从失败中走出来的。从这一点出发，我认为无线 2G GSM 反而比 5G 更值得研究和借鉴。

"穷理于事物始生之处，研几于心意初动之时。"

第二节　失败锤炼出来的价值设计

华为的成功不是一蹴而就的，也有早期的迷茫和挫折，甚至付出过惨重的代价。今天大家看到的是华为的成功和辉煌，却看不到华为走过的弯路和经历的挫折。对华为来说，从失败走向成功，它有什么样的成功基因？有没有胜利的法宝呢？毕竟对比大部分其他企业，华为在新业务的开拓上，成功率还是要高很多。

华为持续成功唯一可以依赖的，是融入血脉的**"以客户为中心"**的文化基因。

如果非要说法宝，那就是**价值设计**！

一、文化来源于故事传承与基因内化

文化是一种组织认同。我们是谁，来自哪里？我们鼓励什么，反对什么？

一个民族的文化常常蕴藏在一个个故事中，包括历史故事和神话故事。中华民族艰苦奋斗和大公无私的文化，就是大禹治水三过家门而不入；爱国主义，就是岳飞的精忠报国，绝不做亡国奴的抗争文化。文化不能停留在口号上。文化也不只是管理机制，那样容易变成形式主义。有的时候口口相传的故事效果更好。人从小就喜欢听故事，故事最有利于文化的传播。一个组织文化的建立与传播，最好要有自己的故事，经过实践一点点融入每个细胞当中，实现基因内化。这种深

入基因、条件反射式的思想文化记忆，润物细无声。

从这个意义上来说，就能够理解为什么华为要把报废的单板奖励给员工，为什么海尔张瑞敏要当众把有质量问题的冰箱砸碎。通过这种鲜活的故事、有冲击力的事件，建立深入基因的质量文化。它比贴在墙上的质量标语，来得鲜活和深刻。

"以客户为中心"，可能超过 99% 的企业都认为自己有这个文化。但它们大部分都停留在口号上。即使是华为，在没有找到正确的方法前也走了很多弯路。以竞争对手为中心，以先进技术为中心，每个错误都经历过。折腾了 10 年，第一代 2G BTS（宏基站）一直在模仿和跟随。模仿和跟随没有出路，华为又想到技术驱动，想在 3G 上弯道超车，很不幸，弯道超车没有成功，要不是及时换档，弯道差点翻车。

直到碰得头破血流后华为才找到了价值设计这个法宝，在 GSM 微基站上找到突破口，真正理解了以客户为中心。经历过教训，享受过成功，构建起华为自己的故事，内化成为组织的基因和习惯性的思维方式，然后不断用成功的故事来加强记忆。几万人，甚至十几万人，在这种文化的牵引下，几十年对着城墙口不断地冲锋。

路才越走越宽，越走越顺！

二、以客户为中心的价值设计

圣无线，神终端。㊀能力和文化都是打出来的，无线成圣封神，沉淀下来的优秀基因深深地影响了华为公司。终端的部分优秀基因也是传承自无线。今天大家谈到华为无线产品的成功，习惯从 3G 分布式基站产品说起。我认为华为无线产品的成功应始于 2G GSM 微基站产品。当年华为无线产品线有一首歌曲：《华为公司的边际网小基站》，说的就是它。它其中蕴含的价值设计值得思考和借鉴。GSM 微基站，可谓是无线产品一小步，华为价值设计的一大步！以客户为中心的价

㊀ 圣无线、神终端，是华为内部员工对无线产品、终端产品的称呼。

值设计，把简单留给客户，困难留给自己。向上捅破天，向下扎到根，用技术手段解决困难，创造价值，构建远远领先于对手的竞争力。找到这个法宝后，华为的无线产品走出了低迷，又走上发展的快车道！从2G、3G到4G、5G，不断发扬光大。

2014年，当华为无线产品超越爱立信成为全球第一的时候，我们这些曾经的无线小兵收到了无线产品线的纪念指环。它用基站废铁铸成，值不了多少钱，但它代表着数万人20年的努力，代表着曾经的迷茫和探索，代表着数十亿美元的学费和几百上千亿美元的收益。

三、价值客户与价值突破口的选择

以客户为中心进行价值设计，客户有很多，价值内涵也很丰富，但企业在市场突破阶段，不能贪大求全，需要找到合适的突破口。有的人说应该从核心高端市场做起，以高打低。也有人说应该先从边缘低端市场做起，历史上有很多成功案例，就是从边缘包围中心。

其实不是高端和低端的问题，关键是和企业匹配的目标客户在哪里，核心价值在哪里，以客户为中心的价值设计就应该在哪里！不同行业、不同时间，客户需求场景、需求特点不同，价值设计的内容和方式也不同。华为在国内市场的突破，是从边缘包围中心。到了3G国际市场、欧洲高端市场，核心城市的突破就变得很关键。苹果和特斯拉也是从高端市场率先突破，然后再逐步辐射中低端市场。

四、低端不是简单打价格战

我毕业后，加入了四川长虹。20世纪90年代的长虹如日中天，是民族企业的骄傲。长虹发起的价格战在刚开始有效，但后期空间越做越小，长虹陷落泥潭很久才爬出来。近一点的小米，也是打价格战。小米说站在风口上，猪都能飞起来，这风还没停，只是小了一点，就面临困难，后继乏力，不得不调整策略。

有的企业把 BOM（物料清单）打开，可怜兮兮地昭告天下：看吧，价格已经到底了。客户刚开始看两眼还挺感动，哦，真的！多看几回就无感了，降价谁不会，降得越来越快，越来越没底线。等到价格打烂了，一团浑水。没有利润投资研发、投资未来，行业越做越小，只能走向收敛和内卷。

企业选价值设计还是价格设计？

如图 2-6 所示，作为行业领导者，以及有追求的挑战者，都优选价值设计，不轻易用价格战，或者可以在价值设计基础上加上价格设计：一张一弛，文武之道；一呼一吸，生命之源。当年长虹作为行业龙头，打价格战让中国家电行业花了多少年才缓过气来。苹果就矜持得多，知道自己的责任，带领行业进行价值竞争，而不是价格竞争。苹果一般不降价，很矜持地稍微降那么一点点，消费者就一阵欢呼。

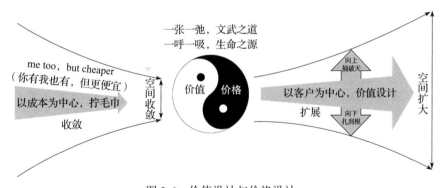

图 2-6　价值设计与价格设计

电信设备行业，以前的爱立信、现在的华为，都是很好的行业领导者。作为曾经的挑战者，华为也没有轻易用价格竞争这个武器。分布式基站的价格甚至比爱立信还高。这不是矜持，而是责任，对企业、对客户、对行业长期健康发展的责任。

以客户为中心，不断创造新的价值。

向上捅破天，价值重构，架构重构；向下扎到根，技术手段向下做深。持续做大生存空间，让整个行业走到良性价值竞争的路上。

五、高端不是简单追求技术领先

人性喜新厌旧，大家都有技术情结。

华为以技术起家，研发见长，电信行业又是典型的科技行业，所以华为在早期突破的时候，选择技术竞争是可以理解的。2G 搞不定，就在 3G 重新洗牌，弯道超车。当时管理团队可能只是想拿 2G 练兵，在 GSM 研发没多久就开始启动 3G 研发，2000 年正式推出 3G 产品。

现实给了华为深刻的教训，3G 多年只听雷声不下雨，视频通话等想象中的杀手级应用一直不见踪影。当时的主要矛盾是移动通信有无的问题，客户并不需要那么大的带宽。真正的爆发要等到 2007 年苹果手机启动移动互联网。回顾华为从 1994 年开始投入无线产品，到 2007 年 3G 开始爆发，长达 13 年时间，如果不是 GSM 取得突破，不要说 3G 上反超，华为可能根本活不下来。

长虹倪瑞峰说："领先半步是先进，领先一步是'先烈'。"

其实不是领先半步还是领先一步的问题。

关键在于客户价值！

匹配了客户需求，技术当然领先三步更好。没有匹配客户需求，领先半步也是失败。

第三节　从价值链到价值锥

没有金刚钻，就不要揽瓷器活。

对企业来说，如何打造自己的金刚钻？特别是在初始时期，如何取得突破？金刚钻价值设计模型，值得借鉴。它是以客户为中心，销售、服务、供应等端到端的全流程、全场景价值设计。输出不只是产品，还包括销售方案、供应方案和服务等端到端解决方案。设计者也不只有产品研发，而是产品全功能团队。它打破传统的价值链，先散再聚，进化重构形成三维的立体金刚石结构，非常有利于实现价值突破。

一、全面客户关系

很多人在企业内部，不直接面对客户，陷入每天纷繁复杂的内部事务的内部流程中。特别是传统的研发、制造与供应等后端职能部门，长期默认做好支撑，视角受限，比较容易迷失方向。

价值在外部！

客户是价值设计的起点，也是终点。以客户为中心，以终为始，视角会更加完整、收敛，也更容易过滤掉内部干扰，聚焦价值。很多内部争吵，公说公有理，婆说婆有理。一旦跳出来，从客户视角看就很清楚。以客户为中心，不人云亦云，不去追求一些花里胡哨的新概念。云、数字化、智能化，流行什么就规划什么，一个都不能少，看上去高大上，但虚有其表，没有真正的价值，或者说并不一定适合自己。

如图 2-7 所示，从客户视角，跳出供应看供应，跳出研发看研发，确保走在价值设计的正确大道上。客户不仅关心产品本身的功能、性能，还关心产品销售和供应的可获得性，包括获得方式和可获得周期、成本、柔性响应能力等供应链竞争力。

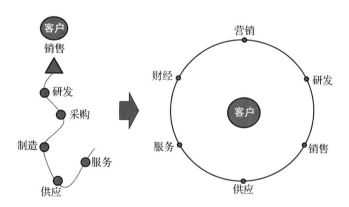

图 2-7　全面客户关系

二、全场景价值扫描

跳出供应看供应，视角够完整，但视角太远看不清，缺乏落脚点和抓手，所以常常是说起来容易做起来难。我们毕竟不是客户，换位思考也从来不是一件容易的事情。

场景化是一个好工具。所谓"三现"，是指现场、现物、现实，没有调研就没有发言权。如图 2-8 所示，深入各个场景（"现场"），亲眼确认"现物"，认真探究"现实"，立体深入问题，了解客户需求。特别是后端职能部门，可以通过需求场景化调研，弥补需求触角的不足。如果没有现场，场景化模拟是个好办法。顺着价值流，将具体场景作为落脚点，由点到面，推演模拟，深入洞察。

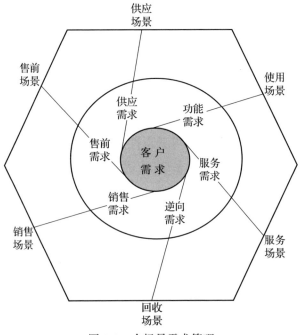

图 2-8　全场景需求管理

我负责无线 GSM 生产工艺这项工作开始的几年，一直围绕快速、低成本、高质量供应改善整个生产流程。看着这些指标持续收敛，有的指标已经领先业界标杆，大家都很骄傲。再加上华为的光环加持，这给了我们一种错觉，以为自己是全球一流，进入了"无人区"。

2005 年，我和主管老王一起到福建一线，和施工队一起跑了十几天的站点。在客户库房和站点上看到的供应链问题，很快让我清醒过来，到现在都记忆犹新。原来我们关注的重点是主设备，在上面花费了绝对的精力，而在客户现场，我们看到的却是辅料问题！一堆堆供应管理混乱的辅料，一边是市场欠料，一边又是库存低呆报废。年复一年，一线运营人员已经见怪不怪，不觉得是问题。一俊遮百丑，很多企业成功是因为某个时间刚好做对了某些事情，并不是说这个企业所有方面的表现都很完美。华为也许是一个伟大的企业，做了一些正确的事，但不是什么都很完美。跳出供应链，到客户现场，才能更清楚地看清客户价值，看清楚自己，看到问题差距与价值机会所在。

三、全功能专业团队

专业产生价值，定位决定地位。

专业能力不足，首先需求洞察就很难收敛。产品规划宁愿多不敢少，贪大求全。产品规划多了，可以解释说预测就是不准的。如果产品规划少了，在市场上面临竞争对手打压的时候，很容易被追究责任。所以产品规划是一种担当和责任，也是一种能力。深入洞察一方面要有需求触角，能接触到客户需求，另一方面要有专业能力。你是一个专家，有对应的专业能力，才能把对方的专业信息萃取出来。否则语言都对不上，驴唇不对马嘴，根本谈不上深入沟通，更遑论洞察。

如图2-9所示，够专业，才能获取信息，与客户有共同语言，建立连接，获取更多信息；够专业，才能去伪存真，识别什么是虚假信息，什么是真实信息；够专业，才能去粗取精，抓住客户需求的主要矛盾，以及矛盾的主要方面；够专业，才能由表及里，基于客户痛点，洞察客户更深层次，甚至未来的需求；够专业，才能由此及彼，将客户点状的需求串联成网状，甚至立体的系统需求；够专业，才能建立竞争门槛，避免陷入恶性竞争。

前端产品供应链规划设计，一定要是精兵，是最专业的人。原则上应该比客户更专业，至少应该能听懂客户的话中对于产品需求的关注点。客户需要的不是只会听话的机器，而是能提供专业建议和专业产品供应链服务的人。

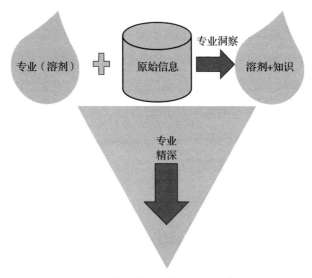

图 2-9　专业精深，萃取知识和信息

做正确的事比正确地做事重要，产品规划比研发设计重要。一方面，产品管理从研发剥离出来，成立专门的组织，更靠近客户，但另一方面，又面临专业能力要求过高的挑战，要求产品管理懂客户，也要懂研发，能深入理解方方面面的需求。这就好比在医院，病人并不十分清楚自己的病情，所以希望接待自己的最好是位全科医生，而且希望这位医生要每个科室都精通，这种要求显然不现实。现实的做法是前面有一个全科医生，后面有各科室专业团队的支撑，必要时会诊。要解决这一问题，可以如图 2-10 所示，以客户为中心，通过金刚钻价值设计模型，将全流程、全场景、全功能专业团队组织起来，从而形成价值突破。

图 2-10　金刚钻价值设计模型

四、融合设计

产品研发是从 0 到 1，供应链是从 1 到 N，10 倍、100 倍地放大。产品成功有了 1，供应链在后面作为乘数将其放大，才有意义。反过来说，只有产品 1，没有这些 0（供应链），产品也只是孤零零地留在研发实验室，不会成功。研发、采购、制造、供应任何一个环节出纰漏，产品的竞争力都不行。

设计是"万恶之源"，很多问题的症结在产品设计源头。问题虽然发生在前端，但解决问题的关键却在后端。供应链要从后端的被动接受，主动前移，融合设计，发挥供应链的专业价值。从供应链视角，提出需求识别问题，在产品源头规划设计供应链。这首先是意识，其次才是专业能力问题。有意识才敢打。很多能力是打出来的，不是等出来的。供应链要能够意识到，研发不是全能天才，设计问题不都是研发的责任。首先做好问题发现就很有意义。很多人看不起别人发现问题，说你行你上啊。特别是研发同事技术能力强，自己的专业领域不希望被人指手画脚。客气点的研发会说："我搞不定，要不你帮我想一个设计方案。"不客气的直接说："你不要站着说话不腰疼，少指手画脚。"供应链派驻到前端的全功能团队成员，很多人都被这么怼回来了。

在全功能团队中，并不要求人人都是全才，对所有领域都专业，团队中的成员只要做到在自己的领域够专业就可以了。全功能团队的目的，是从不同视角看问题，包括跳出研发看研发，发现问题就是进步。比如供应链发现了研发的产品设计问题，解决设计问题的责任当然还是在研发。毕竟产品设计是研发的专业。明白了这一点，要是DFX产品设计上再遇到研发的挑战，客气点的供应链可以说："我找其他产品给你参考一下。"不客气的可以反问一下："如果连研发问题我也给你解决了，你的专业性体现在哪里？你的工资是不是应该分我一点儿？"

在提出需求、发现问题的基础上，供应链的职责是供应链的规划设计。也欢迎其他功能领域，包括产品研发帮助发现问题和机会，然后帮助供应链改进。融合设计，力出一孔。这个价值突破口，可能在产品性能，也可能在供应链或者其他领域。

五、先散再聚，让子弹先飞一会儿

没有最好的模式，只有最合适的模式。那些管理灵活的小型组织，在创业突破和市场拓展的时候，是一种合适的运作模式。它们足够灵活，可以快速抓住机会。从供应链视角，这个时候不能一味地要求产品设计归一。有的时候，适当地放开束缚，更有利于创新突破。我们从传统研发视角看华为无线GSM微基站，产能性能大幅倒退；从DFX视角看可供应设计做得不好。但它抓住了市场机会，简化了供应交付，实现了市场突破。

突破阶段，就不要有那么多规矩，要求姿势优美、动作规范。供应链也不要只知道简洁化、标准化，要求这个简洁，那个归一。

关键是瞄准客户价值。

瞄不准的时候姿态放低一些，让子弹先飞一会儿，先散再聚，不要过早收敛归一！

CHAPTER 3 ◀ 第三章

有效增长
规模化供应链与极简产品设计方法

向下扎到根,才能向上捅破天

第一节 改变世界的 ECRS ROOT 极简设计方法

第二次世界大战中,苏德战争改变了世界格局,被大家一再研究。

在我们的传统印象中,当时德国工业发达,技术先进、装备精良。对比苏联,德国在武器上占绝对优势。德国拥有当时世界上技术最先进、最精良的武器,比如 MP43 突击步枪、MG42 通用机枪、虎式坦克与 88 毫米高炮等。[一]德国除了技术领先,在钢铁、煤炭等工业资源上也有明显优势。1941 年,仅德国直接统治区就产煤 4 亿吨,产钢 3180 万吨。而对比苏联,产煤只有 1.5 亿吨,产钢 1790 万吨。德国的

[一] 根据"二战东线全史:斯拉夫民族的冰与火之歌"系列中的《东线:巴巴罗萨与十八天国境交战》一书中的数据整理,本节后文数据来源相同。

技术工人数量也是苏联的 2 倍。如表 3-1 所示，无论是资源还是技术、质量，当时德国都有明显的优势。

表 3-1 德国与苏联资源要素对比

资源要素		德国	苏联
技术工人		A①	<0.5A
切割机床		126 万台	58.4 万台
工业原料（年产量）	煤	4 亿吨	1.5 亿吨
	钢	3 180 万吨	1 790 万吨
技术（法）		技术领先	相对落后

① 无具体数值，只简单表示对比关系。

德国资源上有优势，技术、质量上也领先，但为什么还是被苏联打败了？大家开始从不同的方面寻找原因，比如苏联的寒冷天气等外部环境原因。苏联寒冷的冬天确实给德军的闪电战带来了一定困扰，导致双方休战数月，给了苏联红军喘息的机会，但苏联最后打败德军，反攻到柏林，就不能再归结为天气寒冷的原因了。我们需要分析其他原因，比如武器供应链等。

一、技术领先的德国武器

德国虽然武器先进，但在供应数量和后面的武器持续供应上，其实很长时间都处于劣势。如表 3-2 所示，刚开战的时候，德苏武器装备对比如下：坦克是 4171 辆对 15 687 辆，飞机是 4389 架对 11 537 架，火炮 / 迫击炮是 42 601 门对 59 787 门。

表 3-2 德苏武器供应数量对比

武器装备	德军	苏军	比例
坦克	4 171 辆	15 687 辆	1∶3.76
飞机	4 389 架	11 537 架	1∶2.63
火炮 / 迫击炮	42 601 门	59 787 门	1∶1.40

需要提醒的是，当时在供应数量上占绝对优势的是苏联。

除了数量优势，苏联在后续的武器持续供应上也处于优势地位。

德军武器精良，质量、技术上领先苏军，战斗中武器装备交换比也明显优于苏军。德苏武器装备交换比通常是1∶3或1∶4，甚至更高。所以德军短期战斗爆发力更强，更擅长闪电战。但问题是德军坦克持续供应有很大问题，经常是损失一辆就少一辆。随着战争的进行，德军武器越打越少，并开始出现供应短缺。如图3-1所示，德军一个装甲师，在战争初期装备的坦克是328辆；到战争中期，比如1943年库尔斯克战役时，一个装甲师平均拥有的坦克缩减到了73辆；到战争尾期，就只有54辆了。1942年，德国南方集团军群作为主力参战，还需要从其他集团军东拼西凑才勉强凑够八成的武器装备。

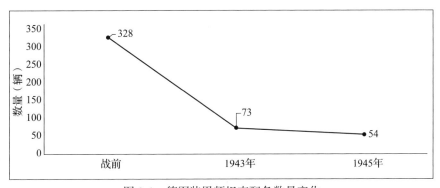

图3-1　德军装甲师坦克配备数量变化

德国武器研发能力很强，能设计出性能更好的武器。德国的生产制造技术和工艺水平也更高，钢铁、煤炭等资源更丰富，但苏联武器的供应链比德国好很多，总是能供应数量更多的坦克，而且供应后劲更足，越到后面，供应优势越发明显。随着战争的进行，此消彼长，苏军逐渐转败为胜，最后取得压倒性胜利，反攻占领了柏林。

二、苏联武器供应链的胜利

苏联武器一直以简单可靠和结实耐用著称，这正是大规模战争所需要的。

德国虽然装备精良、技术领先，在资源上也有优势，但是在大规模消耗战中，武器没有必要太精密、太复杂。首先，没有那么多高素质的士兵，更关键的是，过于精密和复杂的武器的大批量规模化生产和备件、维护、供应会遇到问题。德军的武器适合中小规模的闪电战，集中资源发挥武器精良的优势，快速突破，速战速决。这对中小国家很有效果，但对付苏联这样的大国和大规模战争就不行了。一旦大国利用战略纵深顶住了第一轮打击，进入大规模消耗战后，问题就出来了。所以不同的战争场景，对应的武器设计与供应链管理思想是不同的。在有的场景下是优势，在别的场景下可能就成了劣势，甚至致命。

1. 更少的武器种类与产品规划

产销研与研产销之争已经尘埃落定，很多中国企业开始重视研发和舍得投入研发。但企业舍得投入研发就有优势吗？也不一定。为什么有的企业产品种类很多很杂，因为太舍得投入研发了。而当时的苏联比较穷，研发人力不足，设计资源有限。没有办法，苏联只能设计2种主要坦克——中型的T-34和重型的KV，以及5种战斗机。德军研发资源多，又爱琢磨技术，反而成了问题。这导致德国武器种类非常多，五花八门。当时的德国就像今天很多只会填格子的产品管理，各种规格都要。一线用户也很有自己的想法，经常随心所欲地提出新式武器或者改进，甚至是定制的要求。毕竟战场环境很复杂，各种定制需求自然也多，听起来都很合理。所以这种没有主动管理的德国武器供应链，同时生产着425种飞机、151种卡车、150种摩托车、100万种配件。这完全是供应链管理的噩梦。时任德国军备部长的施佩尔后来也承认，德国吃了设计过多武器的苦头。

现在中国企业开始重视研发，对于处在规模化发展阶段的企业，不一定是好事。如果像德军一样研发设计一堆产品出来，对后端的供应链会是一场灾难。最后会影响企业的总体竞争力，影响企业实现规模化有效增长。

2. 极简产品 DFX 设计

当时的德国武器精良，但设计和生产都比较复杂。比如德国的豹式坦克生产需要 15 万个工时，重型的虎式坦克更是需要 25 万个工时。而相同级别的苏联坦克 T-34 生产只需要 8000 个工时，是重型虎式坦克的约 1/31。战争期间，德国生产了 1350 辆虎式坦克、4814 辆豹式坦克。而苏联生产了 10.2 万辆坦克，比德国整整高一个数量级。战争期间，苏联还抢修了 43 万辆次坦克与装甲车辆，相当于战时年产量的 15 倍。

另外，苏联军队很喜欢迫击炮，理由如下：

- 结构简单，士兵几分钟就能学会使用。
- 可靠性高，免维护。在战斗关键时候，武器出现故障可是会致命的。
- 简单灵活，机动性好，任何情况下都能快速投入战斗。
- 精度虽然差些，但数量上有明显优势。在战争期间，苏联一共生产了 34.8 万门迫击炮，而德国只生产了 6.8 万门。

德国军队吃尽了武器供应不足的苦头。在付出了鲜血和生命的教训后，德国终于发现了武器设计和供应链的问题。到 1943 年 10 月，在军备部长施佩尔的领导下，德国统一了部件规格，一个工厂只生产一种产品。1944 年，德国武器产量迅速增加，全年飞机产量是 1941 年的 6.6 倍，坦克火炮产量增加了 50.3%。

但是，为时已晚。

搞产品与供应链设计就是这样，得未雨绸缪。一旦错过了机会窗，就会事倍功半，甚至根本就不给你机会补救。

三、发明汽车的德国人和改变世界的美国人[一]

1883 年，德国发明家卡尔·本茨成立了奔驰汽车公司。1886 年，

[一] 本节数据源于《福特自传：不忘初心，进无止境》。

他制造出了世界上第一辆三轮汽车,被称为"汽车之父"。他的夫人贝瑞塔用一次长途旅行成为世界上第一个司机,而且是第一个女司机。

汽车被发明后,逐步传到了美国,出现了一堆汽车公司。到1903年,德国奔驰汽车公司成立20年之后,美国的福特公司成立。福特陆续推出了A型车、B型车……但市场一直不温不火。直到1908年10月1日,如图3-2所示的福特T型车(Tin Lizzie)面世,才一鸣惊人,改变了世界。T型车结构简单,驾驶方便,可靠耐用,售价才825美元,只有竞争对手的约1/3。第一年销售10 660辆,创下行业纪录。经过几轮迭代,到1920年,T型车价格降低到两百多美元,销售达到200万辆/年。单款车型,占据整个汽车市场60%的市场份额!

图3-2 福特T型车

T型车价格降低到1/10,⊖销量增加到了原来的200倍!

1. T型车的ECRS ROOT深度极简设计方法

简洁但不简单!这就好比减肥,它其实是个技术活。如果只是节食,可能会减错地方,把肌肉也减掉,损害健康。过两天抵挡不了美食的诱惑,又胖回来了。福特T型车的ECRS ROOT深度极简设计方法,值得借鉴。

⊖ T型车刚推出时,竞争对手车型的价格为两千多美元,到1920年T型车价格降低到两百多美元。

（1）**Eliminate（删除）**：是不是一定需要，去掉后有什么后果？

不先问 HOW（如何简化），而是先问 Why（为什么需要）。如果能够在产品设计源头直接删除，是"釜底抽薪"，是最高效的简化。VE（价值工程）是研发简洁化设计的有效工具。需要提醒的是，设计人员不能只考虑研发成本和物料成本，还要考虑后端供应制造和维护服务的全流程成本。注意抓大颗粒需求，不要奢望覆盖所有客户。对于少量需求要考虑直接放弃。比如福特的 T 型车：

- 没有考虑如何简化车门，而是直接去掉了车门。
- 去掉发动机旁侧阀门。在汽油价格开始下降在燃料使用禁令出台后，T 型车只用汽油，不再支持酒精（当时的车多数既可用汽油，也可用酒精作为燃料，通过侧阀门切换）。
- 去掉其他颜色，只保留黑色。

（2）**Combine（合并）**：能不能集成一体化整合设计？

T 型车采用集成一体化设计。通过一体化结构与一体化单板设计，减少连接，减少周转。比如：

- 四气缸一体化极简发动机。
- 发动机缸体和曲轴箱精简合并为一个零件。
- 一体化流水线，高度集成供应链，从矿石到整车。

堆砌式产品设计集成度低，都是"散兵游勇"。部件之间线缆连接器多，臃肿低效。因为运输、周转、保护等，每个零部件都要"穿衣服"。零部件越多，穿的衣服就越多，浪费也越多。而高度集成一体化设计，零部件之间"赤诚相见"，衣服都少穿几件。产品体积会大幅度缩小，材料也可以有大幅度节省。

（3）**Rearrange（重构）**：有没有更简单的架构和组合方式？

在产品设计中，我们往往喜欢沿用原来的结构。这样工作量最小，风险也最低。但世易时移，原来的结构不一定是最简单、最合适的结构。所以在不同场景下，设计人员需要尝试不同的结构，找到最简洁的结构与组合方式。比如 T 型车：

- 采用行星齿轮变速器，没有离合器踏板，改为 3 个踏板换档。
- 简化传统水泵发动机冷却，依据热虹吸原理自然循环。热水升到发动机顶部冷却，温度降低后返回发动机。
- 气缸盖重构，改为可独立拆卸。

（4）**Simplify**（简化）：这一步相对容易理解。只是需要特别注意，不要直接跳到这一步。人们遇到问题习惯直接问："如何简化？"更好的方式是控制住直接回答问题的欲望，经过 ECRS 结构化思维方式：先看能不能删除，然后看能不能合并，能不能重构，最后再看如何简化。

简洁不仅是在现有基础上的 ECRS 精简合并。ROOT 向下扎到根：深度极简设计，避免陷入价格战泥潭。

要想获得真正的简洁，必须扎到根，挖得足够深，打破现有基础和条件束缚。这就需要 ROOT 深度极简设计。挖得够深，表面上纷繁复杂的需求在更深的层面收敛聚集。挖得够深，底层技术创新突破，融合简化，可以构建更高的竞争门槛和差异化竞争力。如果没有 ROOT 深度极简设计，只在传统设计上做 ECRS，最后往往会陷入价格战的泥潭。

（5）**Reset**（原点设计）：假如一切重来，会如何设计？

人们习惯的是惯性思维，延长线设计模式。别人怎么设计，我们就怎么设计。前面版本怎么设计，我们现在就怎么设计。但外部环境和技术已经变化，传统的设计方式不一定是对的。惯性的力量是很强大的，我们如何打破惯性思维，打破延长线思维？复位，回到原点和回到初始状态是一个好的方法。假如一切推倒重来，你会如何设计？

假设你现在只有 3 岁，你能提出什么天马行空的设计想法？有些想法看似荒谬不成熟，甚至漏洞百出，但不要太快说 NO，也许其中就蕴含着有用的要素。T 型车有较多的原点创新设计，比如汽车的行星齿轮变速器；再比如为了减轻重量，采用了新的材料提升品质感和舒适度。不过后来，福特的 T 型车又掉入了新的线性思维模式，总也跳不出来。经验很重要，但过去的成功不是未来的可靠向导。

（6）Outside in（**跳跃设计**）：跳出供应看供应，站在未来看明天。

我们在做产品设计，包括变革项目时往往会遇到一些专业人士。他们以专业的名义，困在熟悉的领域，说这个不行那个不行，搞得我们的变革四面碰壁。最后的结果是，现在的架构模式是最好的，只需要小修小改就可以。毕竟存在即合理嘛！这时候怎么办，需要引导大家跳出来，打破原来的束缚。跳出研发看研发，跳出供应链看供应链。借鉴行业标杆，甚至是跨行业、跨领域的优秀设计思想与设计元素。这有利于我们摆脱现有规则和条条框框的约束，或者说跳出当前时间和能力的限制，站在未来看现在。

2016 年我从巴西回到国内，负责 COE（能力中心）。刚开始这个部门的工作很难开展。被赋能的业务部门没感觉，认为没有赋能的必要。如果牛不想喝水，你给个金盆也没有用。后来我们跳出原来的束缚，规划出理想模式，大家才发现我们离理想模式差距挺大，能力的短板也被暴露了出来。这种跳跃设计的思想和六西格玛 Should be（理想模式）→ Could be（能实现步骤）的思维方式异曲同工。先找到 Should be，然后再看差距和能力约束。针对这些差距和能力约束，看哪些现在可以做，哪些需要技术突破才能完成，Could be 1、Could be 2……一步一步地向理想模式靠近。如果没有 Should be 的牵引，直接从 Could be 开始，往往发现这个能力不行，那个能力不行，兜兜转转又回来了。知易行难，道理说起来很简单，但我看到很多产品的规划就是这样。因为没有理想产品架构的牵引，今天向左，明天向右。好不容易有一个好的想法，发现技术能力又不具备。

（7）Open Design（开放设计）：不过早说 NO（不）。

设计一定要开放，毕竟想法又不需要太多成本。在讨论方案的时候，切记：不要太早说"NO"。在设计的时候，为了尽可能激发出创新方案，绞尽团队的脑汁，精益 3P 的 7 种方法值得借鉴。它要求团队每个人都贡献 7 个不同方向，东、西、南、北、中、上、下各方向都不遗漏。然后在每个方向上，又分别形成 7 个子方案，迭代开叉。对每个备选方案，都不要太早说 NO。即使方案有明显的问题，但也不排除它有可取的点，或者说可以激发其他的价值方案。在存储和能源产品的 DFX 设计阶段，研发同事就经常将我一军：我是想不到办法了，要不你帮我想一个？对产品设计来说，毕竟还是研发的同事更专业一些。很多供应链同事听到这个话，就败下阵来。这个时候，我们需要引导大家打开思路：我们现在有哪几种设计方案？这些设计方案，是从哪几个方向，或者说维度来进行分类的？还有没有哪个方向或者维度我们没有考虑到？基于不同方向梳理技术树，顺着这棵树牵引往不同的方向遍历探索。对每一个方案要寻根究底，不要太早说 NO。即使要说 NO，我们也要定位到底层限制：是违反了基础物理规律还是能力不行；是个人能力不行、组织不行，还是整个行业都不行；是今天不行还是未来也不行。这个时候，我总是提醒大家："不要因为个人或者现在的能力限制，约束了组织的发展，这样罪过就大了。"要通过未来和价值牵引，如果最后发现现在能力不具备，这个版本实现不了，那我们可以成立技术项目放入后面的版本。

（8）Technology（根技术设计）：我们扎到根了吗？

专业产生价值，T 型车采用了很多当时的先进技术，包括使用新的钒钢材料，在耐久性上更加出色，到 100 多年后的今天仍可正常使用。车灯也从传统的乙炔灯，改为电灯。流水不争先，争的是滔滔不绝。现代企业的竞争是一场长跑，需要注意持续地研发技术创新，厚积薄发；需要组织化、制度化的 N，N+1，N+2 创新迭代机制，一层一层，向下扎到根，从深层土壤中吸取营养。寻根究底后，很多人发现技术能力有限制后就放弃了。我给大家说，有技术限制大家应该很开心。因为这是宝贝，我们可能又找到一个建立竞争壁垒，远超竞争对手的机会。

2. 供应链 ECRS ROOT 极简设计

福特以大规模流水线为核心，进行供应链的垂直整合。大批量流水线其实不是福特首创，而是来自比较传统的行业——屠宰场。所以人家说"未来已来，只是零零星星不均匀地分布在我们周围"，是很有道理的。福特汽车就用善于发现的眼光，跨行业吸取了有价值的营养。他们发现屠宰场把猪挂在悬空的铰链上，流经一个个加工工序，处理效率很高。福特把它引入了汽车制造行业，把 ECRS ROOT 设计思想应用到生产流水线，后来扩展到了供应链的垂直整合，把简洁化做到了极致，把生产成本控制做到了极致！

Eliminate：极简工艺，去除生产浪费。针对每一个生产工艺或者单点工序，首先都要问一下，有什么价值，能不能直接删除。极简设计和大规模生产是相互成就的好兄弟。大规模生产场景下，一点点简化收益都会被快速放大。比如 T 型车只减少一个 1 美分的螺钉，1500 万产量放大后就是 15 万美元的利润。在 5 美元已是高薪的时代，值得投入专职的制造工程师做深做细，研究如何省 1 美分。在规模化供应链场景下成本是关键竞争要素，容易形成良性循环。

Combine：一体化的集成流水线，向前垂直整合到部件生产制造，甚至整合钢铁制造，向前延伸到源头的矿石冶炼。据说，福特甚至成立了木炭厂，流水线生产过程中用过的木材废料都做成了木炭销售。

Rearrange：生产工序排布，生产线重新排布。

Simplify：作业动作简化，减少工时，提高流动速度和生产效率。

ROOT 底层创新设计上，福特采用了很多新的生产工艺与供应链技术。比如线体的自动流动技术，比如新的喷漆工艺技术。原来汽车涂漆后要等很长时间才能干。为了减少断点，提高线体流动速度，福特在工艺和材料上创新，采用价格低廉而且干燥迅速的黑涂料。选择黑色的 T 型车，不是因为客户喜欢黑色，也不只是为了产品简化。最主要的原因是黑色的漆干得快，生产线可以更快速流动。大规模流水线是跨行业学习，结合底层技术突破与 DFX 产品协同设计的结果。如图 3-3 这样一条垂直整合的供应链就是一条大的流水线，从矿石冶炼到整车出厂总共只要 20 小时！

图 3-3 福特大批量流水线

产品简单，供应链简单，销售和服务也简单！

这款车非常受欢迎，1917～1923 年，福特没有花钱做过任何广告。产品简洁化设计、大批量流水线的先进生产模式本身就是最好的广告，取得了花很多钱都达不到的广告效果。极简设计的 T 型车服务也简单，很多用户自己都可以更换维护，实现了自维护，从而节省了服务成本。

极简的产品和规模化生产与垂直整合供应模式，爆发出惊人的力量。到 1921 年，福特 T 型车占世界汽车总产量的 57%。简洁化产品设计让 T 型车价格降低到传统汽车的约 1/3，为 825 美元。大规模流水线与垂直整合供应链，让它再降为不到原来的 1/3——260 美元。至此，T 型车的价格差不多只有传统汽车的 1/10，下降了一个数量级！

3. 大道至简：极简设计与先进供应模式改变世界

德国技术领先，但在苏德战场上败给了苏联，在商业战场上又败给了美国。苏联和美国用的都有极简设计，这不能说完全是巧合。先进设计思想与先进生产模式改变了世界。福特T型车成为工业发展史上的里程碑，到1927年销售超过1500万辆。美国率先进入汽车时代，成为"车轮上的国度"。汽车工业先进生产模式快速扩展到其他行业，带动了钢铁、石油与机床等一连串产业快速发展，成为美国在工业时代繁荣的关键引擎！泰勒式科学管理和精细化、数字化管理，从生产扩展到企业管理各领域，涌现蓝血十杰㊀这类卓越的管理人才。

回头看德国，从1886年到1908年，德国人有22年的时间。到1941年苏德战争爆发，总共有55年的时间。可惜到了1945年，接近60年后德国人才明白这个道理，才开始把ECRS ROOT应用到军工武器生产。德国大批量生产的大众甲壳虫汽车，到第二次世界大战后的1949年才真正量产。

可以说，极简设计与大批量流水线在一定程度上成就了美国，改变了世界。㊁先进设计思想、先进生产模式孵化出来的先进生产力和由此产生的先进管理模式帮助美国成为全球霸主。汽车产销量全球第一的纪录，美国保持了一个多世纪。现代国家竞争，某种程度上依然是先进生产力和先进生产模式的竞争，是核心产业与关键供应链的竞争。管理领先的龙头企业，有的时候是国家之间竞争的关键。这也许能解释为什么美国会不遗余力地打击华为。这样看来，产业经济学对于一个国家或者地区还是很重要的。

改变世界的伟大企业，往往不是第一个做出产品的企业。

㊀ 古老的西班牙人认为，贵族身上流淌的血液是蓝色的，后来人们用蓝血指那些高贵、智慧的精英才俊。蓝血十杰是美国第二次世界大战时的十个后勤英雄，他们在战后加入福特公司，把基于数字的简洁化、精细化管理全面引入企业的管理领域，带领福特再次崛起，开创了现代企业科学管理的先河。

㊁ 苏联的极简设计与规模化大批量供应能力，其实也来自美国。1929年经济危机开始后，美国经济萧条，产能过剩。苏联在这次经济大萧条中，引进了美国的先进技术与管理能力，福特等企业均参与其中。

从 0 到 1 是天才，从 1 到 N 是伟大。从产品研发设计到规模化生产，还有长长的路要走。我们假想一下，如果德国人再接再厉，用极简设计与大规模流水线生产成为第一个车轮上的国家，汽车工业作为现代工业的龙头，再带动德国整体的工业水平上一个台阶，那么世界格局可能又会出现新的变数。

———————

大道至简。

企业成长的过程，是创造价值、集聚能量的过程，也是持续精简、轻装上阵的过程。

一张一弛，文武之道。一呼一吸，生命之源。创新驱动的垂直整合供应链，价值设计基础上的简洁化设计，集聚着改变世界的力量。从福特到特斯拉，从索尼到三星、苹果。无论是商场还是战场，小到企业，大到国家和区域政治经济，莫不如是。

ECRS ROOT 极简设计方法，一直改变着世界！

第二节　改变世界的基因传承：从索尼到苹果

汽车行业，福特的 T 型车极简设计改变了美国，改变了世界。而在电子行业，索尼的随身听极简设计也改变了世界，成为"索尼信仰"。几十年过去，索尼产品还有很多人收藏。它们的 ECRS ROOT 设计思想，传递给了三星、特斯拉等，还在影响着世界。

苹果的乔布斯也继承了部分衣钵，公开向索尼致敬。

一、改变世界的索尼随身听

如图 3-4 所示的索尼随身听诞生于 1979 年。它一经推出就风靡世界，它创立的耳机文化成为一种时尚和一种新的生活方式，影响至今。原来索尼预计随身听的销量只有 10 万台，但第一年就卖出了 400 万台，总共销售超过 3 亿台。随身听产品中所包含的 ECRS ROOT 深度极简设计和福特 T 型车殊途同归，一脉相承。

1. 随身听的 ECRS 极简设计

Eliminate：传统的录放机，既有放音功能，也有录音功能。索尼随身听设计人员历经无数次失败，终于完成了放音机的小型化，但录音部分怎么都搞不定。一筹莫展之际，索尼总裁盛田昭夫要求直接取消录音机。因为除了记者等少数人群，大部分人只听音乐，很少录音。而记者等这部分客户的需求，选择放弃。

图 3-4　索尼随身听

Combine：索尼采用的是一体化单板和一体化结构件设计，如图 3-5 所示。

图 3-5　一体化单板与一体化结构件

Rearrange：传统录放机的音箱，占用了较大的体积和功耗。随身听通过架构重构，将音箱解构，植入耳朵，创立了耳机文化。

Simplify：各个部件，比如驱动系统的简化设计以及单板的简化设计，减少器件种类和数量；结构件的简化设计，减少用材，减少整体重量。

2. ROOT 深度极简

采用最先进的半导体技术，是随身听能做小的关键。

电池是便携式移动设备续航的关键瓶颈。盛田昭夫对设计团队提出的要求是：能够在跨越太平洋的航班上完整地听完一部歌剧。第一代索尼随身听 TPS-L2 上市，电池容量无法做到这一点。索尼创新研发出了第一批口香糖电池⊖，然后又开发出能量密度更高的锂电池。锂电池高度不稳定，研发难度远超人们想象，但索尼也因此构建了高门槛。在提升能量密度的同时保障安全性，索尼试验的正负极和电解液的配方与配比方案有 1.1 亿种之多。在经历了许多波折之后，今天广泛采用的 18650 锂电池终于诞生。

今天，从手机到电动车，锂电池依然广泛使用，人们还在受益。

二、极简设计的基因传承

当年索尼的盛田昭夫送给乔布斯一台随身听。乔布斯非常喜欢，甚至可以说是痴迷。乔布斯拆了装，装了拆，反复研究它是如何设计、如何制造、如何工作的。后来苹果的 iPod 与 iPhone 等产品的极简设计，在很大程度上继承了索尼的极简设计基因。

如图 3-6 所示，乔布斯在苹果发布会上还特意向盛田昭夫致敬。

图 3-6　乔布斯向盛田昭夫致敬

⊖ 索尼针对传统干电池电量低的问题，基于新材料开发出一款新型电池，因为外形像一块口香糖，所以被亲切地称为"口香糖电池"。

不止苹果，索尼还有一长串的学生。三星也长期把索尼作为学习的标杆。电子行业内的 IBM、戴尔、摩托罗拉、诺基亚与苹果，如图 3-7 所示，其实都有着 ECRS ROOT 深度极简的设计基因！

1. 极简形态

如图 3-8 所示，产品形态的简化演进为房间级→柜式→桌面框式 / 盒式→模块 / 本式→手持（双手）→手持（单手）。

- 房间级：计算机最早重 30 吨，是占用几个房间的复杂系统。
- 柜式：从房间简化收敛到柜式产品，比如 IBM 的柜式服务器（可移动）。
- 桌面框式 / 盒式：继续收敛到插框，可以放在桌上（便于移动）。或者插卡盒式产品，可以放在桌上。
- 模块 / 本式：配置固定，比如可以放在膝盖上的笔记本（摆脱房间束缚，可户外）。
- 手持（双手）：比如平板电脑。
- 手持（单手）：比如可以单手把玩的智能手机。

产品性能提升，体积减小，通过形态收敛不断摆脱场景的束缚，不断降低门槛，规模持续扩大。索尼随身听推出之前，录放机很难摆脱房间与电源线的束缚。而随身听的出现，摆脱了房间的束缚，使用空间和市场空间都被大大放开。计算机也是一样，性能提升，产品形态收敛，不断摆脱机房实验室的束缚，摆脱办公室的束缚，使用场景不断扩大。市场规模也从几十、几百，到百万、千万，甚至向亿级扩展。通信行业也基本遵循了这种演进趋势。华为推出分布式基站、模块化 RRU 就摆脱了机房的束缚，安装和使用场景、市场空间都被大幅度放大。

但也有些产品，性能不断提升，但设计上就是不断地堆砌器件、材料，产品不是越来越小，而是越搞越大，对此设计团队需要特别小心。

66　第一部分 ▶ 场景化供应模式与产品设计

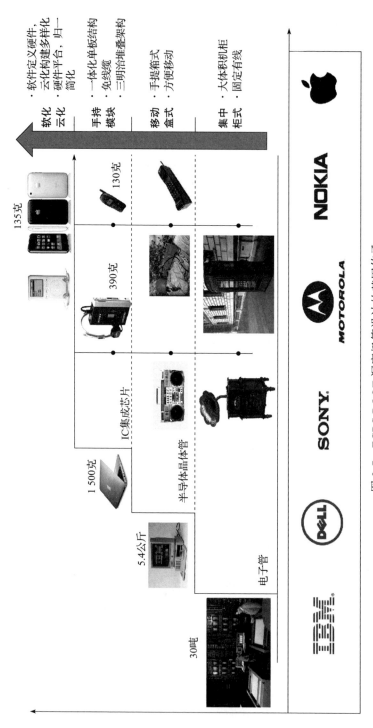

图 3-7　ECRS ROOT 深度极简设计的基因传承

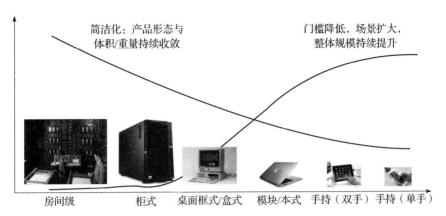

图 3-8 产品形态的简化演进

2. 三明治平板堆叠极简架构

模块类产品或者手持书本式产品，建议用图 3-9 所示的"三明治平板堆叠"架构，上下为一体化结构件，中间为单板。有的时候因为成本等原因做不到一板或者一体化结构件，比如低速率和高速率等不同功能要求的电路等差异，PCB 材质和层数差异大。那可以采用多层平板堆叠，中间通过硬连接简化设计。平板堆叠的时候首先需要确定基座面。比如苹果手机是以屏幕为基座，而有的手机是以背板为基座。然后结构件、单板、部件，一层一层的平板堆叠上去，生产、装配非常简单，也更容易采用自动化设备。因为装配方向单一，很适合机器作业。

图 3-9 "三明治平板堆叠"架构

巴西无线产品本地生产开始时，RRU 产品还是合页式设计。它的生产、装配比较复杂，因为看不到上下盖之间的连接线缆，合盖时很容易压线。后来采用"三明治平板堆叠"和免线缆设计，从设计源头彻底规避了这个问题，生产效率和生产成本都有了很大的改进。

3. 一体化单板

一体化单板，多板合一有利于降低整体成本。单板需要预留工艺边，这样生产时方便定位和夹持，单板还需要预留对外接口，周转运输时还需要包装盒。所以多一个单板，不可用的工艺边浪费一分；多一个单板，单板之间接口和互连线缆、连接器等的成本就会增加。而质量问题通常发生在接口连接环节，对后端维修和维护费用也有重要影响。多一个单板，架构复杂后对应结构体积更大，材料增加。多一个单板，生产多一次排队，供应链复杂性增加，周期增加后系统响应就慢……这是一连串的连锁反应。

要实现单板在架构层面的整合，有的时候需要技术突破。比如不同功能的单板使用的 PCB 单板材质和层数等会有不同，在成本上有很大差异。要解决这个问题，鱼和熊掌兼得，就需要有技术突破。而不同行业遇到的挑战和技术突破点不同，这是 DFX 设计的关键难点和突破点。

4. 一体化结构件

一体化结构件，一次成型，可以减少零部件数量。这个简洁化设计原则与前面的单板简洁化设计是同一个思路。如图 3-10 所示，首先，一体化结构件本身可以减少材料成本；其次，一体化结构件可以减少结构件之间的连接，比如焊接、螺钉连接等。另外，也减少连接不可靠带来的质量返修和维护费用。

5. 免线缆与硬连接设计

从线缆数量通常可以很直观地看出产品设计是否简洁，是否有品质感。我大学毕业后在长虹修理仪器，当时有中日韩及美国安捷伦等生产的仪器。这些仪器的外表看上去都挺漂亮，但把"衣服"一脱，看里面的线缆就能看出产品设计水平的高低。

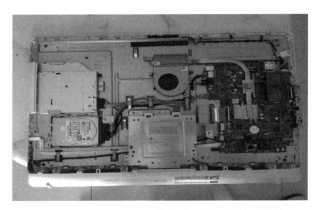

图 3-10　戴尔电脑的一体化单板与平板堆叠结构

- 设计好：美国安捷伦的设计就没有线缆，单板和前面板以及后端接口之间是直出设计，减少周转连接。即使有不同功能的单板，接口位置也预留得当，免线缆硬连接。
- 设计中等：日本和中国台湾地区的仪器，有几个单板，单板之间有线缆连接。但数量相对可控，连接也比较美观。不过在使用、维护的时候，连接很容易出问题。我修理过很多故障仪器，其出问题就是因为连接不可靠。
- 设计不足：当时中国大陆的一些仪器厂家还在起步阶段，仪器的外表也都挺漂亮，但在打开仪器后，能看到设计水平明显要差一些。最明显的就是线缆比较多。有的因为前端设计不好要打补丁，在单板内部还有跳线。希望现在设计水平进步了。

免线缆设计，首先是减少线缆与连接器。对料本和制造成本控制，以及质量可靠性和后期维护管理成本控制都有好处。线缆多，连接多，质量一般也好不了。因为连接点一般是最脆弱的，比较容易出问题，会影响生产过程中的测试维修和发到市场后的售后服务等。线缆多，自动化夹取和定位也会很复杂，不太容易进行自动化。如果主要靠人工，很容易做成劳动力密集型的低端产品，人力资源重载，生产成本高，供应柔性差。

6. 软硬件解耦：软件定义差异化，硬件归一简化

客户多样化需求天然存在，不能简单抑制。大家都说苹果简洁。其实苹果的硬件平台是归一精品化了，但苹果把应用软件解耦，把软件生态开放出去，构建起了软件生态的多样性。所以对客户来说，苹果手机也是有多样性的。只是相比硬件，软件的柔性迭代能力会强很多。当然，软件设计，包括软件架构也需要简洁化，这是另外的课题了。

7. 极简设计常见根技术

对于电子产品，性能提升，体积减小是永恒的主题。芯片/集成部件是关键技术手段。华为在芯片领域一直在坚定地投入，一个集成芯片顶别人好几个单板。初始难度可能较大，但这是甩开小公司纠缠、跳出堆砌式设计，构建行业准入门槛的好机会。

性能不断提升，体积不断减小，这就带来了另一个问题：散热，散热技术对电子产品极简设计非常关键。如何减少发热？从关键器件和关键芯片入手，提高效率，减少热转换，比如选择功率管等效率转换和散热技术突破。转换效率提升，功率上去，发热反而减少。另外，多研究采用创新性散热技术、散热材料。

对于移动便携电子产品，电池也是极简设计的关键根技术，既要提升续航能力，又要保障安全。这些 $N+1$、$N+2$，甚至更远的技术规划，以及底层技术的突破很难，但就是因为难，才是防止抄袭和模仿、构建竞争门槛并甩开低端对手纠缠的关键。

———

在 ECRS ROOT 设计原则指引下，向下扎到根，不断吸收营养，才能厚积薄发，向上捅破天。

第三节　创新驱动的垂直整合供应链：张弛有道

现在讨论供应模式，没有数字化、智能化好像都落伍了。大批量流水线常常被当作落后模式，大家对其不屑一顾。而我要说的是，没有落后的模式，只有合适的模式。很多所谓的数字化、智能化"灯塔工厂"，每天抬头念着"诗和远方"，低头还在苟且，收入增长缓慢，利润薄如纸。这样的数字化并没有解决企业的核心业务问题，在收入和利润上也没有体现出优势，甚至有一些还在下降。而苹果、特斯拉和三星，用的还是大批量流水线和垂直整合供应模式，却是Gartner供应链排行榜上的大师级企业，收入、利润和竞争力都碾压其他企业。

其中，三星的"大鱼"模式，值得研究和借鉴。

一、让人恐怖而又无奈的三星

2018年，三星营收243万亿韩元，约1.44万亿元人民币；净利润为340亿美元，折合约2346亿元人民币，净利润率高达16.3%。作为对比，华为2018年的营收为7212亿元人民币，净利润为593亿元人民币，净利润率为8.22%。㊀

那一年三星手机事故频发，大家以为三星的收入、盈利会大幅下滑，甚至一蹶不振。

结果，三星当年的利润反而还增长了10.7%。因为它提高了DRAM等存储芯片的价格，将压力转移了出去。如此"变态"的行业控制力，甚至引发行业恐慌，但大家又无能为力。因为三星是全球最大的半导体公司，也是全球最大的手机制造商，同时还控制着全球手机产业链的关键命脉。手机三大件：CPU、存储器和OLED面板，后

㊀ 数据源于各公司年报。

两项三星都是全球第一。三星还是全球最大的消费电子公司，电视存储器和显示面板等近 20 种产品，都是全球第一。以存储器为例，根据 2016 年的市场统计，三星 DRAM 市场占有率高达 50.2%。

没有谁的成功是天生的。

40 年前，三星还在给日本人打工；30 年前，三星还在生产"地摊货"，在行业大佬索尼面前完全不值一提！

二、三星的"快鱼"理论

在新经营活动前，三星虽然也发展很快，但只是一个普通企业。它主要靠引入日本的中低端彩电生产装配线，并在此基础上拓展到其他行业。其影响力只是在韩国国内，谈不上世界一流企业。国内市场成功后，三星开始走全球化之路，彩电、微波炉等产品被大规模运往美国等市场销售。为了拓展市场，当时三星采取的是低价突破的策略，有时计划偏差导致货物积压严重，为了减少损失，三星不得不打折出售产品。所以当时三星在国际市场上完全是低级廉价产品的形象。某种程度上，这也代表了当时韩国产品的形象。

1987 年，李秉喆在创建三星集团近 50 年后逝世，由他的三儿子李健熙继任。

当时，李健熙在三星其实已经整整工作了 19 年。他接管三星之后，越来越感到变革的必要。因为原来的经营方式遇到瓶颈，不可持续，但变革又是很困难的，要改变大家的观念很难。最大的障碍来自管理层，他们觉得变革的想法过于理想化，而且当时三星产品的销售额还在不断上升，他们并未感到有改变的必要。

怎么办？还是 Outside in（走出去，引进来）。

1993 年，李健熙带领管理团队前往美国调研。在洛杉矶电器商店，他们看到三星电器的价格比日本货便宜，却并不能吸引消费者。

索尼被放在了最显眼的位置，三星却被摆放在毫不起眼的角落，上面落满灰尘，显然乏人问津。这并不是客户和卖场特意歧视三星产品。三星和索尼产品放在一起，差别确实太过明显。三星的产品设计是堆砌式设计，看起来真材实料，但傻大笨粗。而索尼的产品简洁、精致，充满设计美感、科技感和品质感。

一个月后，李健熙在东京采取了同样的做法，带领管理团队到卖场进行"洗礼"，然后他向公司30名主管做了一场长达12小时的报告。他说："如果三星不改变，那就只有死亡。"三星的管理团队受到了深深的刺激，经过了几天连续封闭会议讨论和闭门思过后，三星将索尼作为学习标杆，发动新经营运动。

1. 大河养大鱼：聚焦大颗粒和高价值需求

垂直整合供应链，走的是规模化价值竞争之路。

我们总说简洁但不简单。简洁是一整套系统工作的结果，从产品规划到系统架构，从研发到生产制造，从销售到供应交付等，需要构建端到端的极致成本竞争力。任何一个环节出现问题，都会失败。首先最重要的是在产品规划阶段，找对战场。最关键的任务是通过价值扫描找到窄频带、高振幅的价值市场，找到足够养大鱼的大河。三星所处的家电行业是大颗粒的市场，但价值浓度已大幅降低。如果三星没有持续创新，不断提高行业价值浓度，没有进入高价值浓度、大颗粒的半导体市场，我相信三星很难取得今天的成就。三星很可能会像其他家电企业一样，挣扎在规模大但利润薄的经营环境中。三星、华为这样的大型企业，有很厚重的研发和管理平台，有面向未来的战略与技术投入，平台成本很高。高价值的小型市场无法发挥大型企业资源多、专业能力强的优势。大规模但低价值的市场，无法产生足够的利润投入下一步的研发。简单地说，这样的市场养不活规模化、创新驱动的垂直整合供应链。

敢为天下先、勇于改变世界的企业，没有价值空间就去创造价值空间。它们不受限于当前的价值跟随，而是会通过创新引领价值需求。索尼的随身听和苹果的智能手机本质上都不是无中生有创造出客户需求，而是通过客户需求洞察，引领客户需求。市场会给敢于第一个突破、吃螃蟹的企业丰厚的回报。

2. 抓大鱼放小鱼：质量优先，少就是多

新经营活动，强调质量优先。

三星原来没有水平的堆砌式设计，产品有真材实料但傻大笨粗，成本高但客户不买账。而索尼极简设计，产品成本低但品质感好，客户更喜欢而且愿意付出更高的价格。以前三星的考核系统，65%看产量，质量的份额最多占35%。李健熙提出质量和产量的重要性之比应该是9∶1，甚至10∶0。他认为，与其生产大批质量低劣的产品削价销售，不如压缩产量、提高质量。他录制了300小时的录像和750小时的录音，把新经营思想透传给员工。有一部录像展示了堆积如山的返销产品，一名工人用小刀削改不合格的塑料零件使它能装配进冰箱。

价值设计和简洁设计，就像太极的两仪。

一张一弛，文武之道！

价值设计向外拓展，面向客户需求做大做强。极简设计是内敛，通过ECRS精简合并，持续去除浪费，降低成本，提升效率，提升价值浓度。没有价值设计作为基础，极简设计会走向内敛和价格战，陷入恶性竞争，不断地拧毛巾压缩成本，逐步偷工减料，比谁的成本更低，下限更低，这种恶性竞争会让客户价值越做越小。

没有简洁化的价值设计，很容易陷入同等水平横向扩张。规模越来越大，复杂度快速增加，价值不断被稀释，最后陷入规模增长负效应。

3. 大鱼吃小鱼：垂直整合，快速周转，敏捷响应

传统理论认为大批量流水线生产体量臃肿，金字塔职能型组织中信息层层汇报，反应缓慢。其实这是一个误解，垂直整合供应链是集成一体化设计运作，也可以快速运转、敏捷响应。反而是所谓的集成供应链，实际并不集成。模块化设计下各职能部门解耦，协同更为复杂，流程更臃长，反应更慢。因为很多时间和精力都花在了端到端拉通协同上。除非是为了满足多元化需求，我们才会选择集成供应链。否则，垂直整合供应链才是反应快的模式。抓过鱼的都知道，直肠子垂直整合一体化的鱼，其实反应还是挺快的，没有那么好抓。反而是多元集成模式的两栖动物，反应更慢。

垂直整合供应模式：以价值流为核心，前后端垂直整合。

（1）供应商整合：尽量减少供应商数量，向大供应商汇聚，简化管理。

（2）供应网络布局与物流整合：慎重选择生产物流中心。以生产物流汇聚点为中心，优先建立大型工业园，牵引供应商进入园区。或者就近设置工厂和物流配送点。

（3）信息流整合：信息流也推行 ECRS 精简合并，减少信息流节点，特别是一些不增值的信息二传手，简化流程，减少损耗。

（4）组织垂直整合：这是垂直整合的关键。有的时候，如果组织不变，只是流程优化，并不能达到垂直整合的效果。

4. 生鱼片理论：创新驱动，快速导入上市

很多大批量流水线生产企业，面临激烈的市场竞争。它们满足的是基础需求，也只能获取基础的利润。要获取更高的利润，除非垄断，包括资源垄断和技术垄断。大部分的普通企业，没有垄断的资源，只能通过研发投入，以价值设计与竞争对手拉开差距。通过持续为客户创造超额价值，获取超额利润。再将超额利润投入研发创新，加强领

先优势，形成良性循环。

三星的生鱼片理论，讲究产品要像生鱼片，越新鲜价越高。三星要求每一代新的技术必须领先国内竞争对手半年上市。对于国外的竞争对手，则要求领先 1 年以上。这种领先不是通过拼资源、赶进度来实现，而是靠强大的客户需求管理，靠全球化的科技信息收集与行业洞察能力，靠高质量的产品规划设计与强大的平台技术预研，技术上 N、$N+1$、$N+2$ 持续迭代，厚积薄发。对于制造供应链，一方面先进工艺与制造供应链能力可以构建差异化竞争优势，另一方面可以通过快速的产品供应导入实现快速上市。速度快，除了给客户创造实实在在的价值，帮助企业快速抓住价值窗外，在品牌形象建立上也非常有利。研发创新驱动 + 销售品牌 + 垂直整合高效供应链，构建起三星系统级的综合竞争优势！

5. 快鱼吃慢鱼：信息获取与快速决策管理机制

每种模式都有优点和不足。

我们做管理，首先要最大化发挥对应模式的优点。针对弱点采用对应管理措施，最大程度减少它的负面影响。模式上的问题，有时也可以通过管理运作来补位。垂直整合供应链和金字塔职能组织，最大的风险是整合后组织庞大。这样信息流层层汇报，层层过滤，易导致信息失真。甚至还可能因为失真的信息，导致决策失误。

针对这个问题，三星特别重视信息化建设，打通信息流；非常重视信息搜集系统，有遍布全球的科技信息情报搜集人员。每一个从海外回来的人员，都要求完成一篇相关总结，在内部共享所搜集到的信息。另外，三星还建立了专门的中枢大脑，也就是专业的战略决策结构，有周经营例会、每日的总裁管理会议，支撑进行快速、高效的沟通和决策。

重要的时候，采用跨层级穿透。新经营活动变革时，三星采取了一项超出寻常的管理行动——总裁跨过管理层直接与职工对话。三星把总裁秘书处的主任和一半职员分配到下属公司，总裁分批召见了 180 名各级管理人员，同他们进行长时间的恳谈。在华为最早有管理优化报，后来有心声社区这样的吐槽渠道。这些信息能很快地穿透职能层级组织，直达总裁。

没有最好的模式，只有最合适的模式，三星"快鱼"模式值得借鉴。

三星是一条体型巨大，但反应敏捷的快鱼，从产品规划设计到制造供应链，都是高度集成，采用的是上下游垂直整合的管理模式。华为学习的是 IBM——模块化集成管理模式，包括 IPD（集成产品开发）和 ISC（集成供应链管理）。从供应模式和 DFX 演进维度上说，模块化集成供应链是更新的一代，面临的是更加多元化的需求。但我们能不能说，三星的产品设计和供应模式就比华为落后呢？也不一定。在一定的场景下，三星的极简产品设计和垂直整合供应链，值得我们学习和借鉴。

温故而知新，我们有时候需要回头，找回一些我们失去的东西。回归不是撤退，而是为了走得更远！

第四节　苹果生产外包了但依然是垂直整合供应链

苹果连续几年居于 Gartner 全球供应链管理大师榜首！

苹果没有自己的工厂，采用制造外包模式。表面上看，苹果不同于三星等典型的垂直整合供应链，没有上下游垂直整合一体化运作。但实际上，苹果对供应链的管控比普通的垂直整合供应链更强，无论是产品还是供应链，都更得 ECRS ROOT 深度极简设计的精髓。

一、苹果的 ECRS ROOT 深度极简产品设计

乔布斯的极简设计首先体现在产品规划管理上。

1997年，重返苹果后，乔布斯大刀一挥，以"消费级""专业级""台式"和"便携"四个象限，将原来60多个产品，一次到位砍为4个，拉开了苹果极简产品设计的序幕。

如图3-11所示，苹果手机在产品架构上，采用三明治平板堆叠架构，简化生产组装。它的极简设计基因部分来自索尼，包括一体化结构件、单板极简与免线缆设计等，与索尼的ECRS ROOT深度极简设计基因一脉相承。

图 3-11　苹果手机的极简设计

和手机厂商常见的模块化设计、分级制造理念不同，苹果手机保持了一体化设计。很多零部件都是放在生产线上，现场进行一体化组装。软硬件也没有完全解耦，而是一体化设计。乔布斯在2007年推出iPhone时，用了一句经典名言："真正认真对待软件的人，应该自己制造硬件。"苹果的硬件与软硬件集成一体化设计，让设计师有更大的发挥空间，可以设计出体积更小、核心性能更强的产品，带来极致的客户体验。

乔布斯拥有众多粉丝和设计追随者，他们都想模仿苹果的极简主义设计风格，然而成功者寥寥。苹果看似极简的外观之下，有着极为深刻的设计内核。苹果极简设计的关键，是创新驱动的 ECRS ROOT 深度简洁化。简洁不是简单，不仅仅是 ECRS 精简合并，而是能够跳出现有的束缚，从客户视角聚焦核心价值；站在未来看现在，ROOT 深层次发力，从复杂性中挖掘出深度的简洁化。

精准而确定，而且挖得足够深，我们才能在深层次上实现深度简洁。

二、谁说垂直整合供应链一定要拥有全部资源

苹果虽然将生产制造外包了，但没有做甩手掌柜。

苹果不拥有生产线，但苹果对制造的理解却更加深刻。苹果对生产的管控，比很多传统垂直整合供应链管理更加系统，也更加深入，很多时候，深入到了供应商的供应商，以及再下一级供应商。

苹果是卓越的垂直供应链整合者。它最懂客户，最懂产品，最懂材料，最懂工艺，最懂制造，最懂供应链。它更得 ECRS ROOT 深度极简设计的精髓：去粗取精，聚焦关键核心资源。苹果由表及里，从底层技术突破，构建更加系统深入、更加有的放矢的垂直整合供应链管理能力。核心生产工艺、生产线以及质量管控方案，都是苹果设计或者参与联合设计的。富士康等代工厂负责具体的操作和生产现场管理，它们只是按苹果设计好的标准进行加工。苹果通过轻制造资源、重供应链设计与管理投入，对供应链做到了高度集成的强管控。

三、产品与供应链融合创新构建高门槛

创新驱动垂直整合供应链，创新才是灵魂。

一旦失去了创新，垂直整合供应链会走向收敛，走向平庸，甚至走向死亡。所有创新，都是面向客户需求和极致体验的。对准关键价

值点，产品与供应链融合创新，做到极致。通过白盒化的科学管理⊖构建关键能力并封装，以点带面实现供应链垂直整合强管控。对这种ROOT关键核心能力，苹果从来都不吝投入，除了生产设备上的投入，还包括供应商前期技术预研的风险投入。这些投入都是有代价的，供应商在一定年限内必须排他，只供应苹果。等一定年限之后，苹果已取得先发市场优势地位，此时供应商可以供应其他客户，但必须给苹果优惠价格。

比如，苹果追求手机触摸屏操作的极致体验。原来传统手机面板都是亚克力材质。苹果设计师追求极致，与康宁公司一起研发生产出了前所未有的大猩猩玻璃。然后是听筒凹槽，要在屏幕玻璃面板上钻孔。这是世界级难题！每一个接到苹果订单的供应商，对此的第一反应都是"不可能"。苹果在全球供应链范围内寻找可以加工的刀具。终于，苹果在北京找到一家能力最匹配的机床企业，加工时振动低、纹路少。但钻玻璃还是很有挑战性，试刀后玻璃直接就碎了，良品率为零。但苹果没有放弃，也没有简单地把问题压给供应商，而是组织供应商工程人员和苹果工程师一起，融合设计，协同创新，最终解决了这个大家一致认为不可能解决的问题。

苹果的 iPhone 5 要求外壳边框特别光亮。这需要高光倒角和钻石刀铣削。一家机床供应商声称自己机铣加工效果很亮，像镜子一样。苹果认为没有测量就没有管理，必须从语文题变为数学题，用数据说话。结果，供应商花费百万元采购了对应的专业仪器，建立了对应的量化质量标准和过程质量管理体系，才被苹果认可。

这是典型的白盒化科学管理。

除了生产工艺，苹果还深度介入了关键生产设备的开发和管理。

⊖ 科学管理的关键特征，是理性分析基础上的"白盒化"，将管理对象深入打开，透彻分析内部原理。白盒是相对于"黑盒""灰盒"而言的。"黑盒"完全不管内部原理，"灰盒"介于白盒和黑盒之间。

很多时候，苹果甚至会自己组织开发，获得其中的核心能力。然后将核心能力封装在设备当中，提供给供应商或者 EMS 工厂使用。比如 MacBook 的机身一次成型工艺，是在一块完整的铝片上完成的。苹果工程师与设备供应商一起联合开发了专用设备，先将铝合金挤压成板材，再通过数控机床进行精密加工。由于没有任何拼接或焊接，因此机身硬度和韧性更好。而且整机零件少，即使是从高处坠下甚至被碾压，也能基本保证机身完整，从而加强极端环境下对硬盘的保护。

如果苹果不参与机器的制造，这些令人惊奇的产品性能是很难实现的。

在这样的强管控下的供应商，通常被认为会反弹。

实际上，供应商非常珍惜和苹果的合作。一方面，供应商考虑的是商业上的机会。以苹果的规模化体量，能够搭上苹果这艘大船，企业也会进入发展的快车道。另一方面，供应商把和苹果的合作，作为向大师学习和快速提升能力的机会。比如富士康和苹果合作后，无论是精密模具、刀具，还是工业工程能力都上了一个台阶。对有些能力的构建，特别是设备投入，供应商是有风险和难度的。没有苹果在供应链管理上的策略支持，没有苹果的协同和资源投入，这些事情是很难做成的。

四、一脉相承的特斯拉

另一个改变世界的巨头——特斯拉，采用的依然是创新驱动的垂直整合供应链，以及价值设计基础上的 ECRS ROOT 深度极简设计。在电动汽车时代，特斯拉的崛起和丰田的被动，是汽车产业发展的一个螺旋式上升。在电动汽车快速普及的时候，极简产品设计、创新驱动的垂直整合供应链是适合的。当电动汽车发展到一定阶段，多元化、多变的需求开始出现，对应的供应模式和产品设计都会同步演进。

无论什么时候，价值设计都是第一设计原则。

1. 一体化车架设计，创新驱动垂直整合供应链

传统的汽车车架不同部件使用不同的压铸机。工厂先压铸单个部件，然后再组装在一起成为车架。整个装配过程费时费力，成本高。而特斯拉创新性地采用特大压铸机，使用了最新的铝铸造工艺，将特斯拉 Model Y 的铸造零件从 70 个减到 1 个。这意味着，以前 50 台压铸机和 200 台加工中心的工作，现在可以由一台设备完成。这节省了加工和装配环节，成本下降 70% 以上，同时大幅度提升了车身的稳定性和可靠性。

高速高压的压铸机是一个系统的工程，仅凭压铸机制造商是不可能完成的，必须跟客户与研究院等一起合作，产品设计与压铸机压铸模设计一体完成。特斯拉不光是在造车，同时也前向垂直整合到了设备设计和制造。这和三星、苹果的创新驱动垂直整合供应链管理理念如出一辙。

2. 免线缆极简设计

除了发动机和底盘，一辆车最重的部分是什么？是线缆！

车的重量对于油耗或者电池续航都是一个关键因素。如果我们可以减少线缆重量，在不增加电池容量的情况下，电池续航能力还可以再上一个台阶。我们前面提到，线缆也是自动化的障碍，影响了汽车的生产效率。作为汽车行业四大工艺之一的整机总装，相对于前面的加工环节，自动化率一直是最低的。因为整机总装阶段，车体内复杂的线缆往往只能靠人工作业。

尽可能减少线束长度，是汽车简洁化设计的关键。特斯拉 Model S 线缆有 3000 米长，到了 Model 3 已经减少到 1500 米。这得益于电子电气（E/E）集成极简架构的创新。以往离散的电控单元（带来复杂的布线），已经被中央集中控制系统所取代。得益于强大的芯片计算和存储能力，以前一辆车 70～80 个电控单元，现在只需要少数几个电控单元即可。驾驶辅助与娱乐系统的控制都被合并到了中央计算模块中。同时电源分配架构也充分考虑了电源冗余要求，减少了布线需求。特斯拉未来打算把线缆减少到 100 米，只有 Model S 的约 3%。马斯克准备将航空技术，比如火星探测器好奇号的柔性印刷电路 FPC 技术使用到电动汽车的线束设计之上。

3. 少就是多

传统车厂三年一小改，五年一大改，频繁更换车型。而特斯拉只有几款车型，每款车型都有一个巨大的产量。由于归一聚量带来的规模化优势，特斯拉才敢决定进行大型压铸设备的投资。传统车厂想要引进大型设备是一件很困难的事，使用大型专机设备，需要将产能提高到一年 100 万辆，才可以赚回来。最畅销的丰田佳美，北美一年销售三十几万辆左右。100 万辆的销量，根本不敢奢望。而特斯拉，基本将 100 万定为一个起步数。特斯拉计划每年从 Model Y 架构平台上组装多达 100 万辆汽车。而且估计五年才会大改车身（甚至五年可能都不改）。这就意味着总产量是 500 万辆。

特斯拉某种程度上也在学习苹果：在快速发展的市场，通过创新产生独特价值。通过独特价值牵引客户放弃硬件的多样性选择。另外利用数字化应用生态，满足客户多样化的需求。2010 年 7 月至 2017 年 12 月，iOS 应用商店总下载量超过 1700 亿次，营收超过 1300 亿美元。特斯拉也在数字化上发力，靠软件定义和远程升级给客户带来更多的多样性价值。比如在不追加车辆投资的情况下，持续提升车辆性能。

4. 设计制造垂直整合一体化与创新驱动垂直整合供应链

在特斯拉嘈杂的车间上面有一个传奇的"特斯拉的二楼"。那里有电池电子设备和传动系统研发，它是公司中最先进的制造技术聚集之地。例如，比车间运转速度还要快的机器人，采用碳纤维而不是钢材的机械臂。对于别的企业，研发和制造往往分开办公。而特斯拉特意把研发和制造安排在一起，可以融合设计，快速迭代。

这是特斯拉追求快速研发的地方。通过仿真技术和小实验室的工艺磨合，实现快速迭代。生产线遇到的很多问题，可以快速反馈回研发。而研发好的设计，也可以迅速从二楼研发传递到一楼制造车间。操作工人与工程师、设计师和产品团队在一起，靠着这种快速迭代，特斯拉每周对产品可以进行 50 次改进。

第五节　GSM 规模化极简供应链

大部分理工男都有一个研发梦。

我 2002 年大学毕业后到四川长虹应聘研发工程师，却被安排修了 1 年多仪器。2003 年到深圳找工作，想着一定要做研发，应聘华为硬件工程师，到岗后发现原来是工艺工程师，我还是个搞生产的。当时觉得又被忽悠了。现在看，我有幸见证华为圣无线的快速发展，参与千亿级产业的规模化供应链建设，并在其中做一点贡献，非常幸运。

一切都是最好的安排。

一、初识不明画中意

当时被安排到无线工艺，领导给我们开会，说无线的未来是无限的，你们这些人以后都会出国去开疆扩土。我们当时也没太当回事。不过当时的无线 3G 概念确实很火，什么视频电话啦、远程医疗啦，代表着未来。工艺团队的同事都争相拥抱未来，申请去做 WCDMA 或 CDMA 等 3G 产品，到风口上等着起飞去了。老的 2G GSM 产品，大家都认为到了生命末期，没有多少资源，也没人关注，就丢给我这个懵懵懂懂、对无线通信和生产工艺一窍不通的新员工。

无线当时还不是"圣无线",而是年年亏损,需要借钱发奖金的小产品线。规模小,每个月就生产一两千载频,自然养不起那么多人。从单板到模块,从装配到测试、老化和维修工艺,都是一个人统统搞定。整机生产本来有另一个同事,后来也去了海外。一时找不到人,我不得不把整机工艺也一起搞起来了。现在大家天天烦恼什么跨部门协同,什么端到端打通,当时都不存在,不需要什么端到端流程,就是靠人,一个人全负责搞定,天然就实现了端到端拉通。不巧的是,3G 只听声音不见踪影,用户也不买账。反而是 GSM 产品发货每年翻倍,甚至是几倍的快速增长。从几千到几万,再到几十万、上百万载频,增长了几个数量级。在这样的高速增长中,作为队伍中的一个小兵,我被大潮裹着往前走,在工艺岗位上被动、主动做了不少工艺优化,比如质量前移免整机测试、自发热精准老化、免老化等。

初识不明画中意,回头已是画中人。

那时只是搬砖,不知道是在修"教堂"。懵懵懂懂,跌跌撞撞,姿势没那么好看,动作也不那么完美。等"教堂"修好,回头一看,哦,好壮观。原来对圣无线、对这个千亿级产业的规模化供应链,我还做过一点点贡献呢!

二、极简工艺

无线 GSM 产品快速增长,我作为生产工艺人员每天面临的最大挑战是老化。质量优先,华为一向对质量和可靠性很重视。当国内很多企业还不知道可靠性是什么的时候,华为就有很多老化房和温箱,不吝投入。这些步入式的老化房,几十万元一台,温箱更是百万级。初期还能接受,但随着 GSM 快速发展,老化资源重载问题越来越突出,常常成为瓶颈。资源重载不仅成本高,而且更为关键的是扩产周期相当长,需求发生变化时往往会成为瓶颈,跟不上节奏。

这种背景下,我们开始研究推行自发热老化(去除老化房)。道理比较简单，产品老化时本身就会产生热量，特别是 BTS3002C 等无线基站产品，工作时会发射功率，这些功率需要专门接一个负载，变成热量散发掉，利用这些热量就可以达到高温应力筛选的目的。

另外，老化筛选的对象不是产品的铁皮外壳，而是内部的单板部件。更精确一些，是重点核心器件和电路。在产品设计阶段，板载温度传感器放在核心部件和重点电路附近，老化软件闭环控制。这样的自发热产品 DFX 设计成本更低，老化筛选效果更好，因为温度控制更加精准！老化房只能控制环境温度，实际产品内部的温度与其完全不是一回事。如果内部温度不够，就达不到老化筛选的目的。如果内部温度过高，就会对产品产生过应力，反而造成故障。自发热 DFX 设计，可以做到针对内部核心部件和电路的精确温度控制，效果更好。

当然说起道理来容易，做起来却不是那么简单。自发热老化，网络产品线工艺同事也提出过，开始叫"幕帘老化"。他们做了一些探索，失败后放弃了。我当时刚到公司，初生牛犊不怕虎，找可靠性实验室做咨询，学习九点测温法；又找人借了热电偶和温度计量仪，做各种各样不同的温度实验。比如幕帘的材料也试验了很多种，最后发现我们的工衣材料很合适。一方面它有 ESD（静电保护，车间里可以使用），另一方面它在隔热和透气性方面也不错。在如何保持产品内部温度平衡，如何做到更准确地温度控制、精准老化上，我也做了非常多的探索和试验验证，最后成功了。

自发热老化落地后，我们开始分析如何在保证拦截效果的基础上，收敛问题，缩短老化时间。一开始面临数据缺乏和数据质量差的问题。传统老化过程是一个黑盒，要等到老化结束，通过装备测试才能判断产品是否发生故障，无法知道这个产品在老化过程中是否发生故障，是在老化多长时间后发生的故障，甚至不知道是不是老化拦截出来的故障。有的隐形故障，可能在老化高温的时候产生，温度恢复正常后，故障又消失了。所以在老化时间的设定上，常常是笔糊涂账。只能根据感觉，或者说滞后的数据来做决定，8小时、6小时、4小时、2小时……质量逐步提升，老化时间逐步缩短。

等老化时间缩短到一定程度，产品又要升级换代了，新产品又要从头再来一个轮回。年年优化改进，其实还是在原地打转。

为了解决这个问题，我们在产品设计阶段，在老化软件中做了预埋。产品有两种状态：正常工作状态和老化状态。在老化时，相关的工作日志包括异常告警被保存到自带内存中。到老化后测试环节，优化设计后的测试装备会主动读取并判断异常。以前不知道的老化过程故障，也会被识别出来并送到维修工位进行故障分析。测试记录和维修数据都存档到服务器中，基于这些过程数据积累，我们就可以知道很多以前不知道的信息：故障发生在哪个时间段，是什么故障，是什么原因导致的故障。基于这些数据，我们可以更加准确地制定老化时间，甚至在不同的老化时间段，采用不同的失效模式，匹配不同的老化应力。对发现的产品设计问题，比如电源器件问题，反馈到研发设计优化闭环；物料问题反馈到供应商，从前端供应商制程工艺上进行管理，效果更好。

一段时间后，问题逐步收敛，我们也积累了非常可观的老化质量数据。

恰巧当时公司成立了一个可靠性优化项目，请了马里兰大学的可靠性泰斗。项目组有很好的理论方法，但是具体产品和实证数据不足。我当时对可靠性理论的理解还很肤浅，但基于问题出发，有具体的产品优化实践和海量数据。所以我们一拍即合，取长补短，理论与实践数据相结合，证明TRX（射频模块）质量前移后的老化已经没有拦截意义，完全可以取消。在分析过程中，当时唯一的制造六级专家郭朝阳的严谨分析态度给了我很大的震撼，从逻辑到数据可以说无懈可击。

当时余承东还是无线产品线总裁。我们一行三人一起到上海，给产品线管理团队做了汇报，在华为历史上，第一个取消了生产老化拦截。从没有老化到老化拦截，从被动拦截到主动精准老化，再到最后的免老化突破，这是螺旋上升。虽然都是没有老化，但管理水平已经不在一个层级。可惜的是，2007年年底我去了巴西，这个事情后面中断了。后面新的产品版本继承了自发热等，但免老化没有继承。等我从巴西回来，2018年负责存储产品制造代表时，老化资源重载依然是一个问题。我们在V6版本上将质量设计进一步前移，在新产品可靠性设计，包括容差容错设计和可靠性验证上做了进一步突破，这又是后话了。

如果前端产品可靠性设计与验证没有做到位，后端的老化拦截有时就是一个安慰剂。心里没有底，不知道敌人在哪里，只能胡乱扫射，虽然会给自身的心理带来一定的安慰，但未必能解决问题。如果我们在产品设计源头，通过可靠性设计与可靠性验证搞清楚敌人在哪里，集中火力在设计源头消灭敌人，即使因为供应商质量管理或者行业技术能力约束等，有些问题在前端搞不定，也可以有的放矢，针对性防范拦截。这样的精准老化筛选，会更加准确和高效。

三、质量前移

传统基站产品的测试分为3段：单板级ICT/FT（在线功能测试）、模块级FT（功能测试）、整机级FAT（最终装配测试）。随着产品规模的持续扩大，无线每年投入很多资源搭建测试装备。这些仪器都是进口的，比如安捷伦的射频信号源，R&S（罗德与施瓦茨）的PSU频谱仪、射频功率计以及CMU30综合测试仪，每台都是几十上百万美元。就连测试的耗材，比如射频线缆，也需要几百上千元一根。在那个马蹄山房租只要200多元，桑塔纳就是好车的时代，每台仪器都是一辆好车。就是射频线缆测试耗材，也比我们的房租要贵很多。

这些装备仪器不仅价格贵，而且采购周期长，要等好几个月才能到手。等测试装备搭建好，场地又常常成为瓶颈，还需要我们精简合并，想方设法节省场地。作为测试工程师，我们如果通过优化将测试时间缩短几分钟，一年下来少买几台上百万美元的仪器，就觉得自己对得起公司发的工资了。

经过几年努力，我们还真取消了整机联调，实现了整机直发免测试。我们采取的主要策略就是质量前移，将整机的质量管控和测试拦截前移到前端模块和组件环节。这样可以减少整机段的故障，以及减轻测试拦截压力。对技术最复杂的TRX，通过测试策略优化，可以做到测试完全覆盖。需要解决的主要是质量可靠性问题，随着精准老化与产品质量可靠性的迭代提升，这个问题慢慢被解决了。我们遇到的主要挑战是看起来很简单的机柜组件。它是华为设计的，但是由供应商合作伙伴负责生产。我们一方面通过与物料质量工程师（material quality engineer，MQE）协同，提升供应商过程质量管控能力；另一方面帮助供应商逐步建立了机柜测试拦截能力，让问题收敛在前端。通过这些努力，最终我们在GSM整机环节实现了整机直发免测试。它一方面节省了成本，另一方面降低了整机订单界面的复杂度，更柔性敏捷地满足客户需求波动，为后来的全球化供应布局预埋了组件化轻整机能力。

当然，我们花了这么大精力，还是事倍功半。后来研发通过SingleRAN分布式架构创新，事半功倍，"釜底抽薪"实现了免整机，自然也就没有整机测试了。

四、精益启蒙与海外生产布局

当时发货量最大的TRX下层包括PAU（功放模块）、RCU（接收单元）、TDP（发信激励与频合处理单元）以及PWR（电源模块）。PAU是当时最难生产的模块，主要是功率管装配工艺复杂导致。它采用硅脂散热工艺，底部刷硅脂，再装配到TRX结构件上。作为射频大功率器件，一方面，功率管要保持散热效果，中间的硅脂厚度和硅脂涂覆范围要尽量大；另一方面，功率管是射频核心器件，对寄生参数非常敏感，要保持接地效果。又要接地好，又要散热硅脂够，工艺复杂，工艺窗口小。有的时候，射频器件性能出现飘移，但又在规格范围内，还需要我们调整工艺参数来适应。

TRX下层单板多。这些分层分级生产线分布在不同车间，甚至不同楼层，来回周转复杂。即使在一个车间，周转也很浪费时间。有一次生产紧张，TRX生产线等着PAU用。我们眼睁睁看着前面PAU产出下线，但工作人员告诉我们还要等一等。因为车间的产品需要入库出库，做账走手续后才能使用。发现这个问题后，我们通过产品BOM层级优化设计，实现了多单板垂直整合"一个流"生产，减少周转，缩短周期。后来公司推行精益生产，我们除了在单板和模块生产推行"一个流"，还尝试在整机生产车间推行。

那个时候我负责后端生产工艺，对产品DFX还没有太多概念。我到巴西负责无线产品的本地生产后，发现研发同事把PAU、RCU、TDP、PWR等几个单板整合成了一个单板。这从产品设计源头"釜底抽薪"式地解决了问题。原来的合页式架构，也变成了三明治平板堆叠架构。功率管直接焊接到单板上，线缆大幅精简，装配工艺大幅简化。原来经常出现的压线问题，也从设计源头被"釜底抽薪"式地解决了。这给巴西华为无线产品本地生产打了比较好的基础。当然海外生产布局不只是产品设计预埋能力，还有其他配套管理。这又是另一个话题，不在这里展开了。

综上所述，如图3-12所示，价值设计基础上的极简融合设计构建起了华为无线产品的竞争力。当时懵懵懂懂，只知道搬砖。现在回头看，无线产品极简设计实践和苹果、特斯拉等伟大企业，与改变世界的ECRS ROOT极简设计思想是吻合的。从这个维度说，无线也算是伟大的产品，至少可以说有一些伟大的基因。我作为其中的一个小兵，参与并见证了这个过程，还做了一些贡献。幸甚！

第三章 ◀ 有效增长：规模化供应链与极简产品设计方法　91

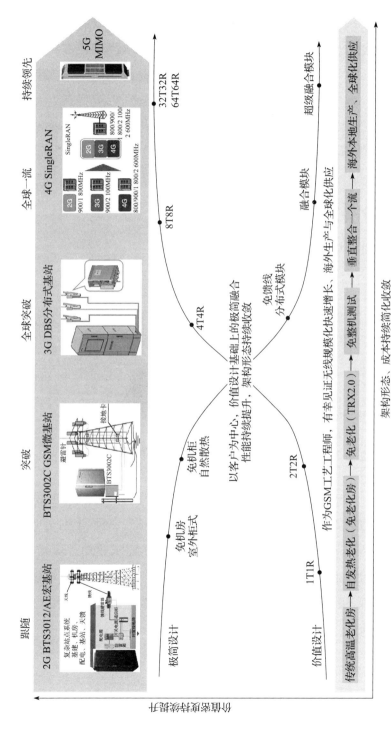

图 3-12　价值设计基础上的极简融合设计

第四章 ▶ CHAPTER 4

多元分蘖
集成供应链与模块化设计方法

万物归一，一生万物

第一节　通用汽车与现代企业分权管理

1908年，福特推出T型车，同一年，威廉·杜兰特成立了通用汽车。

它们代表着不同的产品设计理念和管理模式。福特T型车生产效率驱动，极简归一，集权高效；通用汽车市场需求驱动，多元灵活。不同的设计理念和管理模式最后殊途同归，走向了融合。模块化基础上，流程驱动的集成供应链兼顾多元化市场需求与规模化生产效率，既灵活又高效。

一、不受约束的多元化市场驱动

杜兰特和福特性格完全不同。

福特内敛而又自控。杜兰特外向，是个天才销售员：热情奔放，具备敏锐洞察力。杜兰特通过不断并购，使通用汽车快速扩张。通用汽车同时拥有 7 个品牌：别克、凯迪拉克、雪佛兰、奥克兰德（庞蒂亚克）、奥尔兹（奥兹莫比尔）、斯克里普斯、谢里丹。这些品牌我们今天在通用汽车的品牌矩阵中大部分还能看到，还增加了不少新成员（见图 4-1）。

图 4-1　通用汽车的不同品牌

产品种类不断增加，不受约束的分权扩张、过度灵活带来管理混乱，这些都使得通用汽车的管理复杂度很快超出了杜兰特的管理能力。通用汽车虽然产品多、人多，却不"势众"。面对福特的极简产品设计与高效的垂直整合供应链，通用汽车节节败退，生存空间被不断压缩。杜兰特不得不几次引入银行财团注资，才度过危机。到 1920 年发生经济危机，通用汽车的市场份额从 20% 下滑到 7%，杜兰特终于走到了末路，因为个人财务困境，被自己的公司扫地出门，把问题留给了通用汽车的继任者。

对继任者来说，福特价格战如何应对，是左右为难的问题。接招，就会掉入恶性竞争的泥潭;不接招,就会被对手不断抢占市场,陷于被动。当时福特占据了60%的绝对市场份额,规模优势看起来毫无破绽,通用汽车非常危险。通用汽车在成本竞争力上唯一能与T型车抗衡的雪佛兰,成本还高出福特很大一截。

二、生产效率持续收敛的困境

老福特有句名言:任何顾客可以将车漆成任何他所愿意的颜色,只要它是黑色的。老福特坚持只生产黑色的T型车,收敛内聚。基于T型车大批量流水线与上下游垂直整合供应链精细化改进,福特持续压缩成本,不断降价。当时的福特看起来很强大,但内心也很难受:拧毛巾越来越吃力,而客户却越来越不买账。

行业扩张初期,福特的对手是马车。

简单实用、低成本的T型车不断降低门槛,整个行业的规模快速扩大。但随着汽车普及,规模增长放缓,价格门槛降低并不能带来持续的规模扩大。继续降价,带来的是整体市场收缩,内卷形成恶性竞争。四川长虹的价格战也是类似的场景,在市场拓展期通过降价快速降低门槛,扩大市场规模。当市场规模扩大到一定程度后,价格战就失去了作用,整个产业开始陷入内卷。中国的家电行业也因此集体错过了产业升级窗口,过了很多年才缓过气来。

三、创新性应对价格战的第三条路

即使到今天,企业面临价格战还是左右为难。接招降价吧,怕价格越降越低,陷入恶性竞争。不接招吧,又怕竞争对手把客户抢走。

斯隆带领的通用汽车没有正面迎敌,而是选择了第三条路。如图4-2所示,通用汽车把与福特T型车竞争的雪佛兰的"枪口"向上稍微抬了一点:不但没有降价,反而提高了价格。它匹配多元化微创新,通过稍高的价格构建起比T型车高端的品牌形象。微创新包括:

用自动离合器代替 T 型车手柄操控；用更好的工业设计，增加一点成本，改善外观品质感。这帮助通用汽车成功摆脱价格战，同时赢得市场份额增长。

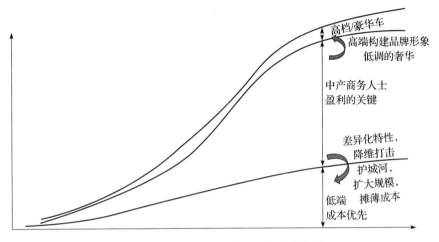

图 4-2　通用汽车如何应对福特的价格战

随着规模扩大，市场不断成熟，客户需求往往出现多元化分蘖。被压抑的多元化需求爆发出来，客户愿意出一点可承受的费用，购买差异化。通常，客户在挑选商品的时候，如果只是稍微多一点钱，又有差异化的功能，一般会避开最便宜的那个，因为没人愿意被看作穷人。当福特还在拧毛巾，不断打价格战的时候，通用汽车重点投入中间细分市场（通用汽车、福特都有高端产品，通用汽车有凯迪拉克，福特有林肯）。通用汽车经过规划的多元化产品矩阵，以及匹配的多事业群分权协同组织管理机制，既灵活又高效。

成熟市场需要差异化，企业要在模块化设计的基础上给客户选择权。比如通用汽车的客户可以选择方便、舒适的取暖器，使驾驶更加舒适、惬意。这些小的扩展模块、小的增值特性，相比福特的生硬傲慢显得温暖很多，而且这些小的选配件，利润更高。如图 4-3 所示，电影院挣钱不是靠电影票，而是靠卖爆米花。

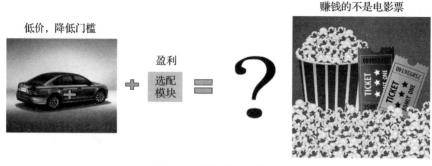

图 4-3　模块化商业模式

在一系列举措的加持下，1921 年，通用汽车公司销售 21 万辆汽车，占美国国内汽车销售量的 7%；1926 年，上升到 120 万辆，市场份额为 40%；1940 年，销售 180 万辆，市场份额为 50%。而福特的市场份额则从 1921 年的 60% 下降到 1940 年的 19%，远远落后通用汽车。汽车行业进入通用汽车时代，从 1928 年开始，通用汽车霸榜全球达 76 年之久！！！

最近，手机市场有企业挑起价格战，不断地降价。不同的是，华为采用差异化竞争策略，为企业和中国手机产业赢得了升级发展的机会。中国智能手机成为全球产业链中的重要力量，涉及芯片、软件等核心领域。

四、集约高效与分权灵活

集中还是分权是个两难、长久争论的问题。我们诟病金字塔集权强管控、不灵活，但它也有效率高、见效快，集中力量办大事的优点。特别是在大颗粒需求场景，这是一种高效的方式。福特以大规模流水线为核心的垂直整合供应链，是集约化科学管理的成功，助力福特延续了长达 19 年的辉煌。从 1908 年到 1927 年，福特都是汽车行业的霸主，牢牢占据了行业第一的宝座，巅峰时期更是占据了 60% 的市场份额。大规模流水线生产与垂直整合供应链改变了世界，成为管理史上的经典。

通用汽车抓住汽车行业快速发展的趋势，通过不断并购快速扩张。斯隆担任通用汽车总裁 3 年，让濒临破产的通用汽车反败为胜。通用汽车创造性地在多产品基础上，建立了有效的协同管理机制，改变了原来各产品线与各事业部过度分权带来的管理混乱和低效。到 1921 年，当福特还在坚持只生产黑色 T 型车时，通用汽车用"模块化产品设计"，快速推出多种车型。共享模块的高效生产、经过规划的产品矩阵和匹配的多事业群分权协同管理机制，既灵活又高效，席卷了整个汽车市场。

是集中还是分权？都不是，该集中的集中，该分权的分权——多元化混合模式！

五、德鲁克与斯隆的君子之争

斯隆被称为 20 世纪最伟大的 CEO，不仅仅是因为他在经营上的成功，还因为他在企业管理模式上的开创性成就、管理模式的创新。他是现代企业事业部，矩阵式分权组织管理的鼻祖。在矩阵组织管理基础上，他首次提出了现代职业经理人的概念和职能。他的《我在通用汽车的岁月》[一]堪称管理学的里程碑。此书自出版后，数十年来被译为多种文字在世界范围内广为流传，至今仍新版不绝，是职业经理人必读的经典。

斯隆完全知道通用汽车在管理模式上突破的重大意义。为此，通用汽车邀请管理学者彼得·德鲁克来调研。在斯隆的支持下，通用汽车上上下下全面对德鲁克开放，毫无保留。经过将近两年时间的深入考察和调研，1946 年德鲁克独立撰写并出版了《公司的概念》[二]一书。基于对通用汽车公司的调研，《公司的概念》首次尝试揭示一个分权组

[一] 此书中文版已由机械工业出版社出版。
[二] 此书中文版已由机械工业出版社出版。

织是如何运行的，以及它遵循的基本原理、运作机制的优点和面临的问题挑战。德鲁克还首次提出了现代分权企业组织中一个关键的角色变化：从蓝领工人到知识工人，从被动管理到自我管理。在《卓有成效的管理者》㊀一书中，德鲁克系统地阐述了知识工人的概念，以及自我管理的原则方法，使之成为管理学的必读经典。

企业管理是一门偏实操的管理科学，往往先有管理实践再有理论。

通用汽车在现代企业管理上的开创性实践，为德鲁克提供了第一手的素材和养分。可以说，是通用汽车开创了现代分权管理企业实践，而德鲁克在其基础上总结提炼成现代企业管理理论。

有趣的是，德鲁克的《公司的概念》中的观点却不被通用汽车所认可。这不仅包括通用汽车的中基层管理者，也包括斯隆。他们认为德鲁克这本书会对别人造成误导。这在某种程度上促使斯隆自己撰写了《我在通用汽车的岁月》一书，希望呈现给世人原汁原味的看法。这本书最晚在 1952 年就已完成，但到 1964 年才正式出版，因为斯隆不想伤害书中所涉及的人员。为了避免伤害别人，斯隆决定等这些人作古之后再出版。当时斯隆已 78 岁高龄，双日出版社的编辑劝他："你可以说些模棱两可、不痛不痒的话。"但斯隆还是再等了 10 年，到他 89 岁才出版。这本书出版一年就成为畅销书，再一年后，斯隆逝世，享年 91 岁。

斯隆在书中对《公司的概念》一书只字未提，没有任何评论。也许，这就是君子之争，和而不同。现代企业管理是一个如此大的命题，涉及不同领域。通用汽车的成功，是多因素共同作用的结果。不同视角，自然会有不同观点。德鲁克从"旁观者"、从社会组织运作的大视角观察，与斯隆管理实践者的视角，可能确实会有不同。

㊀ 此书中文版已由机械工业出版社出版。

第二节　模块化集成设计让鱼和熊掌兼得

1999 年，华为收入在增长，但利润却在下滑。

原来的管理模式遇到瓶颈，机会很多，但经营却越来越吃力。华为基本法统一了思想，对齐了方向。但管理既要有哲学思想，也要有系统的、专业的管理工程方法。全球考察一圈后，看过当时郭士纳刚带领 IBM 从泥坑里面爬出来的系统管理方法，华为决定拜 IBM 为师。在华为成长历史中，这是非常重要的关节和突破点。

一、华为为什么要学 IBM

在 IBM 顾问的指导下，华为启动了几个变革：IPD（集成产品开发），从 0 到 1；ISC（集成供应链），从 1 到 N；以及后来的 LTC（从线索到现金，我的理解是集成销售管理）。它们的核心主线都是产品价值流，从客户中来到客户中去的不同价值循环段。ISC 和 LTC 的管理对象看起来是项目和订单合同，但它们流动的内核依然是产品，是产品承载的价值流。

产品为王！

一个个有竞争力的拳头产品，构筑了华为在通信设备行业的领导地位。在终端市场，华为也是靠 Mate7 等一个个拳头产品打开局面，Mate 系列、P 系列一波接一波扩大巩固市场份额。在现代商业社会中，我们常常会看到这种情况：有的企业突然出现一个爆款，然后又默默无闻。而华为掌握了 IPD&ISC 的内功心法，通过不断修炼，内力日渐深厚。成千上万的知识人才组织起来，以客户为中心，一波接一波，持续冲锋。这种凝聚起来的强大力量，绵绵不断地持续冲击，再坚固的市场也很难不被打开缺口。

一旦机会点被打开，千军万马跟上来，纵向突破，横向扩张，摧枯拉朽。

ISC 前面连接产品的 IPD，后端连接 LTC，产销研集成协同，构建快速、低成本、高质量供应的竞争力，帮助华为甩开国内对手的纠缠，站上全球化快速发展舞台。从百亿美元成长到千亿美元，没有全球化的集成供应链管理能力支撑，是很难想象的。华为从 IBM 学习的这一套集成管理体系，对华为的发展非常重要。华为靠这套内功心法，逐步修炼得内力深厚，构建起全球化一流的竞争力！

IBM 的这套内功心法，又是怎么修炼出来的呢？

二、模块化 IBM360 与蓝色巨人的崛起

1995 年，美国奖金最高的科学奖——鲍尔科学奖授予了布鲁克斯——IBM360 之父。

在这之前，电脑之间互不兼容。IBM 自己就有 7 个种类、20 多个型号，都是各自垂直整合一体化的烟囱，彼此之间没有联系，老死不相往来。IBM 决定改变这种模式。1964 年，模块化、系列化设计的 IBM360 上市，从 51 型小型机到 91 型大型机，6 个型号，44 种模块化灵活配置。产品在市场上取得巨大成功，1966 年 IBM 的收入就超 40 亿美元，纯利达 10 亿美元，跃升美国十大公司行列。如图 4-4 所示，模块化的产品设计在某种程度上帮助 IBM 确立了在 IT 行业的霸主地位，使其成为蓝色巨人。

图 4-4　IBM 电脑

模块化设计，对 IT 行业的发展贡献是划时代的。

降低门槛，促进了产业的快速发展。原来只有大企业，需要数亿美元投入的计算机产业，现在几个人在车库就可以创业，在某一个模块上独立演进。美国这几十年来为什么还可以持续领先全球，以硅谷为典型的 IT 科技行业的兴盛非常关键。方兴未艾的互联网、数字化、智能化都建立在此基础上。

在大型计算机时代，IBM 选择了开放，但依然牢牢把握着核心模块，保持着霸主地位。到了个人 PC 时代，IBM 被英特尔和微软联手赶下了盘踞数十年的霸主宝座。不能说模块化错了，IBM 不做，其他公司也会突破。开放没问题，没有核心能力的开放才有问题。开放要控制节奏，要想清楚关键控制点，构建自己的核心竞争力。IBM 的失误，就是将核心模块草率地外包给了英特尔和微软，失去了对供应链的控制。

除了在核心模块上建立竞争门槛，也可以通过管理模式创新，构建系统级竞争力。比如戴尔的供应链模式创新、丰田的精益生产模式，都是系统级竞争力。这种系统级的软实力，需要系统级的规划设计与运营协同，一般的企业难以模仿。

IBM 的再次崛起，正是遵循这样的思路。

三、解耦容易集成难

从大型计算机到个人计算机，IBM 失去了对核心模块的控制，失去了竞争力。

在辉煌了近 30 年后，IBM 的收入停止增长，利润急剧下降。1992年，IBM 遭遇了严重的财政困难，亏损上百亿美元。不得已，IBM 打破传统，首次从外部招聘 CEO，找到了郭士纳，寻求变革。郭士纳首先降低了大型机的价格，不涸泽而渔，扩大市场，稳住局面；然后在此基础上，推行 IPD 和 ISC 变革。无论是财务指标，还是质量结果，都成效显著。产品研发和供应周期都缩短了 50% 以上，产品成本，特别是研发效率得到大幅改善。周期缩短后，产品命中率大幅提升，中途废止项目浪费的费用明显降低，库存大幅减少。曾陷于臃肿而低效困境的 IBM，又活了过来。

产品为王，大象再次崛起。

关键是从模块化产品向集成产品解决方案转变。模块解耦，一个个分离产品模块，激活了整个产业生态，灵活有余。但客户需要的，不是零零碎碎的模块级产品，而是能最终解决问题的系统级产品解决方案。模块解耦，更关键的是如何再系统地集成起来。IBM 抓住机会，通过软件中间件把分离的产品集成整合，构建起集成产品解决方案竞争力。战场开始从硬件模块，向产品解决方案、系统软件和专业价值服务扩展。当然，后来接替郭士纳的彭明盛，在服务上越走越远，过犹不及，又是另一个话题了。

四、从模块化产品到模块化组织

华为的 IPD 变革，实际上需要完成西方公司的两次跨时代管理变革。首先是个人英雄主义向科学管理的转变。核心思想是专业化管理，在白盒化基础上简单化、标准化、流线化，包括流程化的研发管理模式。其次是模块化、多元化集成管理模式的转变。多元化场景，垂直整合一体化产品设计向模块化产品并行设计转变，金字塔一维线性组织向矩阵组织转变。这种多元化不一定是通用电气一样的跨行业多元化，可以是 IBM 一样的在行业内产品的多样化。

1. 模块化产品设计：万物归一，一生万物

集成供应链的基础是模块化集成产品设计。不同视角，一体多面。既满足销售界面多元化的客户需求，柔性敏捷；又满足生产界面的集约高效，鱼和熊掌兼得。

- 研发视角：万物归一，需求进喇叭口，模块化设计。
- 生产视角：模块高效生产，整机界面延迟制造，满足多元需求。
- 销售视角：一生万物，市场需求驱动，满足多元化需求。

相互冲突的两股力量，通过模块化解耦基础上的再集成产品设计，殊途同归，走向融合。从系统组织理论上来说，这是一个合理的选择。大部分系统都是周边灵活，核心稳定。面对多元化、多变的外部环境，它们的组织结构往往是通过外部隔离（模块解耦），保持系统核心稳定（模块生产与开发的稳定）。

2. 结构化流程：标准化前移，定制化后移，主干通畅，末端灵活

流程是业务在组织活动中的映射，是业务优秀实践的持续沉淀。

模块化产品对应结构化流程。无论是IPD流程，还是ISC管理，以及IFS（集成财经）管理流程，都是结构化，可以基于不同场景进行叠加和裁剪的。结构化流程设计，与产品模块化设计类似，遵循以下原则。

- **标准化前移，主干通畅**：这是产品模块化设计原则在组织流程设计中的拓展应用。在产品模块化设计中，标准化前移，高效流动。
- **定制化后移，末端灵活**：不同客户、不同产品、不同场景、不同区域，对应的业务流程应该保持灵活性。对于偏下层的细节流程，不需要过于严格和僵化。

3. 模块化矩阵组织

明茨伯格说，矩阵组织是未来的管理模式。现在看，对了一半，未来已来，模块化矩阵组织是现代化企业的常见组织结构，但却不是未来的理想组织。矩阵组织的复杂度和管理挑战快速上升，是鱼和熊

掌不可兼得的两难技术活。集权好还是分权好？最后是既有集权也有分权。关键问题是什么时候集权，什么时候分权。

供应链实体有时倾向于靠近供应资源汇聚（原材料资源、人力资源、产业链配套资源等），集中后在成本效率上构建优势。集中管理也有利于全球质量一致性。但面向客户的整机部分适当解耦，可以分散下沉，快速响应客户的差异化灵活需求。信息流相对轻，不需要重资产设备，布局会更灵活一些。比如有些企业的订单合同、在线客服等，既基于全球区域共享中心，适当集中提高了效率，又基于不同时差分布，保持全天候在线。

不是哪里都需要强矩阵。对于专业性比较强的职能部门，比如研发和制造工程等，应该尽量减少矩阵组织，让专业人员能做深做细。对于面向客户的业务组织，倾向于强矩阵管理，降低协调管理成本，快速决策，快速响应。

4. 多维多层复杂矩阵的简化整合

在模块化集成管理组织，端到端拉通协同一直是热词，经久不衰。多维矩阵，子矩阵交叉，管理成本高，吃水线高，只能做大颗粒、高价值的业务。很多创新性，特别是断代式创新业务，业务规模和利润开始往往不高。大型矩阵组织往往会错失机会，陷入创新者窘境。

产品是价值的载体，贯穿始终。

产品和客户可以考虑整合成同一维度的不同层级。少部分跨产品解决方案场景可以专项管理。不要因为少部分场景而增加一个维度的复杂度，结果得不偿失。区域组织表面看靠近客户，但它其实是区域销售服务组织，是职能部门。

5. 模块化数据与 PDM 集成数据管理

传统文档数据散落在职能部门，即使使用 CAD、CAM 等计算机辅助技术，也并没有改变信息孤岛的局面。文档变成电子文档，逻辑上依然缺少有效链接。在产品模块化解耦基础上简单化、标准化、结构化，在更大系统层面拉通，这也是 PDM（集成产品数据管理）、ERP 的管理逻辑，如图 4-5 所示。

图 4-5　模块化与集成产品数据管理

在巴西华为，我们发现自己的 PDM 还不够集成。销售配置以配置手册文档的形式独立存在。配置器也太复杂，配置数据和 IT 没有解耦。另外，配置逻辑不可视，没有打通，对后端供应链管理不利。

以产品 BOM 为核心，集成结构化工艺数据，就是 BOP（产品工艺清单）；集成结构化供应数据，比如计划数据、物流数据等，就是 BOSC（产品供应清单）；集成销售数据，比如可选配置场景、配置参数等，就是 BOS（产品销售清单）。

这些课，是时候补上了。

6.集成管理重度依赖规划质量：做正确的事，一次把事做对

结构化流程，断点多，链条长，容易产生牛鞭效应。前端一点风吹草动，后端会逐级放大，有时会造成难以弥补的局面。周期长，很多活动要依赖预测驱动，对预测质量的要求就高。但预测又总是变化的，总是有偏差的，这成为先天矛盾。所以 IPD 和 ISC 都特别强调：做正确的事，一次把事做对！

计划预测本质是需求管理，需要把喇叭口打开，多信源、多渠道需求主动管理。去粗取精，去伪存真，由表及里，由此及彼。20世纪20年代，通用汽车面临销售预测不准确的问题，搞得差一点破产。斯隆意识到供应链不能被动接受销售预测，而要主动前移，开始监控经销商渠道库存、二手车交易等数据，建立多信源、多渠道需求管理，以及相互校验的能力。这不是对销售不信任，而是合理补充。即使是主管，也是兼听则明，不能只听单方面汇报。销售虽然靠近客户，但往往比较乐观，预测偏高，或者出于考核原因，预测数据不到最后关头，不松口。

一生万物，万物归一。

IPD与ISC的基础都是模块化设计。**好的模块化设计，可以鱼和熊掌兼得。但如果模块化设计不到位，画虎不成反类犬，反而会造成运作低效、效率下降，甚至管理混乱。**

第三节 向七巧板学习模块化设计

人们通常认为，棉花天然就是白色的。但实际上天然棉花是彩色的，花儿一样多姿多彩。在作者的四川老家，小时候路边就有不同颜色的野棉花，黄色、紫色……多姿多彩，如图4-6所示。今天的白色棉花是人工选择和培育的结果，因为白色最适合漂染。这个世界天然多元，多姿多彩，客户需求天然倾向于多元化、个性化。只是当企业有别的企业没有的功能、远超竞争对手的性能优势，或者价格等现实条件约束时，客户才愿意牺牲多样性。

可道家又说：一生二，二升三，三生万物。这个世界是归一的。

好像也有道理，就像图4-7一样，有多姿多彩的自然颜色。第一眼看到：万紫千红。往下一层：红、橙、黄、绿、青、蓝、紫，7种颜色。再往下一层：红、蓝、绿3基色。再往下：收敛到光子，归一。

自然界天然棉花本来是彩色的，像下面的花儿一样，多姿多彩

白色棉花，是人类方便印染，人工选择与培育的结果   今天，人们也可以培育出彩棉，无须漂染

图 4-6　彩色的棉花

色彩斑斓的世界

红　橙　黄　绿　青　蓝　紫

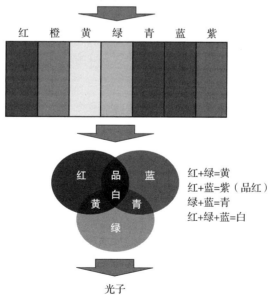

红+绿=黄
红+蓝=紫（品红）
绿+蓝=青
红+绿+蓝=白

光子

图 4-7　万物归一

一、世界是多元的还是归一的

不同层次,看到的结果不同。

如图4-8所示,我们从现象层面看,是多姿多彩的。然后往下挖本质,是一层层收敛的。万事万物,最终归一到原子。这些归一的元素组合演化,可以满足客户的多元化需求。从这个逻辑上来说,模块化设计一定可以归一。再复杂的多元化定制需求,只要找到正确的解耦方法,包括技术手段上的深度解耦,一定可以模块化收敛。关键在于如何解耦,鱼和熊掌才能兼得:既满足多元化需求,同时兼顾生产效率。然后是解耦后如何再系统集成起来,用什么样的链接方案,成本低还可靠,容易扩展。

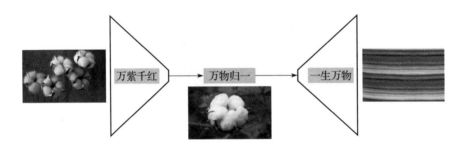

图4-8 万物归一,一生万物

万物归一,一生万物!

模块化设计的关键是找到合适的解耦点、解耦方法和再集成链接方法。

二、燕几图到七巧板

七巧板,又名"唐图",源自中国古代的组合家具。最早可以追溯到北宋黄伯思(字长睿)的"燕几图"(见图4-9)。

"燕几图"逐步演进到明代戈汕的"蝶几图",再一步步进化到现代的七巧板(见图4-10),流传到全球各地。

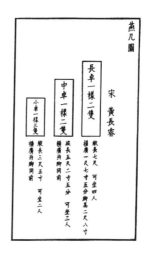

图 4-9　燕几图

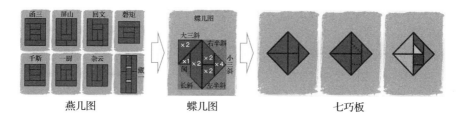

图 4-10　七巧板的演进

三、模块化设计目标

1. 最少模块种类

模块种类少，归一聚量，也容易发挥规模化、集约化生产效率优势。种类少，对应的计划预测更容易做准。等收到客户订单，基于模块库存，快速齐套满足订单交付。反过来，种类太多导致生产成本变高，计划难度加大和订单周期加长。这样的模块化设计，达不到集成供应链既高效又灵活的效果。模块化设计很大一部分收益是跨产品模块复用，提升效率，降低成本，而模块解耦后，再集成的接口连接需要花费成本。从成本效率的角度考虑，解耦造成的成本升高，需要从跨产品模块复用后的效率提升上赚回来。

2. 最大组合差异化

产品规划的时候，喇叭口一定要张开，把目标客户、目标场景都囊括进来。如果模块组合后不能满足需求，那只能见单后再生产模块，批量小、效率低。有的甚至需要订单驱动设计（engineering to order，ETO），从更前端的研发开始，试制、半成品生产、成品生产一串流程走下来。画虎不成反类犬，这样的模块化还不如一体化设计高效，因为多了很多信息流和生产断点。需要提醒的是，模块化不要奢望覆盖所有客户场景，要有所取舍。模块化设计的目标是，最少模块覆盖最大差异化需求（见图4-11）。

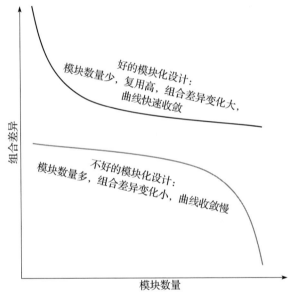

图4-11 模块化设计目标：最少模块覆盖最大差异化需求

3. 最少层级

从逻辑上来说，任何事物只要层层分解，一定能分解到原子，实现归一。关键是收敛的快慢有不同。如果收敛层级过多，模块颗粒太小，很难达成模块化设计的目的。通常来说，我们希望收敛层级少，最好1次（解耦/再集成一次），最多3次就能达到收敛的目标。当然，不同产品类型的要求会有不同。如果是比较复杂的产品，比如模块化数据中心这样的建筑级产品，解耦层级会多一些。

4. 最简组合

模块解耦后的再集成，要尽量减少复杂工艺，最好空手卡接就能完成。如果模块化解耦不彻底，需要复杂的连接工艺（比如焊接），那就意味着更高的整机生产成本、更长的订单响应周期和更多的订单质量异常。更关键的是，因为受再集成环境资源的约束，会影响全球化的供应网络布局下沉。

四、模块化设计挑战

1. 既要模块少，也要覆盖未来不确定的多样化需求

如何用有限模块搭出不同组合？颗粒很关键。颗粒越小，组合越灵活，越容易满足多样化需求。但颗粒太小，数量多，管理又复杂。产品规划设计阶段，客户需求有很大的不确定性。面向未来的需求不确定性，为了保持灵活性，要把颗粒搞小，使组合更灵活一些。研发倾向于把颗粒做小。因为有产品，产品卖不出去是销售的责任。卖得出去，但手上没有产品，研发可要承担责任。特别是销售指标完不成时，研发容易背锅。从人性考虑，研发天然有动力把模块设计得小一些，过度灵活。这种过度灵活带来的复杂性，会给后端的供应链管理、给企业整体带来损失，甚至灾难。

2. 一体多面，需要兼顾多领域、多视角需求

模块化设计，需要多视角，一体多面：研发视角，从功能维度解耦，通过模块复用降低开发成本；供应链视角，考虑如何提高生产和存货效率；销售服务视角可能又不一样。供应和销售需求冲突的时候，供应链往往处于弱势地位，收益不够显性化。要解决这个问题需要一定的技巧，我们在后续可供应设计实操，比如数据存储和数字能源产品的可供应设计案例复盘中再探讨。

3. 技术挑战：模块化解耦与再集成连接技术

模块化解耦往往受制于技术突破。

比如前面的颜色解耦，如果没有对应的白盒化分析能力，不懂不同颜色的组合规律，是无法解耦的。实际上产品模块化解耦往往受制于行业的技术成熟度。模块化设计更大的挑战在于解耦后的再集成连接技术。不同产品模块解耦和再集成的挑战不同，这是产品模块化设计的关键。如果这个行业没有类似螺纹、连接器等这些成熟的连接技术，模块再集成在工艺和质量可靠性上都会更具有挑战性。模块化设计概念说起来比较简单，具有挑战性的是这些底层技术。

五、模块化供应链设计原则

模块化设计贯穿产品设计与供应链设计，不同领域、不同视角有不同的设计原则。我们首先站在供应链设计视角看，主要关注以下几个方面。

（1）**标准化前移**：加大标准化模块的比例，规模越大，效率越高，质量越可控。

（2）**定制化后移**：定制部分尽量往供应链后端转移，解耦开，灵活组合。

（3）**大小结合**：就像七巧板，2个大颗粒，5个小颗粒，大小结合。大颗粒模块集成高效，小颗粒模块柔性灵活，组合出产品来满足多样化需求。

（4）**少层级**：减少模块嵌套加工的层级，减少生产排产排队，包括信息流和实物流的断点次数。层级越少，断点越少，周期就越短，需求响应越快，柔性越好。

（5）**轻整机**：如表 4-1 所示，模块之间的耦合方式、整机连接工艺应该尽量简单、可靠。这样有利于供应网络的灵活布局，更靠近客户的供应布局点，快速地组合以响应客户需求。

表 4-1　订单模式与整机工艺设计

订单模式	关键布局点	典型工艺	响应周期
PTO（捡料满足订单交付）	区域仓库	卡接，免工具	1 天
ATO（组装满足订单交付）	区域供应中心	螺钉连接	3 天
MTO（加工满足订单交付）	专业制造工厂	焊接	7 天
ETO（设计满足订单交付）	工程研发	工程定制	>30 天

六、模块化产品 DFX 设计原则

（1）**高内聚**：标准化、通用的部分尽量集成，一体化设计。功能上相对独立，可以进行模块级的功能测试和质量检查。

（2）**低耦合**：模块之间的耦合力求减少接口数量，降低接口的复杂性。如果模块之间存在内容耦合，可将它们合并为一个模块。如果模块之间有一个公共的子功能，可将该子功能独立成一个模块。

（3）**多复用**：模块应该尽量被更多的产品和模块调用，以提高模块复用度。被调用越多，复用度越高，意味着生产规模越高，低效编码越少。

（4）**少调用**：模块尽量不要调用子模块，这样可以减少模块层级。每增加一层，就意味着多一个生产层级、多一次排队等待、多一次生产计划与调度管理。

模块化供应模式设计原则与产品设计原则之间有一定的对应关系，如表 4-2 所示。

表 4-2　模块化供应模式设计原则与产品设计原则的关系

供应模式设计原则	产品设计原则
标准化前移	高内聚
定制化后移	低耦合
层级少	多复用，少调用
轻整机	低耦合

七、模块化设计经验基线

（1）**数量基线**：经验表明，一个设计得好的模块族，典型种类通常是3或4，上限通常是5～9。超出上限，就很难保证计划预测质量。如果超出这个基线，模块可以分层管理，针对优选模块和非优选模块设计不同的供应模式。

（2）**层级基线**：1层就搞定比较优秀，一般2层，最好不要超过3层。基于不同复杂度的产品系统，模块化解耦建议层级不同。对于模块/盒式产品，比如电脑、手机等，通常建议1层模块。对于复杂柜式/框式产品，比如通信设备，通常2层，不要超过3层模块。

（3）**比例基线**：整机界面越简单，所占比重越小，订单响应越快，供应周期越短。模块界面比重越大，集中生产效率越高。按照经验，整机成本占比通常控制在5%以内，不要超过10%，不要头重脚轻，如图4-12所示。

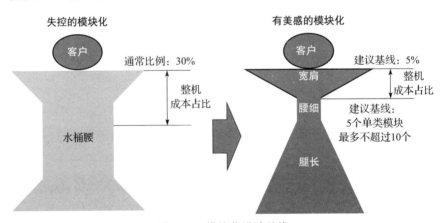

图4-12 模块化设计基线

第四节 集成供应链的挑战与未来

每次去机场和医院，很容易联想到排队式生产模式。

排队时间远远长于实际生产时间，排队浪费的时间远远长于真正产生价值的时间。排队 30 分钟挂号，真正有价值的挂号时间不到 1 分钟。门诊排队几小时，真正有价值的问诊时间可能只有 5 分钟。缴费排队，检查排队，取药、打针，哪里都是排队。如何提高医疗系统效率，是所有国家都关心的问题。很多人以为工厂很高效，自动化机器，哒哒哒……哗啦啦……产品就出来了。

医院为什么不向工厂学习？

其实，大部分工厂的生产排队比医院有过之而无不及。外行看热闹，内行看门道。宣传视频中都是工厂的精彩片段，消磨人意志的排队，都悄悄地隐藏在背后。物料进工厂要排队，IQC（来料质量检验）要排队，入库上货架也要排队。很多前面催得火急火燎的物料，在库房睡几天、几个月也无人问津。好不容易上生产线了，排队下货架，排队齐套配送，排队烧录软件，排队上飞达，排队 SMT（贴片生产），排队波峰焊，排队压接，排队装配，排队测试，排队老化。从工段到工段，车间到车间，工厂到工厂，处处都需要排队。医院排队时间一般按分钟计算，工厂排队往往高出好几个数量级，"起步价"按"天"计算。毕竟物料是死的，人是活的。物料躺在库房等几个月都没有人管。人等半天，就会抱怨无聊。大部分企业的全流程供应周期，比机场和医院可长得多。

一、排队模式

传统的大批量流水线和垂直整合供应链是一维线性结构。而模块化集成供应是二维结构——矩阵组织的网状结构。我们虽然天天抱怨排队，觉得到处排队很低效，但在这种模块化集成管理模式下，排队可能是比较高效的方式。就像城市十字路口的红绿灯，过马路的人遵从信号灯的指引，有次序地排队过马路其实是最高效的。想象一下没有了红灯停绿灯行的交通规则，单个人闯红灯好像节省了一些时间，但在系统层面则是运作混乱，更加低效。

集成供应链的管理，一定要建立交通规则。快车道、慢车道与紧急车道的使用，需要遵守交通规则。有预测就应该保障供应，没有预测或者来得晚的，就按规矩排在后面。否则，每个人都靠大嗓门，都想插队排前面，次序就乱了。这个项目是某某领导关注的；那个项目是战略项目，搞不好客户要投诉……最终结果是大家都不管红绿灯了，都争先恐后，在十字路口乱成一锅粥，交通堵塞后大家都是受害者。

也有紧急例外需求，比如救护车，满足一定的门槛条件就可以走紧急通道。这个门槛是例外规则管理，不是靠谁的嗓门大。供应链要做好交通规则的构建，更关键的是规则的遵守和看护，要做到有法可依，有法必依。首先对自己要严格要求，不要自己先乱了规矩。常会出现这种情景，供应问销售为什么不遵守交通规则。通常销售的回答都是，预测报不报都一样，最后还是看谁嗓门大，吼得凶。局部看好像效率高了，以客户为中心了，实际整体效率低，更多的客户利益受损。

二、集成供应链为什么不集成

现代社会中，有的家长给孩子起名字很有意思，查一下八字，看缺什么就取什么名字，比如缺水，就名淼；缺木，就名森。供应链的命名好像也是这样，只是代表了美好愿望，并没有反映供应链的关键特征。集成供应链，顾名思义，系统集成，管理水平非常高。但大部分情况是，集成供应管理水平不尽如人意，集成供应链并不集成。

模块化解耦设计相对容易，再集成更难。这是企业学习集成供应链时需要注意的。很多企业学习华为的 IPD 和 ISC，常常不得精髓，反而产生困惑。这有可能是产品模块化解耦设计不到位，导致模块数量过多，或者层级过多，又或者是解耦后系统再集成管理流程或者组织能力不足，比如供应、销售协同不足，销售过于强势，又或者供应链为了自我保护，供销协同变成了层层评审的内部博弈。

鱼和熊掌兼得，从来不是那么容易。

模块化集成供应链有很多好处，但也有先天的缺陷。管理得好，鱼和熊掌兼得。如果管理不好，会被反噬，鱼和熊掌都丢掉。

1. 要不要学集成供应链

供应链管理在国内还处于起步阶段。很多人并不真正理解供应链，以为供应链长得都一样。如果企业不区分具体的应用场景，囫囵吞枣地学习华为的集成供应链，很容易学错方向。华为引入 IPD/ISC 时，企业已经达到一定规模。此时，是多产品集团军协同作战，需要建立规模化/规范化的协同管理体系。如果企业还在初创突破阶段，这个时候最关键的是灵活，快速捕捉市场机会。业务、组织规模都不大，没有必要生搬硬套华为那样复杂的流程，增加不必要的组织管理复杂度。这个时候的企业足够灵活，善于发现和抓住机会，实现快速突破。企业到了规模化阶段，集成供应链也不是唯一的选择。比如对于苹果、特斯拉这样产品归一化较好、相对归一的需求，大批量流水线为核心的垂直整合供应链，可能是更好的选择。如果是多元且多变的需求环境，集成供应链的效率反而会下降，精益供应链才是更好的选择。

2. 学虎不成反类犬

集成供应链管理建立在模块化解耦的基础上，更难的是系统再集成，高效协同。

如果只做一半，模块解耦后是很灵活，但系统层面协同效率却很低。有的企业导入了结构化流程，但对应组织系统集成管理能力却没有匹配。比较典型的是弱矩阵组织，职能部门过于强势，面向客户的产品/项目维度很难拉通，导致评审组织多，流程断点多，围观的比干活的多。随便做个简单的事，都可能涉及多个不同的部门。这种情况下,全流程产品开发与供应周期反而拉得更长,效率反而降低。

3. 组织能力建设

很多企业的变革开始都是风风火火,热情却只能持续很短时间。前面做规划设计很高大上,但后面的运营导入就虎头蛇尾。在 IPD/ISC 变革导入与运营管理中,我建议将全流程周期(TTM)作为关键能力指标。如果周期很长,那说明系统集成上存在问题,可能在产品模块化设计,包括解耦方式上与业务不匹配;也可能是流程组织上还存在问题,断点过多;又或者是数据和 IT 系统的问题。企业需要分析问题根因,持续改善。在模块化解耦、有灵活性的基础上,完成匹配的系统化组织流程与数据 IT 建设。

三、计划赶不上变化

排队模式其实也不是哪里都慢。一旦用到组织资源,速度马上就快了起来。比如在医院,无论是医生还是护士,不管是不是稀缺资源,都显得特别着急。其实这也不能怪医生,在传统模式下,工厂和医院都是以资源为中心。他们关心的是关键资源利用率。比如生产设备是制造关键资源,制造关心的是设备利用率。制造工厂的理性选择就是大家排好队,保障生产设备得到最大化的利用。但从整个系统视角看,这么做易带来周期长、效率低和成本高等问题,不一定是最好的选择。

面对多元化静态需求,或者变化比较慢的商业环境,排队模式虽然周期长、效率低一些,但还能接受。比较危险的是多元而又多变的商业环境,排队式运作方式就很难适应。周期长,反应太慢,只好堆库存来解决。计划赶不上变化,日积月累,日益肥胖。看起来很强大,其实都是虚胖,百病缠身。若有一天遇上意料之外的突发情况,极易轰然崩塌。通常企业在这方面的表现有以下几点。

(1)**周期长,库存成本浪费**:供应链的周转速度慢,库存自然就多。管道内无论是原材料还是成品、半成品，都会占用一定的资金，从而带来成本浪费。有些产品是海鲜货○，迭代快，跌价也快。也有人说，万一库存涨价了呢？这是个概率事件，对反应快的企业是个机会，对反应慢的企业只是赌博，只能被动接受结果。而那些只是寄希望于幸运之神眷顾的企业，即使能够在走运时赚一笔，最后往往还得吐出来。

（2）**断点多，仓储物流成本浪费**：断点多意味着物品需要频繁周转。货物搬上搬下，搬进搬出，都需要付出仓储物流成本。中国企业物流成本的占比已经占总 GDP 的 14.8%（2018 年数据）。如果分母只考虑制造业，占比会更高，有巨大的改进空间。

（3）**多变环境被动应对，竞争力减弱**：G 公司是空调行业龙头，以重视研发和高质量制造著称。但这几年，却有被 M 公司超越的趋势。其中有许多原因，但有一点我认为很关键，就是对库存和周期的态度。G 公司采用传统供应模式，工厂渠道铺满库存。而 M 公司却着力于构建精益供应链，缩短周期，减少库存。在多变的商业环境下，竞争力差异就一步步显现出来了。比如某一年铜价下降，反应快的 M 公司迅速推出成本更低更具竞争力的产品，而 G 公司手里压着一堆高价格时生产的高成本库存，只能被迫应战，卖一台亏一台。而且趁着铜价低，M 公司因为库存少、盈利好，还能主动囤货。等铜价恢复时，用低成本原料继续生产，又发起一轮攻击。在这个商业世界，变化和不确定性很常见。对于周期短、反应快的企业是主动冲浪的机会，逢低吸纳，逢高平滑。而对周期长、反应慢的企业，很难跟上节奏，总是慢半拍被动应对。这样被动应对，企业原来积累的势能优势会被一步步消耗掉，越来越吃力。

（4）**库存掩盖问题，百病缠身**：库存是温水煮青蛙，会掩盖很多

○ 产品像海鲜一样，新鲜时价值高，但很容易跌价。

管理问题。外表看似光鲜漂亮，非常强大，但其实已经百病缠身，虚弱不堪。有一天轰然倒塌后，漂亮的财务报表里作为资产的库存，其实不值几文。如果是全球化场景，问题会更加严重。在有些国家，比如巴西，库存报废甚至还要缴税倒贴钱。

（5）**反应慢，错失机会成本**：面对同样的机会，反应慢的企业命中率低，更容易错失良机。反应快的组织根据环境快速调整，命中率大幅提升。在这个快速迭代的商业世界，机会成本不是盈利减少，很可能攸关性命。抓住机会，一步领先步步领先。错失机会，一步落后步步落后，最后被淘汰。

————

天下武功，唯快不破！

速度是一个组织系统是否健康的关键度量，它在稳定场景下反映的是效率，在变化的不确定性场景中，决定的是生死！

PART 2 ◂ 第二部分

精益供应链与全球化数字化演进

在这个热闹的商业世界，太多急功近利、人云亦云追求新概念的人，好像不需要太多努力，被数字化、智能化点化一下，天上再飘过来一片云，就能得道飞升，忘却人间烦恼。巴西华为掉到了泥巴坑里，人才更清醒一些。全球化是典型的多元、多变，而且充满不确定性的场景。我们需要未雨绸缪，在产品设计中预埋能力，这样的全球化之路才会事半功倍。数字化是一门技术，并不能直接带来供应模式的改变。精益需要数字化，数字化也需要精益。我们应该在产品设计源头，从精益开始，拙速胜巧迟，构建全球一流的精益自働化、数字化供应链。

第五章 ▶ CHAPTER 5

精益豹变
从精益生产到精益供应链

小颗粒混流、大规模穿插,化整为零,能散能聚

第一节　从心脏结构看精益的本质

物竞天择,适者生存。

无论是自然界的生物组织,还是社会组织、供应链组织,都在努力地改变自己,以适应日益复杂、多元而多变的生存环境。生物组织和社会组织运作模式的演进,其底层逻辑是一脉相承、螺旋上升的。解析生物组织的演进,可以更好地理解社会组织和企业供应模式的演进规律。

一、生物组织与心脏结构的演进

在自然界,从原始的单细胞和无脊椎动物,到鱼类和两栖动物,

再到爬行动物和哺乳动物，它们的身体组织结构和生存捕食方式一直在演进。随着环境的变化，对应的身体组织结构不断演进出新的功能，速度更快，动作也更敏捷。

如图 5-1 所示，这一切的背后，都离不开心脏的演进。

最早的地球，只有无生命的系统，没有生命组织。这个时候的系统，大到天体运动，小到原子、电子，都是服从牛顿力学的无生命系统。在一定的条件下，具备主动吐纳能力的耗散生命组织出现了。它们开始能够吐故纳新，主动吸收新物质能量，吐纳不需要的多余物质能量，以维持组织体自身的新陈代谢，修复并随着环境不断变化演进。它们的代谢心脏枢纽组织，分析起来非常有意思。

（1）原始单细胞生物只有简单的细胞新陈代谢，不需要血管，更谈不上心脏。

（2）多细胞生物开始有了组织，比如蚯蚓等无脊椎动物。虽然它只有一根直肠子，但它有了组织和简单的血液循环。驱动血液循环的是分散的五个动脉弓，连接着背部的主动脉和腹部的大动脉。蚯蚓通过动脉弓的肌肉舒张、收缩，传递血液、能量。动脉弓的功能类似心脏，但还不是真正的心脏。

（3）脊椎动物的身体组织规模开始扩大，它将分散的动脉弓一体化集成、垂直整合，形成了真正意义上的心脏。比如鱼类开始有了集约化的心房和心室，将血液送到鱼鳃，混合氧气后送往全身。鱼的心脏跳动频率大概在每分钟 30 次，越大的鱼，水温越低，心脏跳动频率越低。

（4）厄瓜多尔龟岛的一种海龟，体型庞大，心脏也很大，但它的心跳每分钟只有 6 次。这个龟岛是一个世外桃源一样的旅游胜地，远离大陆。那里资源丰富，动物生存压力小，优哉游哉，完全不怕人类。我们在海豹，甚至鲨鱼旁边玩耍，居然都能和平共处，相安无事。

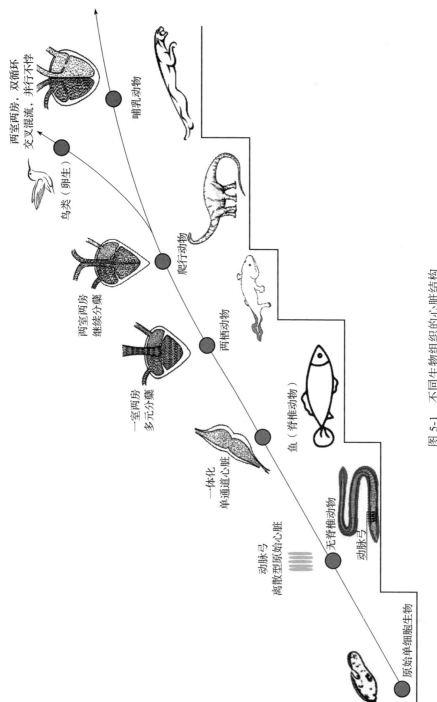

图 5-1 不同生物组织的心脏结构

（5）猎豹等哺乳动物面临的是更加多元、多变的生存环境，食物获取不是那么容易。它们的心脏进化出多个心房和心室，实现低氧血液和富氧血液的双循环，交叉混流，并行不悖。平常猎豹的心跳大概是每分钟 60 次，但在追逐猎物的时候，心跳可以达到每分钟 200 次。猎手和猎物之间竞争不断升级，猎豹和羚羊都在竭尽全力地加快速度，扔掉多余的赘肉。它们的身体必须足够精益，不能有过多的赘肉，这样才能飞速奔跑，有敏捷的反应能力。

（6）鸟类的心跳也能达到每分钟 200 甚至 500 次。鸟类不是哺乳动物，而是一部分恐龙的后代，但它们也进化出了和哺乳动物同样的混流心脏结构，才幸存了下来。在进化过程中，鸟类的身体组织进行了全面升级重构，体毛变成了羽毛，骨头空心化，心脏发动机也进行了升级。鸟儿看起来轻松自在，慢悠悠地飞翔。但它的心跳速度可是和猎豹奔跑时一样，达到了大约每分钟 200 次。鸟类中的极品——蜂鸟，为了采到花蜜，练习了更有难度的悬停飞行技巧。蜂鸟的心跳，可以达到每分钟 500 次。

动物的环境适应性和心脏结构强相关，取决于心脏组织的供氧效率。如图 5-2 所示，哺乳动物的两室两房、多通道混流心脏，就比两栖动物的一室两房心脏供氧效率高。因为在一个心室中，低氧血和富氧血混合在一起，影响了供氧效率。两栖动物的一室两房在环境适应性方面又强于鱼类的一室一房单通道心脏。但你不能说鱼不够灵活敏捷，毕竟在水里它也不是那么好抓。差别在于，鱼只能生活在水里，无法适应多元化的生存环境。而两栖动物为了适应多元化的生存环境，某种程度上牺牲了一部分效率。

这也是我更愿意用"精益"，而不只是"敏捷"的原因。原始的和鱼一样拥有直肠子的"垂直整合供应链"，可以很"敏捷"。我们想要的"精益"，是像猎豹一样，既有规模化的体型，又能高效且灵活地快速满足客户"多元和多变"的需求。我们不能为了敏捷，而丢掉了规模化的优势。自然界的生物演进,规模化其实是非常关键的竞争优势。

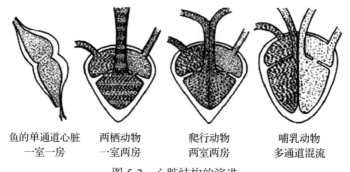

鱼的单通道心脏　　两栖动物　　爬行动物　　哺乳动物
一室一房　　　　一室两房　　两室两房　　多通道混流

图 5-2　心脏结构的演进

资料来源:中学生物教材。

在多元与多变的环境下,身体组织的灵敏程度往往和心脏的能量供应能力,以及跳动频率正相关。我认为每个身体组织都有它最适宜,感觉最舒服,能够有共振感觉的心脏跳动频率。比如,我太太天生动作比较快,往往看不惯我做事有点慢条斯理,我怀疑我们心脏的最佳跳动频率就不一样。如图 5-3 所示,鲸鱼的心脏跳动频率一般为每分钟 9 次,而大象一般是每分钟 30 次。猎豹的心脏跳动频率,可以达到每分钟 200 次,蜂鸟甚至可以达到每分钟 500 次。

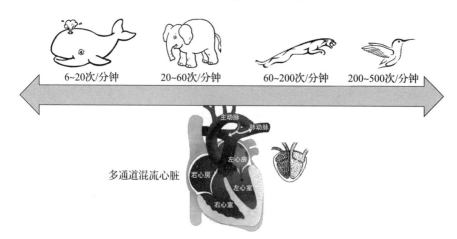

图 5-3　多通道混流心脏的跳动频率变化

没有最好的生存模式，只有最合适的生存模式。

虽然组织结构和心脏有进化路线，但并非意味着后出现的组织结构就先进，之前的组织结构就落后。在自然生存环境中，不同动物生存下来各有诀窍。有的喜欢以量获胜，找量大、容易获取但营养价值低的食物，比如大象和海龟走规模化、拼体型的竞争路线，反应速度虽然慢了一些，但它们的体积够大，在规模和力量上都有优势，别的动物也不敢轻易招惹。有的动物为了适应多变的环境，需要获取营养价值高的食物，走的是精益敏捷的路线。速度够快更敏捷，才能捕捉到猎物。而有的动物通过组织重构，给自己插上了翅膀，打开了更广阔的生存空间。

二、人的差异化演进路线

人在哺乳动物进化路途中，走了一条不一样的路。人和猎豹都有多通道混流结构的心脏，以及精益敏捷的身体组织结构。人类虽然没有猎豹奔跑速度快，但有猎豹没有的优势：

（1）学会了使用工具，促进了生产力和分工。在分工的基础上，最关键的是发明了自动化机器，获取了新的动力（自働化，脱离人体的动力心脏）。

（2）分工协作，促使产生更复杂的社会族群，进化出简单的沟通语言（简单的数字化，小型模拟化网络）。

（3）语言日趋复杂，构建起超越部落、可远程沟通协同、跨代经验传承的更大更复杂的社会网络（数字化，大型网络）。

（4）有了语言和文字符号的帮助，人类有了日趋复杂的抽象思维工具和逻辑思考锻炼，开始有了灵魂和人类独有的智慧（复杂社会，数据沉淀、知识沉淀，智慧诞生）。

有了抽象思维和智慧，人类进入了另一个发展空间：不再只是被动地缓慢演进，而是主动规划设计、创新，以及加速度快速迭代；发明了更多越来越复杂、越来越强大的工具；有了能进行抽象思维的大脑，有了更加复杂的规划设计以及社会化生产模式。

　　人类的心跳只需要大概每分钟 70 次，比大象快很多，但不需要猎豹那么精益。虽然不需要猎豹那么精益，但人类自働化、网络化、智能化社会的基础，依然是单体人的精益。没有精益混流的心脏作为基础，没有复杂多功能的精益人体组织，也进化不到人类的智能化社会。比如蜜蜂等昆虫就没有精益的个体。它们只有敏捷（小颗粒，反应也挺快），但身体太小，没有规模化。蚂蚁不能适应多元化的环境，到了冬天或者下雨天，活动就受限。所以蜜蜂和蚂蚁虽然也进化出了社会，但是非常简单，进化不出高等智慧。它们只能靠化学物质，靠跳舞来传递信息。靠基因遗传，靠条件反射，很难进一步演进。

　　相对于社会组织的演进，人类的身体组织和心脏基本上停止了进化，或者说进入了缓慢的进化。因为我们的组织和模式进化开始脱离身体，切换到了社会生产模式和社会组织的进化。如图 5-4 所示，这是另一个赛道的轮回。

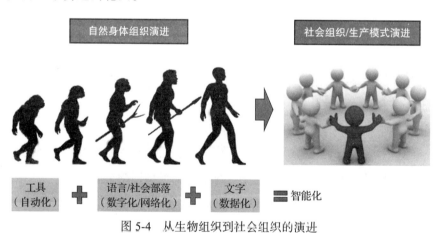

图 5-4　从生物组织到社会组织的演进

三、社会组织的螺旋演进路线

　　当人类社会组织出现，社会组织代替了生物组织进行演进。社会生产模式的枢纽心脏开始了更加强劲的跳动和演进迭代。它是价值生产的心脏，为社会组织提供持续动力。心脏的性能和节拍往往决定了整个组织的性能和敏捷程度。

1. 原始手工生产模式（不需要心脏）

对手工生产模式，我们常常指的是手工作坊或者艺术品生产。但今天很多企业，包括有的大型企业其实还保留了这种原始的生产模式。有的企业可能收入规模大，但没有标准化的产品，只有一个个相互独立的工程项目。企业没有先进的生产工具，主要是靠人拉肩扛、堆资源解决问题。这种模式对应的产品设计通常比较灵活，没有标准化设计规范的约束，编码多，定制多。甚至很多就不是产品，而是项目性的工程活动，打一枪就换一个地方。

这种模式的特点是足够灵活，有利于快速抓住机会。比如一个企业在初创突破阶段，需要的就是这种快速捕捉机会的灵活性。初创企业如果简单追求规范性，反而是自己给自己绑住了手脚。但是如果企业要做大规模，就不能一直停留在这个阶段。

原始手工生产模式像原始的单细胞生物独立运作，不需要组织协同，也就不需要心脏。像铁匠铺或者手工艺品制作一样自由作业，今天有感觉就多做点，明天没有感觉就慢工出细活，三天才磨出一根板凳腿。

2. 大批量机器生产模式（离散动脉弓）

对生产模式的演进，人们往往会从原始手工作坊生产直接讲到大批量流水线生产模式。其实在这中间，遗漏了大批量机器生产。简单化、标准化、自动化的大批量规模化机器生产，其实非常不简单。大家熟知的标准化先驱——美国的惠特尼其实开始是失败的。如图5-5所示，惠特尼向美国军方承诺大批量供应的步枪，合同到期都没能交付。因为产品背后的生产制造系统实在太复杂、太具有挑战性，从无到有地构建，可不是那么容易。

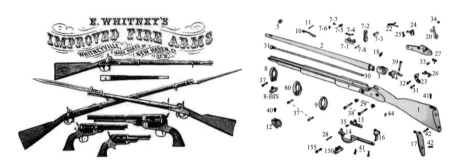

图 5-5　惠特尼希望大批量生产的步枪（实际未完成）

在大批量机器生产阶段，企业的核心枢纽心脏开始有了，就是大型机器。企业一切运作都围绕机器来开展，让机器利用效率最大化。对应的产品 DFX 设计原则走向简洁化、标准化和自动化。企业的组织频率往往取决于机器生产频率。大批量机器生产的一个缺点是刚性，而且一台机器只能完成分解后的简单动作。要生产出完整的产品，往往需要很多不同机器。这些不同生产节拍的机器，就像蚯蚓的离散动脉弓。

3. 大批量流水线生产模式（单通道集成心脏）

即使到今天，很多企业都不是以生产流程为核心的大批量流水线生产，而是以大型设备为核心的离散生产。单台设备的生产效率也许很高，但制造系统整体效率却不一定高。很多资源都消耗在了机器之间的搬运和等待上。不同机器生产节拍不一样，整体生产效率往往受制于最慢的机器。

福特的大批量流水线生产模式，从以设备为核心转移到了以产品生产流程为核心，系统化高效流动。它通过流水线减少了机器设备之间不增值的物流周转，通过统一生产节拍把离散的机器、工序连接起来，成为一体化系统。

如图 5-6 所示，随着规模的扩大，福特开始向价值链的上下游扩张，一体化整合，形成垂直整合供应链。垂直整合供应链像贪吃蛇一样，追求的是规模体量，不管是大鱼、小鱼一股脑儿全吃进去。需要提醒的是，垂直整合供应模式不一定就比以设备为核心的离散供应模式先进。比如一些专业部件产品的生产设备投资规模特别大，这个时候以设备为核心进行整合会更加划算。

4. 延迟制造，模块化集成供应链（一心室两心房，两栖混合模式）

当多元化需求开始出现，大批量流水线生产开始遇到困难。不同产品有不同的流水生产线，有的生产线因为需求多而产能不足，有的生产线却因为需求少而闲置严重，造成效率浪费。为了兼顾大批量生产效率和客户多元化需求，模块化集成供应链开始出现。模块化解耦后半成品规模化集中生产，提升了效率，而整机延迟制造可以满足客户的多元化需求。

如图 5-7 所示，作为枢纽的生产线是分段混合模式。前半段是单通道垂直整合、大批量流水线，后半段是多通道、灵活组装生产线，兼顾效率和灵活性。就像两栖动物在鱼类单通道心脏的基础上，进化出了一室两房心脏结构，以及混合血液循环模式。这样它就可以适应多元的生存环境，既能生活在水里，也能生活在陆地上。

5. 精益生产模式（多通道交叉混流心脏）

两栖动物虽然有两个心房实现肺动脉隔离，但只有一个心室。这样的心脏结构，富氧血液和低氧血液混合在一起，供氧效率受到限制。因此生存范围也受到很大限制，既不能深入深水，也不能深入陆地，往往生活在水陆交界区域。模块化集成供应链的高效率和灵活性兼容也是有条件，受到限制的。一旦离开这个区域，不要说鱼和熊掌兼得，甚至可能双输，效率和灵活性都得不到。

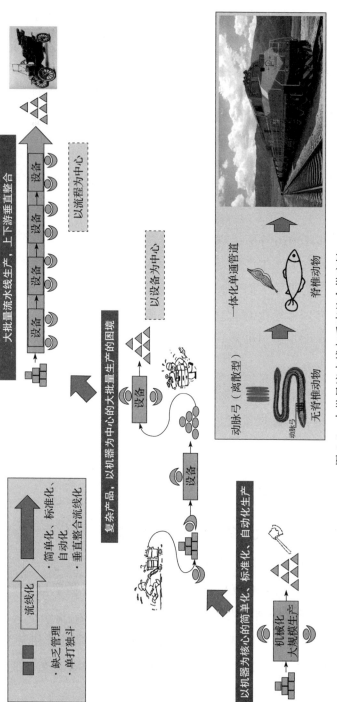

图 5-6 大批量流水线与垂直整合供应链

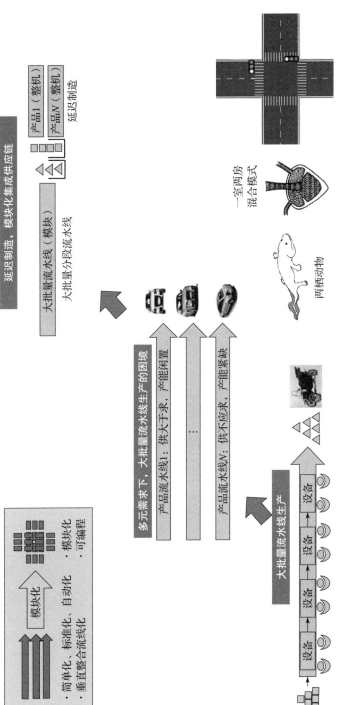

图 5-7 模块化集成供应链的出现

在多变需求场景下，模块化集成供应模式会是一场灾难。

在需求不变的场景下，大家缓慢地排队，总算有个次序，早晚也轮得到。一旦需求多变，某个急单需要插个队，往往牵一发而动全身。整个物料齐套和生产调度次序都需要重新调整。等折腾很久安排下去，需求又变了。

这个时候丰田的精益生产，或者说精益供应链出现了。

如图5-8所示，精益像猎豹的多通道混流心脏，两室两房，富氧血液和低氧血液交叉混流，并行不悖。产品设计从原来的模块化扩展到平台插件化，原来排队式生产，变成小颗粒混流生产模式。如果有需求变化，可以像插件一样快速插入和取出，简单而高效。

四、精益组织的心跳频率

我们看企业的精益生产，关键要看"心脏"好不好，有没有"心脏病"。最简单的方法，就是跑一圈，测心跳，看全流程周期，多久"跳"一次。

如图5-9所示，组织规模越大，全流程周期往往越长，反应越慢。大部分企业的全流程供应周期是14天，也就是2个星期"跳"一次。有的落后的企业甚至是45～60天才周转一次，也就是2个月才"跳"一次，一年"跳"6次。而丰田是20小时，1天不到就"跳"一次。

这其中有几十、上百倍的差距。无论是一个人还是一个企业，心脏负载和柔性调节能力都是关键能力。

很多人混淆丰田精益生产"单件流"和福特大批量流水线"一个流"。福特式的大批量流水线，生产单一产品，单通道一个流，全流程生产周期也可以做到20小时，而且是从矿石冶炼到整车组装。而丰田的20小时，面对的是多元化多变的需求。

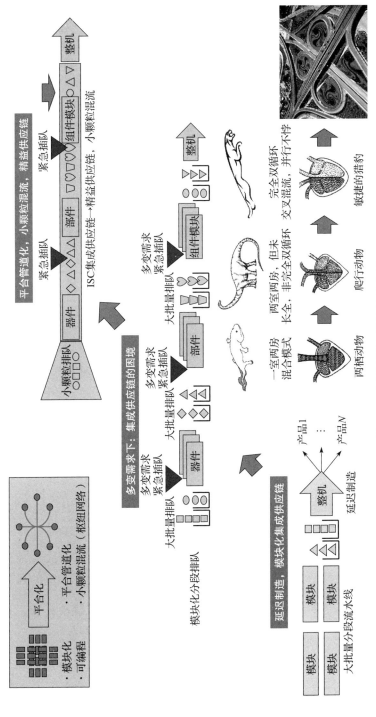

图 5-8 小颗粒混流的精益供应链

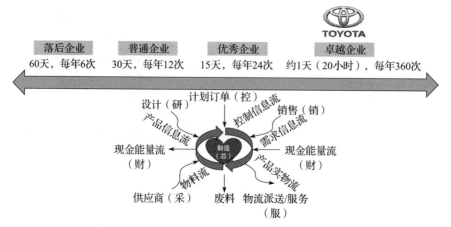

图 5-9　不同企业的精益制造系统枢纽心脏跳动频率

社会组织和生物组织演进的底层逻辑是一脉相承、螺旋上升的。人在从胚胎到成人的生长发育过程中，某种程度上将自然演进过程重新走了一遍。从最早的单细胞受精卵到胚胎，在心脏生长出来之前，也有类似鱼鳃的鳃裂组织。这对我们精益供应链的规划设计也有借鉴意义：除了从上到下的规划设计，有时也需要从下到上的演进过程。我们不一定按部就班，但需要积累能力。

第二节　集成供应链得了慢性病

2013 年 4 月，德国在汉诺威工业博览会上正式推出工业 4.0，之后我们也推出了"中国制造 2025"。被微笑曲线忽视，受了多年冷落的制造，一夜之间又成为显学，站到了舞台的中央。没有企业敢忽视它，纷纷"重兵"投入。这个时间，我们还在巴西为生存而战。到 2016 年，巴西华为的经营逐步进入正轨，怀着给精益供应链插上数字化翅膀的理想，我回到国内，参与到数字化融合设计变革当中。

当时，大家张口自动化、数字化，闭口网络化、智能化。通用电气、西门子等国内外著名企业的标杆工厂，也如雨后春笋般不断出现。宣传视频中,一排排崭新的自动化设备,一个个跳舞一样的机械手转来转去,高大上的数字化控制中心,智慧大屏,酷炫的信息流演示……一切看起来都很完美。本来自己觉得去巴西进步很大,看这种情况,突然有点后悔,去巴西8年是不是亏了,落伍了?

一、中心性肥胖与心血管堵塞

慢慢地,我发现事情没那么简单。喧嚣的潮水下面的现实,没有宣传和想象中那么理想。很多企业连数字化本质都没有理解,只会简单堆砌人云亦云的大数据、5G、AI,听起来很高大上,但是在企业经营上却看不到效果。真正理解数字化和智能化的企业,在推行中往往会发现基础的数据管理、基础精益的重要性。没有精益作为基础,企业就是大腹便便、很容易得中心性肥胖的胖子。就像图5-10所示,给他插再多的数字化翅膀,扑腾半天也飞不起来。

图 5-10 插上数字化翅膀的胖子

数字化供应链飞不起来,不只是体重和减肥的问题。更关键的是组织模式和心脏结构。有的企业先天的心脏结构就不能支撑如此多元而又多变的环境。两栖动物一样的心脏结构,最适合的是两栖湿地环境。你非要它和猎豹一样奔跑,或者像鸟类一样飞翔,确实是心有余而力不足。搞不好会心血管爆裂,中风休克而死。我的女儿有一本绘本,讲的是动物们在学校的学习情况。小鸭子刚开始在游泳课上表现很好，得到了老师的表扬，非常开心。等到了第二天爬树的课程，无论怎么努力还是不及格。老师很生气，说它还不够努力，动作还不够标准。

企业搞数字化也是一样，不是简单插一个数字化翅膀那么简单。如图 5-11 所示，从爬行动物到鸟类的演进，涉及整个系统组织架构，特别是心脏的结构变化。

很多企业连基础的现场管理都没做好，在企业愿景和宣传视频上，还每天做着智能制造的梦。你看着这些小胖子扛着智能制造旗帜，不禁心存怜悯。你看他们带着绯红的脸蛋，卖力地跑着跳着，挥舞着拳头，虚张声势地展示着力量的时候，你知道他们壮壮的身材是因为缺乏锻炼的中心性肥胖。他们绯红的脸蛋可能是因为心脏病、心血管堵塞而导致的供氧问题。你看着他们大腹便便的肚子，知道他们可能心血管已经出现问题，甚至堵塞硬化。你听着他们畅想数字化供应链，智能制造的美好未来。但你知道，他们如果不加强锻炼，很难有未来。

二、供应链心血管健康度检查

我的上述观点，也许有人会有不同意见。大家这么努力，孜孜不倦追求数字化，追求进步，你居然说组织身体有病，还是心脏病。有没有病，不用讳疾忌医，通过望闻问切，多看多问，或者出来跑两步，大家心里就有数了。再深入做一下组织体检，就更清楚了。

1. 看腰围身高比（BMI 体质指数）

很多企业的制造系统，初看流水线效率很高。但离开流水线，再往前多走两步，去生产暂存区和库房看看，就会发现在生产线上高效快速流动的产品，离开生产线后就流动异常缓慢。到处都是低效的库存，一躺就是十天半个月。整个工厂都泡在库存当中，泡在脂肪当中，很容易心血管堵塞。

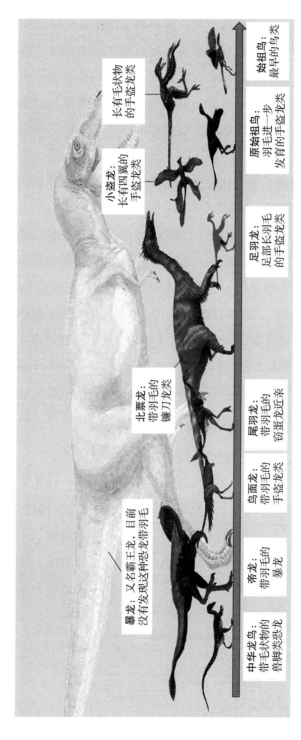

图 5-11 数字化不是插个翅膀那么简单

资料来源：国家动物博物馆。

制造系统是不是中心性肥胖？简单的方法就是看库存和收入的占比，也就是供应链上的库存周转率，看血液流得快不快。再结合现场现物，检查库存与生产场地的实际占比。原材料和半成品库存中，我们最需要关注的是半成品库存。如果半成品库存太多，腰围太大，中心性肥胖和心血管高风险无疑。就像肥胖也有很多种，有的人肉长在腿上，有的人长在脸上，有的人却长在腰上。不是所有的库存都有问题，适当的脂肪对于保存能量是有益的。有的库存是有益的，可以用来平衡波动或者应对不确定性。

对身体健康风险最大的是腰上的脂肪，也就是中心性肥胖。长在中间，让人核心的五脏六腑都泡在脂肪当中。它很容易导致枢纽心脏的心血管出现断点，出现堵塞，或者硬化失去弹性。有的企业80%的生产场地都被库存占用。这些库存就像我们心脏里面的肥肉，脂肪很容易跑到心血管里面，导致血管硬化，减缓了心血管的血液流动速度。有的甚至成为血栓，堵塞心血管中的血液流动。这时候，有再多的AGV（无人搬运车）也于事无补。库存移动效率很高，但移动的对象本身就是浪费。

2. 心脏跳动是否堵塞有杂音

健康的心脏，血管顺畅而且富有弹性，能适应外部环境的剧烈变化。如果心脏出现问题，有的时候是血管堵塞，有的时候是血管硬化失去弹性，在高血压情况下导致血管爆裂。供应链的心脏和人体的心脏类似，在多元和多变的商业环境中，多产品交叉混流，并行不悖的生产线是供应链的心脏枢纽。如果流水线被分成很多段，分段之间都是库存堵塞，那这个心脏就是不健康的。就像医生把脉一样，我们通过检查心脏的跳动频率，也可以诊断出很多心脏问题。

制造系统这个枢纽的心脏是否健康，主要应检查：

- ▶ 制造系统心脏的结构、运作方式。
- ▶ 跳动频率是否正常。

- 有没有断点，线体之间的连接是否顺畅，是否有堵塞。需要提醒的是，正常的线体连接不是没有断点，关键是线体之间连接是否顺畅。就像人的血管也会有分叉节点，只是这些节点连接要顺畅。电路设计也有分叉连接，用电路设计的语言说，关键问题是连接阻抗要匹配，不要造成堵塞和回波反射。

3. 信息流断点比实物流更严重

实物流大家看得见摸得着，有库存或者断点容易被发现。而信息流的断点更加隐蔽，放十天半个月也很少有人关注。如果说实物产品是生产实物流的关键处理对象，那么数据就是很多信息流的关键处理对象。但很多企业都不重视体系化的数据管理，甚至连 PDM（产品数据管理）都没有。它们手上有很多数据，但都是些躺着睡觉的低质量数据，或者是低呆无用的数据。就像库房里面的低呆库存，看着账面上有很多钱，真正需要用的时候，却没有太大的价值。

没有高质量的数据，就像蒸汽机时代没有高质量煤，像内燃机时代没有石油。低质量、低能量密度的木炭、木材虽然也能用，但用在蒸汽机上，显然没有高质量的煤炭效率高。

有了数据，数据的流动也是问题。比如说，销售手上掌握着客户需求数据，但是数据的传递还是靠原始的人拉肩扛。在传递过程中丢失数据，或者数据失真很常见。供应链拿到这种失真变形的数据，预测准确率自然一塌糊涂。客户需求数据打不通，看需求还不如看历史，分析数据不如拍脑袋。这在连续性需求时代，通过后视镜开车（只看历史数据的计划）问题也不大。但在需求多变的不确定时代，只看后视镜开车，早晚得掉沟里。

很多企业的数字化只是停留在给老板看的看板和炫酷的视频演示。碎片化的信息流，恨不得像八爪鱼一样多长几只手才能管理。我们不能多长几只手出来，但可以多安排几个人来管理。而管理人多了后，又进一步增加了协同的问题。比如说供应链的计划预测管理，从市场计划到集成计划，从产品主计划到加工计划、工厂生产计划，就像铁路警察各管一段。信息大部分时间都在排队等待，每个人都是八爪鱼，大部分精力都用在努力对齐数据上。

4. 是自动化还是自働化，是否具备柔性响应能力

制造系统能否兼容不同产品，能否基于需求灵活调节产品种类和生产频率，往往取决于它的枢纽心脏，也就是生产线。而生产线的兼容能力，又往往取决于其中的自动化设备。今天的商业环境多元且多变，如果自动化设备不考虑这些因素，今天几十万元几百万元，甚至上千万元的设备投资下去，明天产品变了，设备只能放到库房。想用吧，改造成本比买新的还贵。报废吧，卖废铁又有点舍不得。大型的自动化设备一般投资都比较大，周期也比较长。有的光是调试就需要很长的时间。这种自动化柔性不足，是很难满足需求波动的。客户需求旺盛时投自动化设备，等设备买回来需求可能已经不见了。

我们需要的不是机械自动化，而是柔性自働化——可以兼容不同产品，柔性演进的低成本柔性智能自动化（LCIA）。大型自动化设备花钱就可以买到，但是低成本柔性智能自动化能力却不是花钱就能买来的。它需要企业基于产品和行业客户需求的特点，自己积累构建。和产品平台化设计类似，自动化设备也要面向未来考虑可扩展性。

5. 量血压检查心血管是否有弹性，是否有硬化破裂风险

哺乳动物的心脏比鱼类的心脏更有弹性，跳动频率可以像鲸鱼一样低到每分钟 6 次，也可以快到像猎豹一样每分钟 200 次，甚至可以像蜂鸟一样高到每分钟 500 次。对于具体的动物，猎豹平时心跳大概在每分钟 60 次，当捕捉猎物时可以提高到每分钟 200 甚至 250 次。

在多变的商业环境下，需求预测不准，需求波动在某种程度上是不能完全避免的。我们需要做的是学习哺乳动物，有一颗高效且有弹

性的多通道交叉混流、并行不悖的心脏。不健康的心脏，它的心血管系统会硬化失去弹性。判断是否有弹性，可以通过以下方法。

- **高峰压力测试**：可以将一定时间段，比如一周的需求集中到一天，或者说一天的需求集中到一小时生产，通过压力测试评估产能柔性能力。
- **低谷效率测试**：在需求低谷期，如何保持组织的最低能量消耗。
- **提速时间评估**：比如 × 倍的产能，多长周期可以达到。

第三节　精益不是减肥那么简单

面对多元且多变的市场需求，多品种、小批量的生产任务需求往往紧急。而传统集成供应链的分段式生产方式，把生产流程搞得支离破碎、臃肿低效、反应缓慢。无论是生产线还是办公室信息流，都是铁路警察各管一段。为了满足客户需求，组织者需要像八爪鱼一样，拉通协调，全流程端到端。每前进一步都需要人拉肩扛，推动拉动，步履维艰。大家虽然很努力，但计划赶不上变化，这非常消磨人的意志和耐性。大家都知道这种供应模式有问题，却因为是系统问题怕自己搞不定，不敢去碰，只能心照不宣地绕着走。

一、为什么会暴饮暴食

有人抱怨销售预测不准，但预测就是预测，多数时候就是不准的。有人抱怨需求波动，但需求天然就是波动的。很多企业销售人员以此为借口，不但不去削峰填谷，反而因为各种不必要的内部管理原因火上浇油，进一步扩大波动。在他们看来，没有签不了的单，只有供不了的货。供应链通过人拉肩扛，鸡飞狗跳地花几倍代价搞定了销售传过来的订单，刚准备喘一口气，需求又涨了，再加200%。无聊的循环播放又开始了。更恐怖的是刚刚把物料追回来，生产出来一堆库存，客户突然不要了。这时大家才发现，所谓的紧急需求和战略项目，也许都是忽悠出来的。要赶紧释放资源！但具体怎么释放？我们说制造是枢纽，是驱动组织高效运转的发动机。但这样长期过度使用，急刹急停、野蛮驾驶，再皮实的发动机也会坏，被搞出心脏病。

在这种场景下，只要是一个趋利避害的正常人，都会用库存来解决问题。所有的波动和预测不准，最后都变成了库存，而且库存越做越多，制造系统日益肥胖臃肿。

二、精益生产推行的现实困难

在制造行业，精益是宗教一般的存在。

这也难怪，传统的生产制造方式，确实存在很多问题。生产大众每天疲于奔命，得不到应有的尊重。每个人都觉得应该改变，只是苦于找不到方法。前面的志士仁人，曾经做过很多不同的尝试和反抗。但是系统性的问题，靠个人、靠局部的改善很难解决。经过无数次的失败，很多人对问题开始视而不见，或者学会了接受，或者说是忍受。

这时，丰田给大家送来了精益思想，生产大众听得如痴如醉：感觉说得真好，真的理解我们的痛苦，精益生产方式就是我们想要的理想模式。管理是最可靠的蓝海，丰田通过精益生产构建的竞争力，无论经济是高峰，还是低谷，成果一直摆在那里。丰田就是制造业的灯塔，朝拜的人络绎不绝、经久不息。

做精益的企业很多，但真正做到的却非常少。这不奇怪，每个人都喊着要健康生活，要减肥。但减肥是个技术活，真正做到的不多。减肥虽然不容易，但毕竟只是个人的事，坚持锻炼总有收获。精益却是系统工程，是牵涉运作模式变化、组织重构的技术活。不是靠你自己能吃苦，坚持锻炼就能得到的。

场景1：打不死的小强

在推行精益生产的开端，常常出现这样的场景：顾问带领大家"现场现物"，从生产线走到了库房。这里这么多库存，那里又那么多库存。库存是万恶之源，必须首先消灭掉它们。改善团队一看：对啊，这库存也太多了，占用面积比我们的生产场地大多了，浪费太严重，必须改善。

改善团队开始组织大家分析，有针对性地制定改善措施：

- 这个库存怎么回事，把它干掉。计划站出来：这个库存可不能少，前两天的一个物料质量问题，要不是有这些库存，生产线早就停了，谁把这个库存干掉，生产停线损失谁来负责，客户那边谁去解释。

- 好吧，这个先不管。那个库存又是怎么回事？订单站出来：这个库存可不能动，订单快要下来了，如果像上次一样供应不上，客户投诉，谁来负责，市场可说了，这个是战略客户，已经对我们的供应很不满意了，要再有不满，很可能会影响我们进一步的市场拓展。而且客户还说了，要是再这样，订单就给对手。

　……

分析来分析去，发现能减的库存，都是皮毛。

库存浪费是最大的浪费。这是每一个搞精益生产的人都知道的精益原则。但是库存，却是打不死的小强，生命力极其顽强。库存减不掉，一身肥肉，还谈什么精益呢。其实库存本身没有好坏。它是个创可贴，是用资源解决模式和运作管理能力不足的问题。如果我们不解决制造系统的模式问题，不提升能力，只是简单要求减库存，不要贴创可贴了。但不贴，还在流血怎么办？

怎么办？眼不见为净，不要把库存放在这么显眼的地方。

有时管理层下了决心，硬压下来，纳入量化考核。上有政策，下有对策。吸口气收收腰，勒勒裤腰带。等过两天风头过去，再恢复过来。很多企业平时库存很多，一到月底，或者年底考核的时候就少得多。

场景2：为什么不能推倒重来

精益改善团队组织开展价值流分析，识别出7种浪费。这些价值流工具就像照妖镜，往往发现一堆的浪费，生产线上真正给产品增值的比例非常低。按照百分比，增值率往往都是个位数，百分之几这样的水平。也就是说到处都是浪费，改善空间非常大。

但讨论到改善方案，常常有人跳出来说：慢，不能动这里。如果要动，帮我解决某某问题。这些问题往往涉及组织流程、场地调整之类，牵一发而动全身。

错误守恒定律指出：在一个复杂系统内，仍然存在的问题数与已经改善和修正的问题数成正比。也就是说，一个缺陷充斥的复杂系统，将始终是一个缺陷充斥的系统。这是因为，一个设计拙劣的系统，不仅仅开始时有更多的缺陷，而且这些缺陷难以完全修复。它们受到波纹效应的影响，修复一个问题往往会引入新的问题，甚至更多问题。就像有一天，你觉得电视机放这里不好看，想换个位置。也不是多大个事，你马上动手。动了电视机，沙发也要跟着调整位置吧，要不坐啥呢。电视的电源线和信号线也要跟着动才行，要不然也没图像啊。沙发搬过去，饭桌不动好像也不行，要不然没位置。饭桌动了，冰箱在那里好像也有点碍手碍脚。

一个小小的客厅，东西还不太多。工厂这么复杂的生产系统，往往就很容易扯出一堆的事情来，什么流程和组织、IT系统什么的。如果涉及KPI考核就更是难受。扯来扯去搞烦躁了，恨不得全部推倒重来。后悔当年规划设计的时候没有考虑好，在厂房选址和工厂建设时没有规划好物流路径。现在已经成型，再改变就像心脏手术，必须找到关键症结，技巧性地解决问题。不能快刀斩乱麻，采用简单粗暴的休克疗法。

修修补补，拆东墙补西墙，还不如重新整个新的。但抱怨归抱怨，总不能真的全部推倒重来。修修补补折腾了半天，往往只能小打小闹，做一些小改进。涉及布局调整、主体结构的变化，往往只能放弃。最后的选择，往往是螺蛳壳里做道场，着眼于局部小改善，单点精益，局部精益，效果毕竟有限。

场景3：小羊为什么总喝脏水

精益变革团队花费几个月时间，反复沟通，端到端拉通对齐，终于慢慢形成共识，又花费了几年时间一个个地把问题解决，包括设计端的DFX问题，终于让产品的供应周期大幅缩短，库存大幅降低，质量也上了台阶。突然得到通知，这个产品准备停产了，请做好新产品的导入准备，把团队骨干和主要精力尽快转移到新产品上来。大家看到新产品后崩溃了，架构与原来的产品完全不一样，原来的DFX也不适用，什么都得重来。

持续改善是一个精益求精的好方法。如果需求相对稳定，或者说变化比较慢，它是适用的，持续迭代演进下去总会取得成功。可惜现代商业环境往往是多元且多变的，没有那么多时间等慢慢改善。这种后端被动式的持续改善，就像水脏了，在下游拼命地找工具沉淀过滤。等好不容易水清了，上面脏水又下来了，没完没了。

一边是理想精益模式，一边是现实。理想和现实的长期分离，造成了部分人精神和物质的分裂。旗帜举得很高，身体却很诚实。这个世界聪明人很多，既然无法反抗，那就学会享受，到什么山上唱什么歌。展示的都是很高大上的精彩片段，到具体运作实践，又无比现实，继续用最舒服的姿势、最熟悉的方式，做着救火英雄。企业依然支离破碎堆满了库存，还是一个臃肿低效、行动缓慢的胖子。

第四节　精益供应链在战争中的应用

小时候看战争类电影，总是很疑惑：一方为什么一定要死守关卡，外面天地广阔，为什么不能绕过去，从后面给对方来一枪？后来慢慢理解了，在过去，如果传统军队被打散了，或者被夺了令旗，那就是没有组织的散兵游勇，不足为虑。两军对战，排兵布阵时必须会抓主要矛盾，守住要塞阵地就可以控制极大的地域。在这些要塞之间的空隙中活动的小规模散兵游勇，一般是不用特别考虑的。

一、小颗粒混流与大规模穿插

战争中，小部队擅长打游击战。队伍规模壮大后，在小规模游击战基础上，升级成大部队的小颗粒混流和大规模纵深穿插迂回作战能力。在灵活的战场上，规模化的大部队在对方的阵地之间，化整为零，化零为整，能散能聚。同小部队一样，灵活机动穿插，彻底掌控战场。其中，关键不是化整为零，而是化零为整，打散了还能汇聚起来，继续发挥大规模集团军的优势。

化整为零的小团队敏捷容易，但化零为整的大规模化精益却很难。

二、低成本柔性自働化的武器装备

战争中，大型重载装备有它的优势——火力猛，适合大规模阵地战。但是在新的作战模式下，要求大部队能散能聚，灵活穿插，大型装备移动慢、目标大的缺点就不匹配了。此时需要新的作战武器，需要新的供应链。机关（总部，华为内部说法）、平台（公共平台部门）和指挥系统也是一样的道理。大规模阵地战模式下，指挥部隐藏在后方。在新的作战模式下，指挥部就在一线，需要快速移动。要不然大部队不敢散开，一旦散开，大脑就被打掉了。

柔性灵活的作战场景下，如何继续发挥传统自动化的优势，继续利用机器规模化生产的力量，同时赋予柔性敏捷，这是精益的关键。如果丢掉了自働化，那就不是精益，只是小部队的敏捷。

三、组织文化与能力建设

化整为零、能散能聚的作战模式，对小颗粒部队的作战能力和素质模型提出了更高要求。首先要能像侦察兵和特种部队一样，悄无声息地从敌方阵地空隙渗透过去。其次要求基层指战员有较高的作战主动性和军事指挥素养，人员能自己再组织起来，能抓住战机形成战斗力。

其中的关键难点是打散了还能协同作战，形成规模化战斗力。部队打散后，即使有网络保持指挥，但后方的指挥官对一线的场景不了解，也很容易指挥错误。这个时候，组织建设和文化建设就会发挥关键作用：首先是信仰和使命感，敢于牺牲的精神，高度的自觉性和纪律性；其次是消灭敌人有生力量，取得最终胜利的总体目标和作战原则；最后是通过平时训练和实际战斗培养出来的战术素养和实战能力。

这些信仰和使命感、文化和指导原则，是一个磁场，代替了普通军队的硬连接、KPI 考核和事无巨细的指挥。文化比 KPI 重要，方向比流程重要，原则比操作指导重要。

对于精益生产，硬件还相对好说，难的是软实力的精益组织文化与能力。

四、让精益从信仰回归管理

在制造业，丰田是神一样的存在，精益已成为一种信仰。

有很多企业做精益生产，但真正做到的很少。做不成的原因很多，我个人认为最首要的是没搞清精益是什么。不能把精益当成信仰，不问为什么，不问是什么，概念和边界不清。做不成精益，是你不够努力。

没有最好的模式，只有最合适的模式，精益不是万能药。不要开始把精益捧上天，搞不定又全盘否定，说过于理想。需要给精益一个梯子，降低难度，让它一步步能爬上去。大道甚夷，不能只是说小孩子还不够努力，吃的苦还不够。最关键的是看看他们的学习方法对不对，要不要仔细考虑下学习的目的是什么，能不能不用死记硬背，换一下更合适、更容易让人接受的教育方法。

精益应该从天上回到人间，从信仰回归管理。

要搞清楚精益是什么，在历史演进中处于什么位置，什么时候用；知道精益不是什么，有边界，不被泛化。这样才能防止走到岔路，念个假经，把真正的精益耽误了。

五、精益是什么

1. 精益是系统工程

随着多元化演进，集成供应链的模块数量增加。为了有效管理，或者说模块共享，产品 BOM 层级开始增多。就像组织一样，人多对应的组织层级就多，汇报层级也多。生产制造也是一样，编码多、层级多，生产排队次数就多，周期拉长。当多元需求变成多元且多变的需求时，集成供应链需要向精益供应链演进。对应的生产模式、产品设计以及生产线和设备等关键要素与连接方式都需要做出改变。没有端到端集成供应链系统管理能力，没有产品研发、生产制造和销售等要素之间的正确连接，很难做到精益。

2. 大规模场景下的柔性敏捷

集成供应链和精益供应链，都是推拉结合的，但推拉结合点有差异。集成供应链颗粒大，排队式运作，周期长，大部分靠预测推动。精益供应链得益于小颗粒快速混流，周期大幅度缩短，更大部分靠订单拉动，不确定场景下可以减少浪费，快速响应需求变化。

敏捷有很多种，小规模的供应链反应快，很敏捷，但战斗力有限。大规模垂直整合供应链反应很快，但只能满足标准化大批量需求。对于大规模、多元且多变的需求，如何还能做到柔性敏捷，这就是精益。

3. 能散能聚

（1）小颗粒混流：从大批量排队模式的大颗粒，到小颗粒混流生产。大石头流动起来比较困难，把它细化成沙就容易流起来了，而且够灵活。

（2）平台管道化：继承模块化、系列化设计，对象从产品到产品族，平台管道化设计，工艺路线兼容后节拍一致，同一管道、同一节拍，高效流动。

（3）平台插件化：大颗粒排队场景，一次插队往往引起一连串调整，管理非常复杂。小颗粒混流在连续流动平台上，插件化随时进出。颗粒小，影响也小，相对受控。

（4）组件化与网络化：传统的管道化平台是死的，而新的模块化平台是活的，约束的是关键接口和连接。相对独立的组件快速组合，能散能聚，快速响应需求变化。

（5）数字化网络：数字化只是技术，不同模式和不同发展阶段需要不同的数字化技术。在精益供应模式阶段，信息流和数据流的精益自働化是协同的关键。需要像猎豹一样，建立发达的神经网络系统和一定智力水平的大脑（虽然还没有人一样的智慧）。

4. 柔性要素是基础

（1）产品多品类兼容：产品 DFX 设计兼容，生产线和产品之间解耦。通过标准接口或者多接口柔性工装，减少对产品设计的约束。集装箱的设计采用的就是这个思路，减少物流运输设备对产品的约束和依赖。

（2）柔性生产线：在产品设计中预埋好基因，设计灵活的生产线方案。其中，生产线设计有几种不同的方案。比如 cell（细胞式）线：以小批量需求为基线设计生产线，通过复制 cell，扩大产能。它的优点是复制和管理简单，缺点是对作业人员要求非常高。在高峰期，这么多高素质作业人员很难获取。还有一种方案是大批量变阵生产线：以经济产能（黄金产能）为基线设计生产线。需求下降时，原来 8 人（八卦阵）可减到 4 人（四象阵），再下降就减到 2 人（鸳鸯阵），甚至 1 人。这种方案降低了对人员素质的要求。产能增加，高素质核心人员在关键岗位，普通人员快速扩充上岗。传统流水线为长蛇阵，一字排开最简单，产品流距离最短。但变阵后走动（Walk）的时间比工作（Work）的时间长。所以变阵生产线往往设计成 U 形，或者 U+C 嵌套，减少走动距离。

（3）柔性自働化：从机械自动化，到低成本柔性自働化。类似于柔性生产线设计，自动化设备的柔性设计有两种思路。一种是 cell（细胞式）低成本自动化设备，基于需求量变化复制扩充。另一种以黄金产能为基准设计自働化方案，然后设计产能增加／减少的柔性方案。比如降低节拍，或者增加复杂部件，快速扩产。自働化的"働"是人字旁，人机结合，不简单追求高度自动化，而是智能防呆、自働停机、有设计智慧的自働化。

5. 柔性连接是关键

（1）大批量流水线的硬连接：福特从矿山冶炼到整车组装的大批

量流水线和垂直整合供应链，为了保持高效协同，工位工段之间往往采用皮带流水线等硬连接，直接整合在一起。

（2）集成供应链无连接：分段生产线之间主要依靠库存缓冲，手工排产。计划调度像八爪鱼一样管理材料/半成品，齐套后安排到不同生产线，逐层逐级排队。需求紧急或者需求取消、推迟，需要手工插队，重新更改排队次序。这样的管理非常复杂，往往难以避免异常。所以各环节常常自己留 buffer（缓冲余量），互相不信任，不见兔子不撒鹰。集成供应链常常泡在库存的海洋中，没有库存润滑就难以运转。

（3）精益供应链用超市等软连接：超市看板等手段，实现了分段生产线之间的软连接。分段生产线之间有时很难做到节拍一致。这种情况下，如果硬连接，总体将受限于节拍慢的生产线。某条线异常，也会直接传导到其他生产线。而软连接可以有效隔离异常串扰，同时又保持系统连接。

六、精益不是什么：常见误区

1. 精益不是万能药

供应模式有逐步演进和能力提升的过程，不能急功近利。连简单化、标准化的流水线生产都搞不好，连端到端集成供应链都运作不起来，就幻想精益能解决所有问题，一步到位，这和"大跃进"一样，会造成严重后果。

2. 价值驱动不是精益的独有特征

价值驱动不是精益区别于其他供应模式的特征。福特 T 型车的极简设计是为了客户价值，德鲁克讲现代企业管理也强调客户价值。华为的集成供应链从客户中来，到客户中去，都是为了客户价值。订单拉动，尽善尽美（持续改善），在其他管理模式中，也都有类似的表述。价值流，也是六西格玛流程再造的内容之一。

3. 精益不只是减肥

英文"lean"（纤瘦）没有很好地体现精益的内涵，大家从字面理解以为精益就是减肥，消除浪费。但通过简洁化消除浪费不是精益的关键特征，福特式大批量流水线也很重视极简设计。现代大部分企业一出生，面临的就是多元需求。模块化半离散运作模式，使简洁化、标准化管理能力有所退化。推行精益时，适当回归和补齐短板是可以理解的，但不能把简洁化、标准化、流线化的福特大批量流水线生产当成精益，止步不前。不能简单追求极简，品种越少越好。真正的精益，是在保持多品种竞争力的前提下承认复杂，通过系统能力实现快速混合流动。

4. 精益不是"一个流"

有人说，我们实现了"精益一个流"。我满怀期待去看，却发现完全是一种倒退。20世纪20年代的福特流水线只是多了一些机械手，看上去很高大上。要是这也是精益，那福特比丰田厉害多了。虽然都是20小时完成生产，但丰田是从钣金冲压开始，而福特是从矿石冶炼开始的。我认为"单件流"比"一个流"的翻译更准确。丰田单件流，相对福特大批量流水线，已经螺旋上升了2个台阶。福特流水线只有少数几款，而丰田精益是在需求波动场景下不同产品型号生产混合流动。不能只想把稳定需求像肥肉一样分离出来，建设福特式大批量流水线，而应该肥瘦搭配，削峰填谷，做组合平滑混流生产。

5. 不只是精益生产

精益要解决的不只是生产问题，而是通过供应链重构，解决多元且多变场景下，断点多、库存多、周期长和反应慢的问题。除了消除生产过程浪费，更关键的是混流场景下缩短周期，实现大规模柔性敏捷。除了生产精益，还包括物流精益，计划、订单等信息流精益。我愿意把"精益生产"叫作"精益供应链"。它是基于集成供应链的进一步演进。

第六章 ▶ CHAPTER 6

源头精益
在产品设计中预埋基因

正本活源，水到渠成

第一节　丰田的精益自働化产品设计

一、精益供应链与敏捷产品设计

在 ISC（集成供应链）向精益演进时，IPD（集成产品设计）也在向敏捷演进。它们都是系统工程，敏捷也需要从产品设计源头开始。如果只是在开发阶段推行敏捷开发，与只是在制造阶段推行精益生产一样困难。这不是巧合，而是因为敏捷和精益实际是一脉相承的，它们是以产品为主线、一体化价值流的不同阶段。从断点多、响应慢的集成供应模式，转变为小颗粒精益混流模式；从排队评审齐步走的瀑布模型，转变为小颗粒敏捷开发模式，如表 6-1 所示，它们的关键点都是小颗粒混流,大规模穿插,快速响应多元且多变的需求。

表 6-1 精益供应链与敏捷产品设计

	IPD/ISC	精益供应链 (不只是精益生产)	敏捷产品设计 (不只是敏捷开发)
需求	多元需求	多元+多变需求	
颗粒	模块化	小颗粒,平台分层解耦	小颗粒,story(用户故事)分层解耦
模式	排队式	平台化混流生产	平台化迭代开发
设备	机械自动化	自働化生产测试	自働化开发验证

追本溯源,从产品设计视角更容易理解精益,从产品设计源头更容易构建精益。

敏捷起源于软件系统设计。

小型软件规模小,团队也小,更容易做到敏捷。真正的价值和挑战在于大规模复杂软件系统,以及硬件产品的敏捷设计。对这样的大规模开放复杂系统,很难用传统 V 字瀑布模型:一方面在于复杂性,事无巨细地设计过于有挑战性;另一方面在于它的开放,软件发布后,随着用户的使用交互,它还在继续演进变化。传统机械系统的设计方法很难适应,计划跟不上变化。对于大型软件系统,更好的设计模式是在源代码阶段,就预埋好敏捷架构的基因。培育到一定阶段后,多利用它内生的生长力量,使其迭代成长。供应链和大型软件系统有很多相似的地方,都面临多元且多变的复杂环境,都是开放的动态复杂系统。所以精益供应链最好的设计方式是:**在产品设计源头,预埋精益模式的基因。它看上去毫不起眼,但假以时日,利用内在的生长力量成长演进,会给你惊喜。**

相比传统的设计方法,这样的精益设计方法会更事半功倍,水到渠成。

二、丰田产品设计模式分析

精益或者说大规模敏捷,由浅入深分为以下 4 个层次。

第1层：面向客户订单的整机界面。传统的延迟制造可以覆盖这种场景，通过模块化产品解耦设计，整机界面灵活组合模块，满足客户多元化需求。

第2层：深入到核心制造层面。多元和多变的需求从整机进一步深入影响到模块部件的生产，这就需要精益生产的管理能力，龙身的中部核心也要灵活。

第3层：扩展到关键物料/部件。除了龙头的整体和中部的核心制造，龙尾的物料与部件供应也要灵活。端到端全流程缩短供应周期。

第4层：深入到产品设计。精益进入研发领域。

研发领域的精益，由浅入深又分为3个层次。

第1层：轻量级开发。比如，铭牌或者标签的重新设计；在手机外壳、可乐瓶上印上客户的名字等。它们有时甚至都不涉及开发，只能算是延迟制造。因为汉字是模块化的，不需要重新设计。

第2层：部件级开发。部件与平台解耦，软件、硬件解耦设计。面临客户需求变化时，大的平台架构不变，只做差异化的硬件模块或者软件模块设计。

第3层：产品平台和系统架构的变化。

丰田汽车主要是燃油车，偏机械硬件。从供应链视角看，需求多元多变，但从产品设计视角看，变化并不太快。精益只在供应模式，并没有深入到研发模式。

丰田的研发模式和华为的集成产品设计很相似，主要的差别在于组织人才与运作管理上的创新。比如丰田的总工程师制度，类似于传统 IPD 组织的产品总经理，对产品总体竞争力和商业结果负责。但丰田的总工程师和传统的产品总经理又有不同，传统的产品总经理拥有行政管理权力，而丰田的总工程师没有行政管理权力。丰田这样的弱矩阵组织能够运作起来，主要是靠人，靠人的培养管理机制和企业文化。总工程师没有行政管理权力，但在公司非常资深，专业影响力很大，备受尊敬。他们在公司内有很好的软连接能力，包括直接连接有资源的管理高层。没有行政管理权力的限制，总工程师通过非正式组织，反而能跳出流程和官僚组织的束缚，更好地代表客户需求，打造产品竞争力。

丰田的同步工程师是各专业领域的总工程师。比如生产同步工程师，大致相当于制造代表。丰田的大部屋类似于我们的作战室。

丰田这种弱矩阵结构，责权利不对等，在其他企业很难运转起来。在丰田能运转起来，关键就在于它的组织文化，以及特殊的人才培养管理机制。除了系统整合层面的总工程师，对普通的设计开发人才的培养也特别重视。在矩阵组织中，高素质的人才，更可靠的工作输出质量，包括进度，能大幅度减少在沟通协调上的投入。在丰田人才培养管理机制下，因为有可靠的输出质量，团队之间会更加信任，有更少的异常和返工，以及更少的评审对标和端到端拉通。

无论是学习丰田，还是学习华为的集成产品设计、集成供应链，一定要好好学习矩阵式管理，包括对应的组织文化和人才培养，以及人力资源管理机制。否则，研发和供应链管理人员会花费大量的时间在开会评审、端到端协同对齐上，真正投入研发和生产的时间反而比较少，得不偿失。

丰田的研发模式还是IPD模式的并行工程，适合多元化产品研发需求，但并不适合快速变化的研发需求。我没有深入研究过，不知道这是不是丰田在这轮电动车的发展中相对保守的原因，或者说反应调整慢的原因之一。丰田可能也发现了这样的问题。2016年我到日本考察学习的时候，顾问公司介绍的快速设计评审（speed design review，SDR）有精益向研发延伸的意思。不过看起来也是刚刚开始，几张PPT还停留在概念思想层面，从系统性和具体方法上还不够完善。这提醒我们，盛名之下，其实难副，这个世界没有完人和完美企业。学习丰田、学习华为，都不能一俊遮百丑，照单全收，而是要场景化选择吸收,学习它的底层逻辑。

三、丰田如何在产品设计中构建精益

丰田在产品设计中构建精益,主要还是体现在产品精益 DFX 设计上,主要是平台管道化产品设计,即丰田的成组混流技术。它为后端精益生产系统,或者说精益供应链,预埋好了精益混流能力。

1. 平台管道化:丰田成组混流技术

模块化和平台化都是解耦,相互关联,又有所不同。模块化是前后段解耦,标准化前移,定制化后移,快速响应多元需求。平台化是上下分层解耦。时间演进变化,相对稳定、变化慢的部分,解耦下沉形成平台;多变的部分,解耦上移,快速迭代,敏捷响应多变需求。某种程度上说,沉淀下来的平台化是其中一种模块,即平台化的模块。

无论中文还是英文(platform),平台都有底座、基座的意思。早期平台化和模块化关联演进,平台就是其中一个模块。如图6-1所示,对汽车来说,平台化模块就是相同的底盘,相同的整机架构、尺寸布局和接口规范等,它们都有标准化的设计约束。

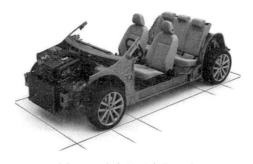

图 6-1 汽车的平台化设计

如图6-2所示,对于电子产品来说,平台化的底座模块就是框式产品的机框、柜式产品的机柜等。它们决定了产品的总体平台架构和功能布局，保持相对稳定。在平台基础上，解耦的模块可以相对灵活地独立演进。

图 6-2　电子产品平台化机框

新产品在平台基础上叠加设计，可以提高设计和开发效率，快速推向市场。对制造和供应来说，平台也保证了产品系列生产流程的稳定性，可以节省投资。

精益混流生产，建立在平台管道化产品设计基础上。

相同平台、不同型号的汽车在同一条生产线上混流生产，平台尺寸接口和生产设备等都是兼容的。这样的模式保留了大批量流水线生产的高效，同时又可以灵活响应需求变化。在极端情况下，相同流水线上相邻的每一台汽车型号都可以不一样。

发动机、车门等作为生产线的支线，通过看板拉动，在某些点汇入主生产线。它们的配置和参数可以变化，但都有基线约束要求。这就是丰田成组技术（group technology，GT）：

- 产品尺寸一致，或者限制在一定范围内，产品线兼容。
- 产品工艺路线保持一致，可适当裁剪工艺活动，但原则上不允许增加特殊工艺。
- 生产工艺接口，包括工装夹具的夹持位置等保持一致，减少夹具更换。

- 生产节拍大致保持一致，保证生产效率。原则上不允许有特别长时间的瓶颈工序。

2. 在设计中构建低成本柔性自働化

精益需要的不是传统的大型自动化设备，而是相对小型化、低成本柔性自働化。从后端推行传统自动化投入高，事倍功半。一旦产品出现变化，自动化投资可能就前功尽弃。一定要在产品规划设计中，预埋好自働化 DFX 设计基因。

三明治平板堆叠架构，是优秀的自働化架构。

很多伟大的产品，比如苹果手机、索尼随身听，都是这个架构。垂直方向取放简单、作业方向简单，空间干涉少。自动化设备慢慢形成行业标准，比如 SMT 设备、集成芯片等。有时产品整体架构很难做到平板堆叠，比如汽车。这时可以组件化解耦，针对组件做三明治堆叠设计。组件生产构建高度自働化，少部分复杂装配留到整机总装环节，采用柔性自働化策略。

3. 面向柔性连接的自働化设计

精益混流生产线是精益供应链的核心枢纽。如果中间有堵塞或者断点，周期自然会拉长，甚至心肌梗死，猝死。除了加工自働化，仓储和物流周转自働化和生产上料下料自働化也是有效连接、顺畅流动和缩短周期的关键手段。很多企业花了大量的精力在看得见的生产线上，加工过程看起来很高大上，在 21 世纪。但到了物料接收和备料上料这些不容易看到的环节，一下子回到了 19 世纪。甚至是手工摆地摊，一层一层地拆包装。包装和拆包装都是浪费，拆下来的包装物最后也是浪费，还要一次一次地搬运，最后手工上料。

这些连接领域的自働化，很多时候甚至比加工过程自働化收益更大，因为它是自协同精益组织的关键。从传统的自上而下的强管控组织，到横向单元之间的自协同组织，也包括组织内外部的自协同。比如物料上料自働化，就涉及和供应商的协同。最好是不拆包，原始包装直接上自働化生产线。物料也不用一个一个送，自动就定位到待加工工位。加工完成后自动弹出，自动物流周转。自働化上料收益比较大，但要做到是比较难的。因为涉及不同供应商器件规格和来料方式的归一。供应商往往有多个客户。作为其中客户之一，很难牵引供应商统一更改规格和包装设计。挑战是比较大，但也不是不可为。在新产品设计阶段，在新器件引入时，发力相对容易些。一旦完成引入，再修改确实就会比较困难。

对于丰田产品设计的更多细节，大家可以参见詹姆斯·摩根与杰弗瑞·莱克合著的《丰田产品开发体系：整合企业人员、流程与技术的13项管理原则》。这是一本好书，其内容值得借鉴。这几年随着电动汽车的发展，特斯拉等新势力开始崛起。而丰田等传统车企的策略略显保守，发展有些被动。这从某种程度上说明丰田的产品研发系统还有不足。只从供应模式维度看，从福特到通用，到大众、丰田，然后到特斯拉，是一个螺旋上升的过程。丰田和特斯拉，从不同视角在不同的场景下，都值得借鉴。

第二节　大众的模块化平台为什么做薄不做厚

通用汽车在霸榜70多年后，被丰田和大众超越，汽车市场进入双雄时代。

大众连续4年蝉联冠军，丰田紧追其后。2018年大众全年销售1083万辆，丰田为1052万辆。2019年大众全年销售1097万辆，丰田为1074万辆。大家言必提精益，丰田就是神一样的存在。按理说丰田应该碾压对手。但大众为什么还能时而领先呢？

大众的模块化平台设计，也许是其中关键之一！

一、大众早期的平台化设计

早期大众的平台化设计,与丰田和大部分企业没有太大区别。

如表 6-2 所示,大众按照产品系列分不同平台:P 代表 passenger,指的是乘用车(也有货车);Q 代表横置发动机;L 代表纵置发动机;第一个数字代表级别,比如 2 代表 A0 车型,3 代表 A 级车,4 代表 B 级车;第二个数字代表第 × 代平台。比如 PQ34,代表的是横置发动机乘用车,A 级车,第 4 代平台。

表 6-2　大众早期的平台化设计

平台	时间	分级	覆盖产品
PQ12	2011 年	A00	Volkswagen Up、SEAT Mii、Skoda Citigo
PQ23	1993 年	A0	Volkswagen Polo(6N-Polo Classic)、Volkswagen Caddy、SEAT Ibiza(6K)、SEAT Córdoba(6K)、SEAT Inca
PQ24	1999 年		Polo(9N)、Gol MK5-ThirdGen、SEAT Ibiza(6L)、SEAT Córdoba(6L)、Fabia(6Y)、Fabia(5J)、Roomster
PQ25	2008 年		Volkswagen Polo(6R)、SEAT Ibiza(6J)、Audi A1
PQ34	1996 年	A	Audi A3(8L)、Golf Mk4(1J)、Bora/Jetta(1J)、SEAT Leon(1M)、SEAT Toledo(1M)、Skoda Octavia(1U)
PQ35	2003 年		Audi A3(8P)、Q3(8U)、Golf Mk5(1K)、Jetta Mk5(1K)、Golf Mk6(5K)、Eos、Scirocco Mk3、Tiguan、SEAT León(1P)、SEAT Toledo(1P)、SEAT Altea、Skoda Octavia(1Z)、Skoda Yeti
PL45	1994 年	B	Audi A4(8D)、Volkswagen Passat(3B)、Volkswagen Passat GP Lingyu
PL45+	2001 年		Volkswagen Passat Lingyu、Skoda Superb(3U)
PQ46	2005 年		Volkswagen Passat(3C)、Volkswagen Sharan(7M)、Skoda Superb(3T)、Volkswagen CC
PL46	2001 年		Audi A4(8E B6)
PL47	2005 年		Audi A4(8E B7)、SEAT Exeo
PL48	2007 年		Audi A4(B8)、Audi A5、Audi Q5、Audi A8(D4)、Porsche Macan
PL64	2009 年	D	Audi A8、Bentley Continental GT、Volkswagen Phaeton
PL71	2002 年	SUV	Audi Q7、Porsche Cayenne、Volkswagen Touareg

平台几年迭代一次,保持竞争力。

比如 PL 纵置发动机,B 级车平台,1994 年推出第 5 代平台(PL45),

2001 年推出第 5.5 代（PL45+）和第 6 代（PL46），4 年后推出第 7 代，2007 年推出 PL48，13 年推出了 4 代半。平台的生命周期，平均不到 3 年一代。

平台不是要稳定吗，为什么要不断更改？

因为市场竞争环境变化，客户需求、各种新技术的出现，原平台已无法支撑上层产品竞争力。如果死守原来的平台，产品失去竞争力，卖不出去了，还谈什么平台效率。平台化设计，不仅仅是后向优秀基因的沉淀，更关键的是前向战略洞察能力。平台的生命周期不是取决于沉淀厚不厚，而是取决于对未来的市场和技术趋势能看多远、看多准，竞争力能保持多久。在这个快速变化的商业世界，这非常有挑战性，需要技巧！

二、大众的 MQB 模块化平台

传统的平台化依赖洞察的质量，这在很大程度上受到能力限制。人的眼睛只能看那么远，环境又在快速变化。规划只能是走一步看三步，不断迭代调整。

这就导致传统平台：

- 产品系列多，平台多：底盘不同，机框等易出现变化，上层模块共享不足。
- 平台生命周期短：规划展望期受限。
- 平台不断沉淀积累，越来越厚重。
- 断代演进，推倒重来：矛盾积累到一定程度，断代演进，产品生产线全部推倒重来。

2007 年，大众通过对原有平台化提炼演进，推出了全新的模块化平台（Modula Component System）。如表 6-3 所示，新的平台化概念下诞生了 MQB、MLB、MSB 模块化平台，以及后来的 MEB 电动车平台。

表 6-3　模块化平台

平台	名称	车型
MQB	Modularer Querbaukasten 模块化横置发动机平台	VW Polo、VW Golf、VW Tiguan、Skoda Octavia、Audi A3……
MLB	Modularer Längsbaukasten 模块化纵置发动机平台	Volkswagen Phideon、Porsche Macan、Audi A6……
MSB	Modularer Sportbaukasten 模块化中置发动机、跑车平台	Audi R8、Lamborghini

什么是模块化平台？

传统平台受限于底盘尺寸，受限于车辆的 A、B、C 分级，而新的模块化平台打破了底盘和车辆 A、B、C 分级限制，A 级车、B 级车或者 SUV 都共享平台。如图 6-3 所示，大众的模块化平台唯一限制的只有一个尺寸，就是前轴到油门踏板的距离。其他尺寸都可以调整。

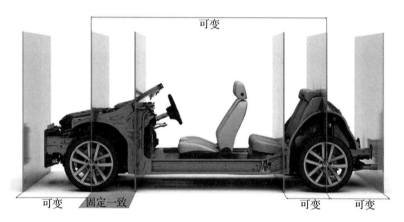

图 6-3　大众的模块化平台设计

为什么大众要找这么一个奇怪的尺寸，来描述这么重要的模块化平台？

仔细研究发现，设计非常巧妙：平台化从传统系统、全面也很烦琐的设计规范约束，转变为最小化关键尺寸约束，让平台更薄、更宽、更有延展性。

四两拨千斤！

1. 空间约束最小化，模块复用最大化

这个被固定下来的尺寸（前轴到油门踏板），空间虽然小，但零部件多，集成度非常高，价值也高，其中有悬架零件、转向机、制动真空助力系统、空调鼓风机、雨刮电机等。其他可变尺寸空间虽然大，但模块数量少，价值占比少。这对模块复用度非常好。模块化平台的模块复用度达到了88%。另外，这个尺寸也是从安全可靠性设计考虑而精心选择的设计参数。这个距离参数，很大程度上决定了碰撞后形变特性，在被动安全方面设计可以复用。汽车的安全可靠性设计与验证非常重要，往往耗费较多的资源和时间。把这个参数固定下来后，在新产品设计中可以大幅度减少这方面的投入。

2. 定制影响最小化，专业价值最大化

越靠近客户的部分，往往定制需求越多。而大众这个受约束的空间，不和客户直接接触，专业化程度高，定制需求相对少。企业可以聚焦专业技术，性能最优，效率最高，构建竞争力门槛。而其他可变尺寸空间大，客户直接接触，看得到摸得到，最敏感，所以定制需求也最多。但可变尺寸这部分部件专业价值相对低些。

3. 约束最小化，覆盖系列最大化

传统平台化对总体尺寸和布局接口等有一堆限制。模块化平台打破了产品系列，打破底盘和车辆分级限制，将约束收敛到了比较小的关键尺寸。基于创新的模块化平台设计，大众的平台范围大幅度扩大。原来横向的跨平台走向融合，纵向断代平台走向平滑演进。比如MQB平台从2007年诞生到现在，生命周期已经十几年，依然充满活力。

4. 关键接口最少化，兼容模块最大化

为了实现接口收敛，大众甚至修改了柴油发动机架构，与汽油发动机接口保持一致。再比如仪表盘与车身，原来的途观、明锐和Polo

的仪表盘支架都是不一样的,但是从 MQB 平台开始,都采用统一接口。除了产品本身模块接口互换,也兼容生产制造。通过识别产品与生产制造的工艺接口,兼容生产工艺、生产设备和工装夹具,为不同车型在同一条生产线高效混线生产打好基础。

曾有人开玩笑地说,大众只有一款车,叫高尔夫。高尔夫加个屁股是速腾,缩短变成 Polo,拍扁了是尚酷,揉圆了是甲壳虫,拉长就是帕萨特;减一个后座是 CC,拍成方的是途安,加三个后座是夏朗,加高底盘是途观,撑大点就是途锐。奥迪也只有一款车叫 A6。A6 放大是 A8,缩小是 A4,等宽拉长是 A7,A7 缩小是 A5,A4 砍掉尾巴是 A3,A3 搓圆是 A1。

很多人还不知道,大众和奥迪用的也是同样的平台。MQB 平台在大众、奥迪、斯柯达以及西雅特这四个品牌使用。多跨度、多级别,超过 60 多款车型在使用这一平台。只在兰博基尼等超级豪车上大众稍微控制了一下,避免了有钱人买回家的兰博基尼,换一下就变成大众高尔夫。

三、模块化平台对精益的价值

精益是建立在高质量平台化设计基础上的。

精益混流管道,自働化设备投入,都强烈依赖平台化产品设计。产品平台需要保持一定的稳定性。没有好的产品平台化,推进精益生产,推进自动化,会得不偿失,甚至是灾难。平台尺寸不归一,平台接口不归一,生产线、生产设备就很难共用。或者说即使可以共用,但需要频繁更换设备和夹具,换线效率损失远高于混线生产收益。

自动化生产设备一般都比较昂贵,投资回报一般要几年。如果产品平台生命力不足,或者说频繁出现断代式演进,自动化投资很容易打水漂。一旦产品出现变化,或者说生产工艺、生产流程出现变化,自动化设备就很可能出现闲置,只能卖废铁。

四、模块化平台在供应链设计中的应用

某种程度上,制造和供应链也是平台,可以借鉴产品模块化平台设计理念。我们不能只是简单地抱怨前端产品平台化设计不好。更好的办法是把供应链作为产品解决方案的一部分,作为其中的供应链平台。作为供应链平台设计的责任人,我们如何在保持竞争力的基础上,尽量改进平台的柔性和可扩展性,延长供应链平台的生命周期。

传统供应链平台设计是分层解耦,模块化平台重点在分层与解耦基础上,聚焦到关键尺寸、关键接口。这样供应链可以覆盖更多产品,在更长的时间跨度实现平滑演进。

1. 制造物流平台分层解耦

(1)生产线平台解耦:一方面产品与制造系统之间解耦,实现不同产品共线混流;另一方面制造系统内部也要分层解耦,比如生产、测试设备把差异化部分解耦出来,保持基础设备的稳定。

(2)物流平台解耦:现代物流不再只是人拉肩扛,也有很多现代化的物流设施,物流设备需要和产品适当解耦后支撑混流。

(3)改变传统平台化思路:平台的生命周期建立在对未来洞察的基础上,底盘不允许动。模块化平台的底盘是解耦的、可以变的,约束的是关键尺寸。

2. 制造系统内部模块解耦

(1)模块化平台解耦:生产设备和测试装备的模块化解耦设计。面向不同产品,通过模块化组合,兼容不同需求。除了工装夹具等差异化部分解耦设计外,基础的设备平台也需要进一步解耦,减少投资,方便快速迭代。

(2)软硬件解耦:借鉴产品软硬件解耦设计思路,制造设备等也需要软硬件解耦设计,通过软件定义构建差异化。

3. 收敛生产线关键约束尺寸

对于大众的模块化平台，前轴到油门踏板的距离是关键尺寸。对于制造系统和具体的生产线，关键尺寸在哪里？在制造系统设计时，如何将尽量多的专业高价值模块，收敛控制到尽量小的尺寸空间里？在制造系统演进的时候，用尽量小的关键尺寸做到模块复用最大化：

（1）在制造系统中，在生产线各个模块中，专业价值或者投资最高的模块是哪些？

（2）模块密度最大的区域在哪里？

（3）以高价值或者高模块密度区域为锚点，其他模块尽量向它们靠拢。

（4）基于最少尺寸、最大模块复用度、最大产品兼容原则，合理布局，确定关键区域与关键尺寸，保持稳定。

我们以单板 SMT 生产线为例，贴片机、印刷机等模块投资相对大。以此区域为锚点，将其他模块集成到这个区域。在这种流线型系统中，宽度是生产线的关键尺寸，比长度重要一些。

4. 收敛最小约束关键接口

供应链不能一股脑地要求这个要归一，那个要标准化。这不只是对产品，同时对制造系统也是约束，会限制创新。为了减少约束，我们不要求所有的接口固定，只约束关键工艺接口。比如电子产品：

（1）单板工艺接口：重点是宽度，减少线体调整、减少炉温曲线调整。

（2）装配工艺接口：装配工具、接口归一。自働化场景下，螺钉种类比数量重要。

（3）测试工艺接口：测试工序、测试接口归一，硬件比软件更重要，软件可调整。

（4）物流工艺接口：物流周转工具的关键尺寸、受力点，标签的粘贴位置等。

第三节　需求波动场景下的空调供应链与产品设计

很多产品都有预测不准、需求波动大的问题。

不要的时候都不要，要的时候都来了，一个月需求涨 N 倍，可能还就只集中在最后几天，整个链条越绷越紧，供应链很容易被拉断。有人把希望寄托于消除需求波动，这不符合现实发展趋势。一个充满生机的市场，就是起起伏伏、波澜壮阔的。面对同样的市场波动，谁能更好地管理波动，谁就能把问题变成竞争力！

空调是需求波动比较典型的产品，我们来看看它是如何从产品与供应模式设计上，构建不同层次、不同纵深的防波堤，吸收波动的。

一、分波：差异化管理波动

中国空调行业最早的霸主不是格力，而是春兰，1994 年占据国内高达 40% 的市场份额。

春兰在本该向下扎到根、向上捅破天走规模化发展路线时，却找错了学习对象。当时的杰克·韦尔奇如日中天，春兰学习通用电气的多元化，分蘖发展，而且跨度极大，从空调到重型卡车。在这个市场快速发展的阶段，春兰选错模式被市场淘汰了。而格力选择了专注聚焦，走专业化、规模化的路线。十年间，格力规模扩大了 10 倍。向下扎到根，掌握了压缩机等核心技术能力，垂直整合构建了上下游供应链管控优势。2007 年格力向销售端延伸，联合代理商和渠道成立京海担保。格力推出"淡季返利"，鼓励经销商在淡季囤货，平滑季节需求波动。从这点上说，产销协同不应该是下面部门之间的博弈，而应该是企业管理层面的行为，针对不同波动差异化分流引导。

1. 主动拥抱、主动推起价值波动

并不是所有的波动都不好。一个生机勃勃的市场往往是波澜壮阔，有波动的。当一个市场归于稳定、波澜不惊的时候，市场也许成熟了，但发展空间也小了。这几年电商的双11、618等活动，对搅动市场、扩大品牌穿透和影响力很有帮助。对于这种快速增长的市场，快速供应能力是关键竞争力。适当提前构建供应产能对市场拓展有利，而且产能会很快被消化掉。在运营商市场，因为客户预算和政府牌照审批等，也呈项目型波动。客户之间拼网络建设覆盖速度，供应链成为关键竞争力，谁能快速供应，市场就是谁的。对这种有价值的波动，供应链要主动拥抱，主动构建能力。

2. 价格和销售考核政策牵引等，引导分流无价值波动

供应链柔性是有极限的，是要付出代价的，通过价格、不同销售系数和返利等平滑需求，兼顾成本效率。同样在企业市场，普通企业四个季度的业务分布大概是1∶3∶2∶4，但思科能做到1∶1∶1∶1。这对改善后端供应链的运作效率是很有好处的。

3. 惩戒刷单等虚假波动，零容忍

需求还不确定，有的销售就让客户先下单，允诺客户改单退单。有的销售甚至串通客户发起虚假订单，年关一过再拆单，结果就是一地鸡毛。在这种场景下，供应链往前冲锋的同时还要担心背后被来一枪，销售退货造成货物低呆，库房压库，腹背受敌。这种用公司资源换取个人利益的造假行为，要坚决惩戒，零容忍。

二、缓波：组件化轻整机设计

面对市场需求波动，空调如何在产品设计源头预埋能力？如图6-4所示，是组件化轻整机设计，整机界面做简单。

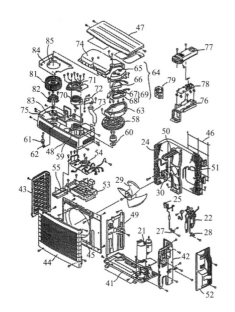

图 6-4 空调产品的组件化轻整机设计

模块化设计是标准化前移,定制化后移。为了尽量减少定制,很容易造成模块颗粒拆分过细。这会导致整机界面模块集成活动过于复杂,龙头太重载,供应柔性不足。从质量管理维度看,整机颗粒太小,模块之间连接会更多更复杂,质量问题和质量风险也会加大。质量问题和风险加大,对应的质量管控和拦截活动也会增加。这会造成整机界面进一步重载,降低供应柔性。在需求波动面前,供应链首先面临冲击的是整机订单界面,整机重载对供应链柔性影响最大。整机直接面对客户订单,质量问题也会直接影响客户订单的及时履行,影响客户感知。

我在华为负责过 C 产品,这是一个典型的重整机产品设计。有几次客户订单着急得不得了,按交付时间倒排,留给整机生产的时间非常紧张。可着急也没用,整机有很长时间的老化测试和温循可靠性等质量管理活动,只能眼巴巴地等,希望整机测试不要失败,否则就要重新来一遍。后来我们把组件化轻整机的设计思想落入了下一代新产品，从质量管控前移到设计质量前移，在产品质量大幅度改进的基础上，供应周期缩短 50%，整机订单异常减少到原来的 1/20，供应柔性也有大幅改善。

什么是组件化轻整机？就是通过组件化设计，尽量将整机界面做轻。组件化是模块化的一种形式，是大颗粒的模块化，但又不是简单把模块颗粒做大。

（1）**颗粒大，组件数量少**：空调在零件层面，数量非常多，有几百上千个。到整机组件层面，组件只有 5 个：控制组件、压缩机、散热器、风扇和机箱组件。

（2）**组件功能完整**：组件功能完整，方便设计质量前移，对应测试环境也简单。不能等整机使用的时候，拿出来发现组件有故障。特别是全球供应布局场景，海外供应节点条件有限，不可能再返回国内修理。组件功能完整有利于利用供应链的生态力量，各自独立地规划演进。

（3）**整机工艺简单**：我曾经遇到过 Z 产品，整机部件之间线缆连接特别多，整机工艺过于复杂。当遇到需求浪涌的时候，新作业人员学习线缆连接和绑扎就要花很长时间。其实也不是什么高难度的技术活，但太依赖作业人员的熟练度。等员工好不容易熟练，高峰又过去了，人员又得释放。所以组件解耦后，组件之间的连接应尽量简单。工艺设计上能卡接尽量卡接，能用螺钉的坚决不用焊接。即使用螺钉，数量也要尽量少，比如用葫芦口卡接。整机测试工艺原则上尽量前移，整机要瞄准免测试，严格禁止整机界面的老化温循。

（4）**产品数据设计与混合模式**：产品数据是后端运作的 DNA。如图 6-5 所示，产品数据设计保持灵活性，有利于基于场景灵活选择不同供应模式。低谷期，面向库存生产（make to stock，MTS）生产爆款库存；需求配置不那么确定的，做组件库存；需求相对明确后，再面向订单组装（assembly to order，ATO）组装成整机。

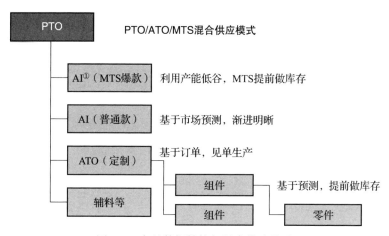

图 6-5　产品数据结构与混合模式设计

① 全称为 assembly item，表示装配项目。

三、冲浪：主动利用波动

2019 年，美的主动发起攻击，率先降价 10%。格力被动应战，美的以"拒绝老库存"反击，提醒消费者购买空调要看生产日期，海尔跟进："某品牌打着惠民的幌子，清理淘汰 6～7 年前的低呆库存。"格力受库存拖累应战乏力，被美的在 2020 年第一季度历史性超越。美的净利润 139.28 亿元，同比下降 9.29%；而格力净利润同比大降 53.73%。

美的为什么能够超越更专业更聚焦的格力，T+3 是关键。

空调和能源产品一样，对钢、铜、铝等原材料价格波动比较敏感。除了销售端需求波动，还有供应端原材料波动。格力的库存模式虽然可以平滑需求波动，但对外部环境变化反应比较慢。多级渠道库存，对客户端需求感知慢；原材料库存，对供应环境变化反应慢。

启动慢，想刹车又刹不住。

美的 T+3 构建的能力，像冲浪选手一样把波动变成机会。

其实在 2018 年上半年，钢、铜、铝大宗商品价格上涨的时候，美的反应就快很多，及时刹车，比格力少生产了 248 万台高成本空调。

等到了 2018 年下半年，原材料价格下滑，美的启动快，开足马力，比格力多生产 457 万台低成本空调。一个冲浪周期下来，美的手上就相当于有了 705 万台低成本空调，作为价格战的子弹，开始主动向格力发起攻击。

在供应渠道上，美的开始做减法，推行"网批模式"，中间代理商全部取消，实现"工厂—直营店—消费者"快速周转，更直接感知市场需求变化。

所有这些，都建立在美的以周期为抓手建立的供应能力上。

美的早在 2014 年就推进了 T+3 供应模式（格力如果敏感些，其实有机会）。2014 年，美的在小天鹅洗衣机上推动了"T+3"，把供应链分成了集单（T）、备货（T+1）、生产（T+2）和物流（T+3），每段周期从 7 天减少到 3 天以下。以往总厂先汇总省级经销商的订单，生产后从主机厂到省级经销商、零售商层层压货。T+3 直接汇总零售商订单，多批次、小批量柔性生产。

2015 年，原材料（塑料）价格下降，小天鹅快速启动，开足马力生产，发动价格战（降价，但毛利率并没有下降）。基于供应链的快速反应能力，小天鹅利用市场波动扩张市场，当年市场增幅超过 20%。而行业内其他厂家供应链反应能力就慢了一拍，被动降价应对，既牺牲了毛利率，平均还只增长了 2.8%。

对于不确定性需求，以及预测外需求波动，库存应对比较吃力。

当然我们也可以多做冗余库存，用钱买柔性。但这会牺牲成本效率，是花钱买平安，而且库存会成为累赘，启动慢，刹不住。

我们需要以周期为抓手，构建柔性敏捷的精益供应硬核能力。

（1）**精简合并，缩短周期，快速重新启动**：减少供应链环节，减少不增值环节。在平台化设计基础上多产品管道化流动，减少排队，减少断点，缩短全流程生产周期。即使面对不确定性需求，供应链要从头开始，也可以更快地响应需求。

（2）**平台插件化，小颗粒混流，快速应对需求结构变化**：在产品平台化设计基础上，实现小颗粒混流生产。当需求结构发生变化时，混流生产可以实现快速插入和拔出，不需要按传统生产模式，按任务令排队等待、物料齐套后长时间冻结等待（通常 1～2 天）。

（3）**可柔性变阵生产线**：不要用简单的大批量流水线，其节拍过于刚性，无法柔性响应需求变化。在产品设计和生产线设计中预埋好不同阵型变化的基因。无论是八卦阵，还是四象阵，或者鸳鸯阵，可以基于需求变化快速调整，包括快速扩充和释放人力。在生产线设计时，就要注意收敛核心工位，减少高技能作业人员的数量。这样在需求下降时有利于保留核心员工；在需求上升时有利于降低对其他普通作业人员的要求。

（4）**高效生产设备 +LCIA 设备**：尽量少用大型自动化设备，而是用 LCIA 设备。当然，这也不是绝对的。对于标准化程度高的作业，比如 SMT 等，还是需要高效的大批量专业设备。但在设备选型或者设计时要尽量选用通用设备，方便跨产品共享。注意采用模块化设计，方便阶梯式产量扩充或者释放。

四、生态：柔性网络布局与产品设计

丰田所有部件或者组件（总成）都需要到整车厂集合，完成最后的整车总装和调测。整车厂是中心节点，是精益制造系统的枢纽。在需求波动的冲击下，中心节点很容易成为瓶颈，特别是一些大体积的重制造产品。

2020 年我从存储产品线转到数字能源产品线。原来存储产品偏软，价值浓度高，一套高端存储好几百万元；而数字能源产品体积比较大，一套数据中心能源就是一栋建筑。这种大体积产品在需求高峰期，生产管道和仓储物流管道堵塞的风险都比较大。

柔性供应网络布局可以实现多渠道多路径的分流泄洪，将原来集中式的供应布局，适当分解解耦。原来垂直整合的自有资源，可以考虑引入合作伙伴，实现 M+N 的主备供应网络布局。网络化的供应网络布局做好协同，会有比较好的弹性调整空间。

网络化布局，不只取决于供应链设计水平，更多取决于产品设计。

就拿供应网络分离布局来说，如果产品很好地解耦，对应的工艺流程就很难解耦，对应的供应网络布局就很难解耦。产品特色设计多，专用生产设备约束多，即使引入外包资源也只是生产地打散，对应的资源和节点依然是瓶颈，面临需求波动时管道依然还是会堵塞。

最好的方式是分布式、去中心化的供应网络布局。

没有不可替代的中心节点，遇到需求波动时，可以多通道泄洪。即使某个节点成为瓶颈，也可以快速找到替代节点；如果某个通道出现堵塞，可以绕过这个通道，构建新的连接。

分布式产品供应网络需要建立在分布式产品设计基础上。

组件化轻整机，某种程度上也是分布式网络化设计。从产品使用的角度，这些组件需要组合在一起。但是从供应的维度，它可以是分布式网络化，各个组件可以分散生产，也能快速拼装在一起，能散能聚。

CHAPTER 7 ◀ 第七章

核芯精益
精益制造系统设计

精益设计，迭代验证

第一节　产品制造系统设计方法

在产品设计阶段，传统的 IPD 只有工艺设计，部分有线体设计。我认为工艺只是"点"，线体只是"线"，范围有点小了。还有一些人说，应该是产品制造模式设计。我觉得也不合适，模式是核心系统设计方法，不结合具体场景形成细节，是难以落地的。所以我提出了精益制造系统设计。它既不是"点"，也不是"线""面"或者"体"，而是精益供应链的"芯"。就像大规模复杂软件系统，构建好核心基因的源代码和核心架构，为后面的开放式演进打好基础。

一、产品制造系统"芯"设计

有人说,你不要创造新概念。我反对没有实质变化的概念的创新。但在实际有变化的变革中,我认为概念很关键。名正才能言顺,我们先把概念和逻辑关系搞清楚,后面的变革才会顺利。特别是大型组织的变革,准确的名字对变革思想的穿透传播非常有用,方便传递到组织末端。在华为这样的多维矩阵组织中,结构复杂,角色众多,本来就容易出现职责不清。如果概念混着说,职责更模糊了,变革很容易被打折,或者偏向。

工艺设计的范围过小比较容易理解,但模式设计很有迷惑性。大家很容易混淆模式、系统架构和系统方案的关系。如果只是做模式的设计,很容易造成设计到落地的断裂。模式是一个外来翻译名词,是一种粗线条的分类方式。比如社会生产模式,就可以分为社会主义模式、资本主义模式等。模式偏具有一般性、简单性、重复性的特点,偏理论抽象。从模式到落地,必须理论联系实际,实现一般性和特殊性结合,才有可操作性。

我提出产品制造系统设计的概念,刚开始受到了挑战。后来我们发现 IPD 流程中本来就有产品制造系统设计流程活动,IPD 是并行工程,在产品规划设计的同时同步规划设计产品制造系统。从这个意义上说,融合设计其实只是回归初心而已。

二、传统制造系统瀑布模型

(1)需求分析,明确制造系统设计目标:和产品设计类似,确定设计目标也可以说是确定设计的规格和参数。比如,制造系统的性能规格参数,最大和最小的产能上下限是多少;尺寸规格、工厂面积的大小、成本效率等设计规格参数。另外,还要考虑制造系统面对需求变化时产能的柔性能力和系统敏捷响应时间等。

（2）产品制造模式选择：没有最好的模式，只有最合适的模式。基于不同产品需求的特点，选择合适的供应模式。比如对于大批量的基础需求，大批量流水线制造模式就是合适的选择；而多元化的需求，就应该匹配模块化集成供应模式；如果是多元加上多变的不确定性需求，就应该选择精益供应模式。

（3）制造系统架构方案设计：对准设计目标，基于一般模式，结合具体产品需求的特点设计产品制造系统架构。明确系统总体架构布局，定义好模块解耦子系统，以及它们之间的连接方式与接口关系。在设计目标和功能实现的基础上，还需要考虑未来演进，考虑到不确定性。架构和模块都需要具备相对独立的平滑演进，具备良好的可扩展性。

（4）子系统概要设计：制造系统架构设计会将制造系统的设计规格参数分解下去，作为各个专业模块的设计输入、设计目标和设计约束。在这个阶段，需要描述各个子系统的大体设计逻辑，完成子系统概要设计方案，一般包括生产线、物流和计划调度等信息流。概要设计由系统架构师负责，各领域专家共同完成。既要考虑系统层面总体设计目标，要有挑战性；又要考虑具体子系统、专业模块设计的可实现性，识别关键技术短板和能力约束。概要设计最能体现系统架构设计师的水平。水平一般的系统架构师，只会画逻辑框图，对设计的能力约束、可实现性考虑不足。而好的系统架构设计师，除了模式和架构层面的设计，还能考虑到各个子系统、专业模块设计的可实现性。基于可获得的资源，在多种备选设计方案之间做出最合适的概要设计方案选择，在设计目标的挑战性和可实现性之间取得最好的平衡。

（5）子系统详细设计：这是指导具体实践落地的方案，需要做深做细，具备可操作性。通常由对应专业领域来完成，比如工艺方案设计会分解到具体专业工艺，包括加工工艺、装配工艺、测试工艺、维修工艺、物流工艺等，保证其专业性和可实现性。产品族平台化混流线体、柔性变阵生产线，低成本柔性自働化设备方案设计、物流方案和混编均衡化调度方案等，都需要专业设计。

三、导入验证是"以小见大"的技术活

编筐编篓，都在收口。产品制造系统的验证导入工作非常关键。做起来容易，但要做好就非常有挑战性，需要很强的专业性。2008年我到巴西华为供应中心做产品导入，我就思考：导入的价值是什么？之前没有导入，最终也会供应出去，那为何还要导入？

我来做导入能带来什么样的价值和变化？

后来我认为自己想清楚了，导入就是修路工。如果供应链是高速公路，传统的新产品供应导入是以跑通为原则。然后不断堆资源，请大家到路上跑，一会儿遇到一个坑，一会儿又有石头。大家走走停停，边开车边修路太痛苦。虽然最终也会把路修好，但投入资源多，周期长，时间和资源浪费了。

好的修路工是先修路再通车。

在高速公路通车之前，用专业的方法先测试验证，保证路先修好，再让大部队上路，用有限的资源达成测试验证目标。比如说制造系统的产能是100万台/天，在大批量生产前，很少有机会直接用100万台验证。我们利用10台、20台，就能够以小见大，见微知著。这也需要专业能力，需要从结果到过程、从问题到风险，构建专业的供应导入验证能力和工具方法。

四、动态复杂制造系统的设计挑战

很多企业变革，包括供应链变革失败，是因为还原论设计思维过重，演进不足。

比如，把IPD成功基因照搬到变革项目上。这是大的进步，把变

革管理能力流程化、规范化。借用产品设计的 V 字模型，从需求到架构方案、子系统方案，从上到下，设计一个完美的方案。然后试点和导入验证。

试点没有不成功的，庆功颁奖，项目关闭。

到推行的时候发现困难重重，想找人，但项目已经结束。

开放的动态复杂系统，设计完美的方案失败概率非常高。人是自大的动物，总觉得人定胜天。但有太多宏大的自以为是的设计，最后都失败了。

精益供应链也是开放的动态系统，单纯设计或者单纯演进都不可取，应该选择源代码（核心系统）设计＋开放演进，精益演进式设计的混合模式。敏捷开发起源于软件系统，很多复杂软件系统就具备这样的特点，会基于用户的使用交互不断迭代完善。精益制造系统设计也是这样，一开始并不需要特别完备，特别复杂。可以从最基础的功能开始，演进迭代完善。投资大，相对刚性的自働化方案，不要一上来就是自动化设备。一旦产品或者需求出现变化，设备就有闲置和报废风险。可以先做一个最简单、能保持核心基本功能的方案。随着产品设计的一步步稳定，客户需求的渐进明晰，再一步步设计方案，追加投资。

五、上帝之手与精益演进设计

精益演进设计和迭代设计的概念比较容易混淆，有必要对比澄清。迭代设计应对的是走一步看三步，渐进明细，但它毕竟是基于还原论的分解设计，先有一个框架。而演进设计不需要事无巨细地分解设计与验证，而是相信系统内部有自协同演进的力量，并且可以利用这种力量。它往往先放一粒核心的种子，然后定义好外部环境边界，给阳光、给水，创造激发条件，建立磁场导向，引导修剪。用一句时髦的话说，不是从上到下的分解和控制，而是从下到上的赋能服务和支持。

它的假设条件，是动态系统内部的内生力量，不同要素之间协同交互，共同成长。

传统设计方式是上帝之手，一切都被安排得井井有条，适合静态系统。精益演进设计建立在达尔文的生命进化论基础上，利用系统自己的生命力，用生长演化的方式来构建系统。在这样的环境下，只要源头核心基因是正确的，那错误就是可以接受的，甚至说是鼓励的。因为达尔文的进化论，就是建立在错误和变异的基础上的。一个物种，如果不断地重复复制，精确无比，它的结果只会是灭亡。一个繁荣的物种，一定有不听话的叛逆者，有变异，而且有数量庞大的变异。然后在这些变异的基础上，通过上天的自然筛选，或者人类的倾向性选择，不断进化。自然演进利用的是自然变异的力量，而演进设计会人为提供倾向性的激发力量，加快变异演进的过程，并且在演进中，进行倾向性的选择和引导，让系统向我们需要的方向进化发展。

总的来说，对于精益供应链这样的半开放复杂动态系统，我们不要寄希望像边界明确、相对封闭稳定的硬件产品一样，从上帝的视角，从上到下，事无巨细地设计出来。但也不是说就不需要设计了，就像是放任式自由经济一样任其演进式发展。我们应该学习开放式复杂软件系统，或者大型社会系统，如图 7-1 所示。

（1）**规划理想供应模式**：这是设计的灵魂，决定了后续的设计和演进方向，需要通过高质量的洞察，保证方向大致正确。

（2）**识别关键特征，提取核心基因**：我们要把理想供应模式事无巨细地设计出来，这非常有挑战。但如果只是提取它的核心基因就会相对容易一些。不过这也需要一定的抽象能力，需要懂 DNA 的抽象编码语言。

（3）**产品设计源头预埋核心基因**：将理想供应模式的核心基因转换成设计语言，预埋到产品规划设计当中。我常常说搞产品可供应设计是借鸡生蛋。研发一次只下一个蛋（一个版本），资源有限。我们要让研发接受，把供应链的基因放进去并遗传下去，还是要有一些魅力的。这绝对是个技术活。

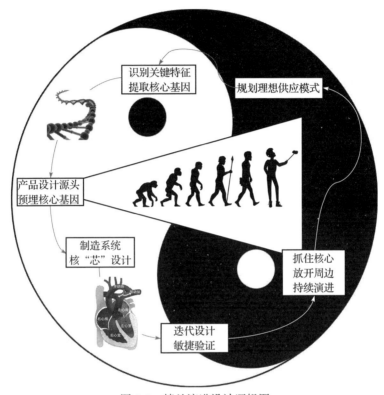

图 7-1　精益演进设计逻辑图

（4）**制造系统核"芯"设计**：对于哺乳动物，从受精卵到胚胎，再到婴儿是需要优生优育、精心培养的。养大到一定程度，才能放出去闯荡扩张。精益制造系统是精益供应链的核心枢纽，非常关键。我们要像培育婴儿一样，把很大的精力放在精益制造核心系统的设计导入上。有了健康和高质量的核"芯"系统，动态生命系统才能逐步扩展，经得起外部环境的不确定性，经得起风风雨雨的考验。有了核心系统作为基础，才能将精益延伸到其他领域，扩展到全球化精益供应网络。

（5）**迭代设计，敏捷验证**：对开放的复杂系统，我们不用一次就设计出来，而是采用走一步看三步，渐进明晰的迭代设计方法。其中关键是如何分层解耦，保证从设计到验证是能够闭环的。特别是起始的最小功能，一定要能够验证闭环。

（6）**抓住核心，放开周边，持续演进**：社会其实也是开放的复杂系统，政府要做好社会系统的管理也不容易。经过这么多年的探索，政府现在也是抓住核心，放开周边，然后摸石头过河，持续迭代演进。比如影响国计民生的基础产业、交通网络等，就是政府要管理的核心。有了这些作为基础，把其他部分放开，自协同迭代演进。

第二节　精益制造系统的动态需求工程

一、传统 QCD 铁三角的局限性

人们喜欢三角形，因为它最稳定，而且好管理、可预期。

图 7-2 就是经典的 QCD 铁三角（质量、成本和周期[一]），它度量传统制造系统和机械式供应链是合适的。在相对稳定的环境中，供应链像一台稳定可靠的机器，喂进去原料，按设计好的质量、成本和周期，稳定高效地输出产品。

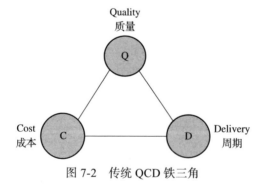

图 7-2　传统 QCD 铁三角

㊀ D 直译为交付，此处介绍度量，实际中使用的是周期。

人们趋利避害，喜欢确定性的事物。因此有时明明环境已经变化，产品在变化，需求会波动，有不确定性，人们却故意忽视它们，假装看不见，继续设计静态的机械式制造系统。也许不是不想，而是不能。既然没有能力去应对，有时人们就会选择成为鸵鸟，掌握了埋头推卸责任的技巧。比如IE（工业工程师）做产能规划，明明知道需求不确定，依然还是要求销售给一个确定的预测值作为输入。然后IE就假装这个预测是准确的，开始准备资源。出了问题，IE就会无辜地说："你看，给我的预测就是这样的。我也是从语文题到数学题，算得很严谨。但销售输入就不准，我还能怎么办？"

二、动态系统如何度量

传统供应链面对环境变化的应对方法有限，反应缓慢。

这是它的系统模式和组织架构决定的，产能规划人员确实无能为力。以大批量流水线为核心的传统供应链，是线性管道结构。生产线就像植物的管道蒸腾作用，在稳定的环境下效率很高，对外部环境变化反应很慢，通常都是按照"春夏秋冬"季度轮回。如图7-3所示，植物在春天开始萌动；夏天环境好时，疯狂生长；一看秋意变凉，就开始准备落叶收敛，控制流量或积蓄能量；冬天全面收缩，冬眠等待，维持消耗能量最少的生命状态。春夏秋冬四季循环虽有波动，但有固定规律，就像空调行业的季节波动相对好应对。但商业世界可没有这么有规律，特别是现在普遍创新时代，迭代加快，多变且充满不确定性。本来以为夏天快到，准备大规模扩展，拼命生长，谁知计划赶不上变化，迎来的却是冬天。

猎豹是精益动态系统，组织结构不一样，应对多变环境的手段比植物系统就要多一些。

首先，它有灵敏的神经系统、灵活的四肢，动态移动，趋利避害。更关键的是它有强大的心脏、高效的混流供血能力。它通过动态心跳与供血系统，控制组织保持内部恒温，动态应对外部环境温度变化。通过心跳供氧变化，如此大体型的猎豹，依然能静如处子，动如脱兔。

图 7-3　静态植物系统到动态动物系统

如图 7-4 所示，动态系统的度量应该从铁三角演进到网状动态度量模型。它在传统质量、成本、周期基础上，增加了柔性和敏捷两个动态度量维度。

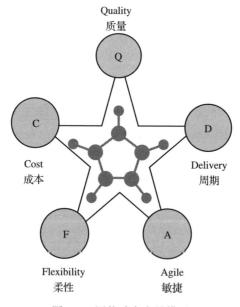

图 7-4　网状动态度量模型

1. 柔性兼容能力

柔性是相对刚性而言，多是指事物柔软和适应性好。如果传统供应链是植物，是流线型刚性管道，我们希望精益供应链是动物的肚子，柔软有弹性。

- 产品柔性：兼容多样性产品的能力，即频带宽度。静态的植物只能吸收根附近的水分和矿物质，吃"斋"。而动物能吃的就很多，食谱就要"宽"得多。
- 产能柔性：产能弹性变化，振幅大。
- 资源柔性：人力、场地等资源的弹性获取以及释放，关键资源多元获取。
- 布局柔性：合理解耦，能散能聚。
- 可扩展性：留有后门，方便扩展。

2. 敏捷响应能力

敏捷是对变化环境的快速反应能力。豹子反应不快，只能饿死。供应链反应不快，计划跟不上变化，整个链条都会疲于奔命。全流程周期是动态系统敏捷性关键指标，从信息接收处理到实体反应，全流程周期越短，反应越快。

三、制造系统设计的需求工程

每个设计人员都想自己的产品像苹果和微信一样，一经推出就风靡一时。但现实中大部分产品都很平庸，超过50%的产品以失败告终，甚至无人问津。按照行业统计，只有16%的产品设计项目是成功的。即使是成功的产品，也有46%的产品功能根本就没有被使用。也就是说，我们每天加班这么辛苦，其实很多设计开发和制造生产活动，从源头就没有价值。

做正确的事，比正确地做事重要。失败的最大原因，不是技术水平、能力不行，而是源头的需求管理，没有用好需求工程。供应链规划设计或者产品供应链设计，也需要专业的需求工程。

1. 客户是谁

问题越简单，越抽象，就越难回答。

以客户为中心，是基本上所有的商业组织的基本原则。但谁是真正的客户，其实这个问题不是那么简单。讨论一旦深入下去，很容易产生不同观点。在华为高研班（高级管理研修班），我们讨论这个问题的时候就经常吵得一塌糊涂。有人认为是最终用户，有人认为是最后决策的人，也有人认为是实际掏钱的人。

我们暂时先放下这个问题，一起来看看华为手机的案例，更容易帮助理解。以"以客户为中心"闻名的华为，居然也会纠结客户是谁。华为的传统客户是运营商，2003年华为开始做手机，主要做运营商手机。手机业务增长很快，到2007年销量达到了2000万台。但慢慢公司开始意识到问题：缺乏发展后劲。

2011年的三亚会议，公司内经过非常激烈的讨论，认为最终消费者是客户。以前把运营商作为手机客户，原始需求被过滤和歪曲失真，有的甚至丢失掉了。比如消费者本来非常在意手机的使用体验，但运营商采购手机的原则基本上被简化为性价比。离真正的客户远了，华为的研发实力在纯粹的价格竞争面前，被消减得干干净净。客户从运营商到最终消费者，这说起来很简单，但实际落地的时候很痛苦，险象环生。终端团队需要抛弃熟悉的赛道，孤零零重新开始。一个人有信念还不行，还要知道如何带领团队穿过漫长的黑色隧道。群体往往是短视的，是非理性的，很容易情绪化。当传统运营商手机收入和利润减少，经营面临压力时，强者如余承东，在华为这种长期主义的商业组织中，也会面临很大压力。

产品供应链设计的客户又是谁？

这又是一个多选题，是生产运营主管，还是计划、订单，或者是端到端经营负责的产品线？我认为产品供应链设计的需求管理，喇叭口要张开，把这些干系人的需求都纳入进来。但是产品供应链设计的需求，核心还是要来自最终客户。像华为手机一样，供应链也要主动向客户靠拢，获取客户第一手信息，减少需求丢失和歪曲失真。

2. 没有调研就没有发言权

做制造的人有事没事喜欢到现场寻找答案。到了现场，原来枯燥的图表数字，一个个鲜活起来。很多抽象的问题，在现场也具体起来。比如质量管理，如果我们看统计值，提升或者恶化多少个点，只是一个数据。但到了现场，亲眼看到故障品，亲耳听到客户的抱怨，感觉就完全不一样。

在某产品规划设计的时候，我基于十倍法则，说某产品后端质量拦截压力太大，需要质量前移，在设计中预埋能力。大家说你说得对，然后还是该干吗干吗，并没有真正理解。后来我换了一种方式，把研发人员请到生产现场，把问题放在具体的全球化场景下，挑战就变得非常具体。大家更容易、更清晰地理解了问题的严重性：全球化供应场景下，如果按照传统的产品设计，海外供应中心能不能负担得起如此重载的生产资源？如何配备庞大的工程团队？拦截出来的故障如何处理？一旦出现批量问题，管道内全部是故障，供应链断裂了怎么办？

在静态的场景下，我们可以模拟展开一个个鲜活动态的客户故事，一步一步地演练发展，本来单点、模糊的需求，就被串联从而变得生动起来，系统逻辑也连贯起来，避免遗漏。

3. 站在未来看明天

有的设计是为了解决当前的问题，但更多是面向未来。所以产品设计师需要有想象力，不能只是被动的问题解决者，还要是主动创新的未来主义者。

和传统的硬件产品设计相比，供应链的规划设计更要面向未来。

因为硬件产品边界相对封闭,可以推倒重来。而供应链是半开放复杂系统,上线后基于客户需求、产品迭代或者供应环境变化,不断地交互演进,很难推倒重来。从这方面说,供应链和复杂软件系统有一定的相似性。比如阿里巴巴的淘宝平台,上线后也会随着客户和供应商的持续交互而持续演进。对于这样的开放动态系统,面向未来的需求洞察更为关键,要抓住方向趋势,预埋合适的基因。

4. 区分问题与解决方案

需求管理要深入下去,不要浮在表面。比如我们在巴西华为清理本地编码时,发现很多编码的产生,都是因为客户需求没有搞清楚。多问几个为什么,不要说5个为什么,很多时候1个为什么问下去,就会发现需求靠不住。按照十倍法则,设计多花1分钟,后面就会节省10分钟、100分钟的时间。需求至关重要,一定要细致严谨,多问几个为什么。

(1)**分清问题、需求和解决方案的区别**:你问客户的需求是什么,他说是一瓶果汁。这其实不是需求,而是解决方案。他可能是口渴了,也可能是有健康问题,需要绿色健康饮食,而果汁并不是健康饮食。不要一步跳到解决方案,而要顺藤摸瓜,往深挖到客户的真实需求。

(2)**需求基线化**:喇叭口敞开后,产品供应链设计会收到很多不同的需求,鱼龙混杂,参差不齐。一定要系统梳理,基于客户需求分类分析并基线化。通过基线化手段,倒逼团队尽量把需求讲清楚、具体化。即使后面需求演进变化,也有基线,是受控状态下的变更管理。

(3)**以终为始,对准系统结果目标**:目标制定要跳出持续改善思维,经过系统策划(比如成本策划、质量策划),以终为始分解,保证在客户界面的竞争力。比如产品制造系统设计目标,不能把某一段(比如某个单板模块)的制造周期混淆为全流程制造周期。

5. 留后门(后续可扩展,方便调整)

客户需求有其复杂性、层次性、多样性、多面性和动态多变性。

需求本身会动态变化，也受外界环境不断交互的影响，交互演进。另外，受限于我们的认知过程，需求工程也是动态、渐进明晰的过程。

（1）**柔性和不确定性基线化，用确定性应对不确定性**：即使是动态变化，也有变化的边界范围。对产品柔性，我们需要打开产品结构和需求结构，进行品类分析、工艺分析、未来需求波动和不确定性分析。在一定条件下，设计的上下限频带应尽量宽，形成需求基线，如形成产品兼容设计接口基线、销售需求波动互锁基线等，比如中间值、上限基线和下限基线。或者说没有明确的边界，而是基于某个置信度的长尾分布，那我们就要做出选择。比如细分客户选择，某个界限外的客户就不是我们供应链的目标客户；或者是服务水平的选择，在某种成本基线下，我们的服务水平设计目标就不是 100% 达成，而是 98%。

（2）**识别变化与不确定性源**：需求不确定，并不意味着就不能管理。就像是风险管理，我们并不知道风险一定来自哪里，但一样可以通过风险地图和 FMEA（失效模式与影响分析）等管理工具进行管理。如果我们把动态制造系统当作一个产品，也可以用同样的分析方法和管理工具进行管理。

（3）**渐进明晰的需求迭代管理**：对于动态系统而言，需求分析管理没有明确的截止时间，而是持续动态的迭代管理的过程。基于某种建设，用确定性的管理机制应对动态不确定性的需求，并在产品规划和设计中预留后门，方便后续的扩展和演进。

第三节 精益制造系统架构设计

一、制造系统比产品设计复杂

不少研发同事总觉得产品设计很复杂，供应链和制造系统设计相对简单。我说不只供应链比产品设计复杂，就是产品的制造子系统，也要比产品设计复杂得多。

一个普通的电子产品，其零部件数量有几百甚至上千。产品的每一个零部件都对应一连串的制造工艺流程，每一个流程都需要"人机料法环"一堆制造要素。单是从这些组成要素数量上看，制造系统设计的复杂度就要高产品设计一个数量级，更不用说这些要素之间的连接关系了。如图 7-5 所示，最简单的一个单板产品，对应的制造系统就包括软件烧录机、锡膏印刷机、AOI 锡膏厚度检测仪、贴片机、回流炉、插件机、波峰焊、X-Ray 检测仪、ICT 测试设备等复杂生产设备，以及一连串的生产工艺流程。如果再加上前后端的仓储和物流信息流等，比单板更复杂得多。

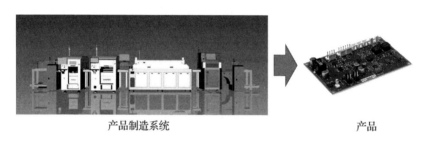

产品制造系统　　　　　　　　　产品

图 7-5　产品与产品制造系统复杂度对比

如果说研发系统是从 0 到 1 提供了核心 DNA，那么供应链就是从 1 到 N 孕育出胚胎、孵化出最终产品。产品的基因和竞争力很大程度上取决于两者优势基因的组合，也就是取决于产品研发系统和供应链的综合竞争力。很多企业出了一个爆款后，又偃旗息鼓。而华为却能厚积薄发，源源不断地推出有竞争力的产品。它们的背后，就是 IPD 和 ISC，以及华为制造系统的竞争力。对企业管理者来说，比打造单个产品更重要的，是打造产品背后的产品研发系统、制造系统和供应链。

二、传统制造系统设计为什么这么弱

IPD 是大规模团队协同作战的系统工程。华为的一个产品研发项目往往会投入几百甚至几千人，而传统制造系统设计的投入要少得多，通常只有几个或者十几个人。

这是为什么呢？我认为有三个方面的原因：

（1）传统制造系统架构稳定，不同产品的制造系统在架构上没有本质变化。如图7-6所示，就像一个房子的四梁八柱等架构已经搭建好，一个新产品来了，需要的只是填充装修。如果面临全新的产品，比如特斯拉电动汽车，强者如马斯克，也需要数年时间才能把制造系统构建起来。经历了这个过程，马斯克就知道制造系统的设计和构建要比产品复杂得多。

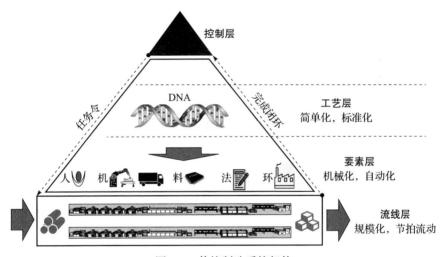

图 7-6　传统制造系统架构

（2）大部分传统制造系统演进比较慢，它们是在标准化基础上迭代的，专业分工，各司其职。比如有些标准化的生产设备，往往都有专门的供应商，或者已经形成成熟的产业链。制造系统的复杂度被专业分工分解掉了。这样的传统制造系统设计，难点在于如何把这些设备模块系统有机地组合起来。

（3）传统的制造系统变化比较慢，重运营改善，轻源头设计。即使前面设计没做好，后面慢慢持续改善问题也不大。不只是制造设计投入少，就是产品本身的研发以前投入也不多。

三、设计不足运作来补的躺平八爪鱼架构

普遍创新时代，需求快速变化，加大产品研发投入已经成为整个社会的共识。企业不投资研发，就没有未来。需求快速变化，产品与技术迭代加快，传统供应链稳态架构很难适应新形势，被冲击得分崩离析，缺乏系统性。而传统制造系统的轻设计、重运营和持续改善的思路也已经跟不上变化，有些玩不转。持续改善好不容易稳定下来，又被推翻重来，一直都在翻修搞建设。

在这种场景下，很多供应链都是躺平的八爪鱼架构，也就是一堆零散的模块，没有架构。如图 7-7 所示，面对多元化、快速变化的环境，把自己碎片化，随波逐流，躺平应对。颗粒越小越灵活，等需求来了，再像八爪鱼一样地调度，东拼西凑解决问题。灵活倒是灵活，但这是用救火思维、用低效运作给系统设计的不足买单。这样的弱系统架构只能靠运作补救。计划调度是核心，地位高，但很辛苦。

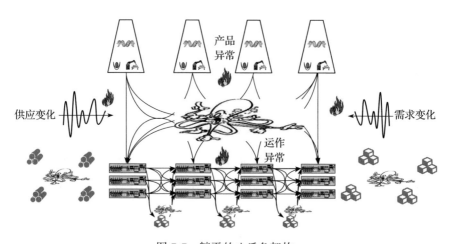

图 7-7 躺平的八爪鱼架构

四、制造系统与产品设计的差异

某种程度上，产品融合设计是把供应链、制造系统当作产品进行

规划和设计。产品设计方法可以借鉴，同时也要认识到差异。

（1）开放动态系统：硬件产品是边界相对清晰的封闭系统，而供应链是半开放动态系统，会和外界客户、供应商持续交互和演进。是活的！

（2）平台演进系统：这个产品设计不好可以推倒重新设计一个。但是背后的供应链系统很难推倒重来，既要平台化有延续性，又要灵活可扩展。

供应链设计有两种场景。

一种是全新设计，在一张白纸上画最好最美的图画。说起来容易做起来难，挑战在于系统复杂性和对未来的场景洞察。特别是未来场景洞察，这是大部分人都不具备的。人的认知能力是有限的，先知毕竟是少数，而且很难预测未来的变化。系统架构要高效，又不能太刚性，必须预留后路，柔性可扩展。

另一种是迭代设计，也有挑战。可以是高速公路上直接换轮胎，很容易失败；也可以像外科手术一样厘清脉络，找到症结后手起刀落，然后文火慢工，慢慢调理，不用等沉疴成顽疾、矛盾爆发来一场大的革命。

五、猎豹架构

借鉴心脏的结构演进，学习大众的模块化平台架构，我们可以设计精益制造系统猎豹架构，简单高效，柔性敏捷。在产品设计源头调理，吐故纳新，开放可扩展，如图 7-8 所示。

1. 柔性的模块化平台资源

（1）**多技能核心工**：在系统规划中设计并适当收敛关键岗位数量。同时也不过于集中，避免对个别岗位过于依赖。当市场需求减少时可以保留核心人员，适当释放普通资源。当需求上涨时，普通岗位资源更容易获取，可以快速扩充数量，通过核心岗位保障产出质量和效率。

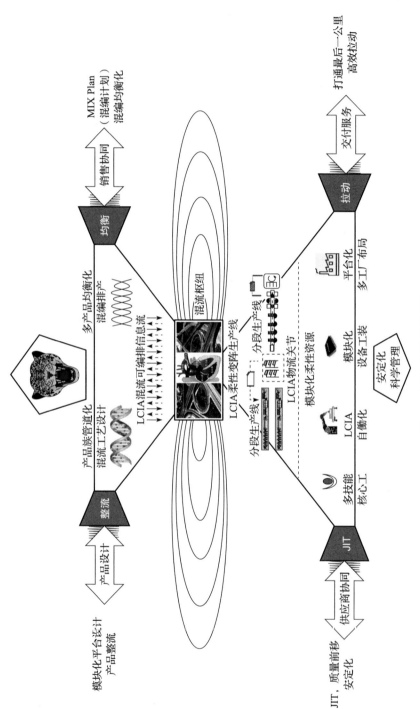

图 7-8 精益制造系统架构

（2）**LCIA 自働化**：自动化能减少需求波动对人的依赖，但传统的刚性机械自动化系统柔性不足。现代工业的高效生产建立在大规模机器生产的基础上，需要通过 LCIA 自働化，在保障生产效率的同时提升柔性。

（3）**模块化设备工装**：部分专业设备对效率要求高，模块化是个好的选择。合理解耦，模块共享，即插即用，灵活移动，不生根发芽。

（4）**平台化多工厂布局**：在工厂规划的时候，设计者就要预埋好平台化能力。厂房布局、尺寸高度、供电、网络接口等，都形成标准。需要时，工厂之间能快速调整。

2. 可变阵的柔性混流生产线

（1）**流动**：拙速胜巧迟，生产线需要减少断点，减少排队，流动起来。一个产品模块逻辑上应该没有断点，实现完全流动生产。

（2）**混流**：借鉴大众的模块化平台设计，不强制要求平台归一。识别关键尺寸和关键接口作为关键约束，其他放开。

（3）**灵活变阵**：借鉴鸳鸯阵的设计思想，基于场景快速变阵。高峰期长蛇阵，需求下降时调整为八卦阵，然后是四象阵、鸳鸯阵，灵活应对变化。

（4）**可扩展**：生产线的关键尺寸，比如宽度、高度要预留余量。接口解耦，兼容可扩展。

（5）**外部资源网络**：在产品设计和线体设计时预埋能力，将一些相对简单、标准的模块解耦出来，必要时灵活调用外部柔性资源网络作为补充。

3. 混流枢纽与连接设计

（1）**软连接**：不同模块、不同生产线，有时很难硬连接成一条生产线。软连接就像动物关节，四肢也分多段，通过关节软连接起来。

（2）**混流枢纽**：传统制造系统是靠中心库房的库存来缓冲，红灯停、绿灯行,井然有序,但排队效率低。精益混流设计像高速公路、立交桥,高低速分流,交叉混流,并行不悖。有条件的产品,通过组件化或者分布式产品架构,实现分布式制造系统架构。单驱到多驱,去中心枢纽。

(3)**节拍**:节拍对制造系统而言,就像时钟对电子系统。一个系统可以一个节拍,也可以对子系统进行分拍或者并拍。

(4)**快速换线**:学习F1赛车,标准化设计,缩短换线时间。

4. 混流可编排的精益自働化信息流

(1)**信息流精益自働化**:相对于实物流,信息流的断点其实更多,浪费更大。在巴西华为,我们把精益自働化设计思想应用到计划、订单信息流,取得了惊人的改善效果。

(2)**结构化混流工艺**:协同产品设计,在产品源头构建结构化混流工艺数据、结构化制造要素,把小颗粒混流工艺管控的复杂度建立在系统上。系统虽然复杂,但每个工位的操作却相对简单,按照系统指示作业就可以。

(3)**多产品混编计划**:很多人误以为丰田供应周期短,完全订单拉动,无计划。其实丰田有很强的 MIX Plan(混编计划)管理能力。不同产品、不同区域的需求,混编均衡化计划管理。

(4)**混编均衡化细排产**:基于混编计划,结合结构化工艺数据、结构化生产线设备等制造要素,实现多产品多生产线混流混编生产调度、细排产。

(5)**小颗粒排产解耦**:传统排队式模式,一旦有紧急需求,需要重新排产,容易造成连锁反应。精益混流模式的平台插件化,小颗粒快进快出,快速响应变化。

5. 自协同的轻量化管理系统(脑)

(1)**神经中枢**:即使是最好的心脏、最灵活的神经系统、最强壮的四肢，如果没有大脑的协同，就像是大脑因无法得到及时的血液供应而出现中风一样，一切都将瘫痪。

（2）**无意识自协同**：像走路或者打乒乓球，不需要太多思考，大脑可以直接调用保存的协同模式，四肢和不同的肌肉群进行巧妙协同。连接比管控重要！精益制造系统有很多这样的自协同设计，以减少中枢神经和大脑的协同管理负担。

（3）**快速响应，快速决策**：决策链要简洁高效，能针对外部环境变化，快速传递信息，快速决策，快速响应。

6. 安定化质量与免疫系统

（1）**工艺质量管理**：半离散集成供应链，库存掩盖了异常，此时的精益制造系统底层要回归科学管理。科学管理的回归不是撤退，而是为了走得更远。在此基础上，建立动态系统的质量管理系统。

（2）**缓冲平衡设计**：系统不可能完全没有异常，我们是务实的理想主义者，需要设置合理的缓冲方案。就像电路，也需要电容、电感的缓冲设计，整个系统才能稳定。

（3）**免疫系统的健壮性设计**：一个人不可能一辈子不生病，一个系统也不可能没有异常。关键是免疫系统要能够正常运作，有问题异常的预警和管理机制。

第四节　精益制造系统概要设计

在制造行业见过很多生产线，印象最深的是日本大发发动机生产线。没有高档酷炫的自动化设备，但充满设计智慧，洋溢着设计之美。设计精密，运作协同天衣无缝。哆来咪，生产线上工作的工人不是在劳动，像在跳舞。我理想中的制造系统，是在一曲交响乐下，各司其职，灵动共舞（见图7-9）。

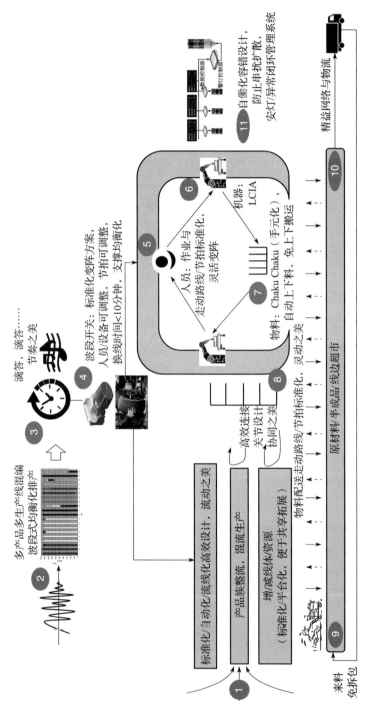

图 7-9 精益制造系统设计之美

相比而言，传统大批量流水线也有节奏，但它是机械乏味的单节奏重复，是一首单音节的歌。今天多元且多变的需求，把它冲击得四分五裂、七零八碎，变成了嘈杂和混乱的菜市场。当我们见过好的生产线，就再也接受不了那种菜市场一样的运作方式。我们把精益制造系统设计思想应用在存储产品生产线设计上，取得了一些有益的探索和突破。这说明制造系统和生产线都是需要设计，也是可以设计的。

一、模块化平台制造系统架构

传统生产线设计是先有产品，再基于产品设计工艺，之后基于工艺设计生产线。这种串行被动的设计方式下，产品一旦变动，线体就只能闲置报废。以前的存储产品就是"多代同堂"，制造保留了好几代不同的生产测试装备，维护管理非常复杂。新的生产线设计需要和产品适当解耦，兼容多种产品。如图 7-10 所示，如果我们把生产线当作高速公路，那么高速公路不能只跑一种车，不然的话以后每次发布新车型，高速公路还需要推翻重新来修。但生产线也不能为了兼容不同产品设计得过于复杂，或者成本太高；也不能简单对产品提一堆要求，把产品设计约束得死死的。如果约束过度，产品没有竞争力，皮之不存，毛将焉附。

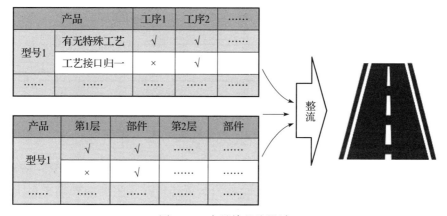

图 7-10　产品族整流设计

更好的做法，是把制造系统当作产品解决方案的模块化平台子系统。

前面我们介绍过产品与解决方案的另一个维度理解。它包含了传统意义的产品，以及匹配的产品制造解决方案、供应解决方案、销售解决方案等。从这个意义上说，我们可以把产品制造系统作为产品解决方案的一个平台子系统。按照模块化平台设计思想，这个子系统即产品解决方案的有机部分，又平台解耦。比如学习大众汽车的 MQB 模块化平台，明确线体平台的关键约束尺寸和接口，作为产品设计的关键基线约束，抓住核心，放开周边。如表 7-1 所示，制造系统的关键工艺路线、关键工艺和关键工艺接口需要保持稳定。比如长、宽、高外形尺寸，传统的平台化要求全部固定。但模块化线体平台，最关键的是宽度尺寸。这和高速公路设计类似，综合考虑汽车、集装箱货车等，在宽度上形成设计标准，比如 2.4 米。再面向未来增加适当余量，上限不超过 3.5 米。而在长度上约束就少一些，短一些的小汽车、长一点的林肯和更长的货柜车，都可以兼容。

表 7-1 关键工艺接口样例

关键工序	关键工艺接口
总体尺寸	宽度限制，长度可适当放开
来料包装	包装方式、上料方式、取料抓取点（手工/自动化）、定位基面
加工	关键加工件关键尺寸、基准面、定位点、加工工艺面/参数
装配	关键装配连接件（如螺钉类型）、装配抓取点、定位点、装配方向
测试	被测试件外形尺寸、运动方向、定位基准、测试工艺面、接口
包装	产品外形尺寸、包装抓取点、封口打包面

二、全流程极简工艺

工艺路线设计首先需要保证完整性。传统工业设计，很多人只关注生产线上看得到的加工、装配和测试工艺，对于生产线外的来料工艺、物流工艺和逆向维修工艺等关注不够。建议使用 FlowChart（工艺流设计）或者其他工具，先设计完整的工艺流程图。除了实物流工艺路线、生产调度信息流、质量追溯等，也包括订单工艺、数据流工艺等。

俗话说，严于律己，宽以待人。但事实有时是宽以待己，严以律人。我们供应链对产品简洁化设计有很多想法，但有时对供应链自己的简洁化，反而睁一只眼闭一只眼。存储产品生产线设计时，我给研发和制造团队说，我们公平一些，制定同样有挑战性的目标，共同支撑客户界面竞争力提升。别人不给我们器件，我们通过 ECRS ROOT 深度极简设计方法，让产品性能翻倍，产品体积反而缩小。我们生产线体的 UPPH（单位人时产出）产能翻番，线体长度和投资反而减少。

首先产品简化后，对应的生产工艺和工位自然会减少。另外，工艺本身也要简化设计，识别不增值部分，精简合并。比如减少工艺断点，减少出库入库等不增值活动。通过系统级可靠性设计，包括容差容错设计等质量前移手段，降低后端测试老化的拦截压力。质量前移等工作做到位，后端拦截压力小了，然后再精简合并测试老化工位就会容易得多。因为质量更好，老化测试等投入更小，质量和成本双赢。另外在工艺简化设计过程中，有的时候需要打破延长线思维，积极采用新材料、新工艺。

有了工艺路线后，分工序梳理作业活动。5M（人机料法环）梳理生产要素，输出作业活动信息表。基于活动信息表概算线体成本，基于 VE（价值工程）评估投资收益比，识别改进机会点。浪费的标准就是精益 7 大浪费，只是从后端改善前移到设计源头，天然精益。研发算成本往往只看到物料成本，对生产成本、库存成本等隐性成本往往看不到。这就是为什么需要全功能团队一起来做 VE（价值工程）。

关键资源的柔性供应能力是生产线柔性的基础。特别是生产设备尽量采用通用设备或者通用的设备模块。从供应风险考虑，尽量避免独家。对于很难避免的，应有对应的独家风险管理措施。比如有些地域供应周期长、响应慢，还可能受到其他不可控因素影响，这个时候就需要开发货期短、具备连续性供应能力的设备供应商替代，或者采用多元化供应。即使这些新的供应商现在性能差一些，但从长远供应柔性和风险管理考虑，需要适当倾斜培养。

三、系统心跳

基于优化后的作业活动信息表，制造系统首先按最基本的流线型系统进行设计。我们把离散的作业工序"一条龙"集成到一起，形成基础的系统，开始有了原始的系统心跳。对制造系统来说，这个心跳就是生产节拍。生产节拍设计类似产品设计中的时钟设计，贯穿系统各个部分，包括自动化设备和作业人员的节拍，非常关键。

如图 7-11 所示，生产节拍设计来自需求分解分析。大批量流水线只有一个生产节拍。但对于更加复杂的产品制造系统，不同线体可以有不同节拍。另外，客户需求和未来产品也是变化和不确定的。在生产节拍设计上不能太刚性，要预留扩展调节能力。简单点的，可以设计能同时支撑全节拍、1/2 拍、1/4 拍或者 1/8 拍等不同档位。这样不同线体作为子系统，既相对独立，又可快速调节，方便对接协同。而对于比较理想的无级调节模式，设计则相对有挑战。

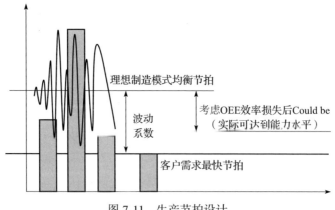

图 7-11　生产节拍设计

如图 7-12 所示，设计生产节拍时不是简单地按照自然时间——8小时理想工作时间计算，而是需要考虑 OEE（设备综合效率）实际效率。通过实际可获得的工作班次、换线时间和停线次数，以及平均停线时间、一次直通率等效率损失，最后得到实际可获得的产出时间。当然，一次直通率和停线时间等不是固定不可打破的。如果有对应的改进支撑措施，也可以调整。有一些是基础的核心制造能力，需要提前规划和构建。

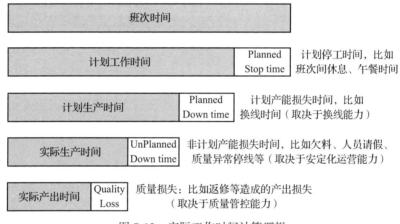

图 7-12　实际工作时间计算逻辑

对于节拍不匹配的工序，考虑进行工艺优化或者工艺顺序调整。有时需要设备优化，比如分拆或者增加设备数量。有时我们愿意多付出一些成本，预留面向未来的柔性和可扩展性。对多元和多变的需求环境，适当的冗余设计有时是需要的。这种主动的能力预埋，反而比被动的救火成本更低。

生产节拍设计完成后，如图 7-13 所示，对线体布局进行粗排。从产品主线流、物料流，以及人流、信息流等几个维度，协同设计。在设备方案基础上，增加上料和下料，以及物料在工位之间的流动方案。物料流动可以用自动化流水线，最好是利用重力的 LCIA 线内物流方案。

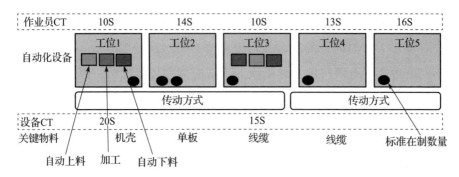

图 7-13 线体粗排设计

生产线是制造系统的主干价值流,需要尽量减少断点,避免堵塞。

四、灵活变阵的柔性线体

一场精彩的交响乐会,节拍不会平铺直叙,一成不变。通常是情景多变,跌宕起伏,节拍也会跟着指挥变化调整。动态的生命系统中,心跳也是根据外部环境,随着肾上腺素的分泌动态调整变化的。

传统的大批量流水线常常是长蛇阵,节拍和人员都固定。这是效率最高的,因为人员走动距离小,产品流动距离短。而柔性线体更多采用模块化交叉混流的 U 型线,包括 U 型和 C 型线的嵌套设计。它可以针对需求变化模块化变阵,作业人员数量也可以调整。当作业人员减少时,一字型线体设计走动距离过长,影响效率。而 U 型设计走动距离更短,更多时间花在 Work(工作)上,而不是 Walk(走动)上。

戚家军的鸳鸯阵针对不同战斗场景,有灵活的变阵方案。古代也有长蛇阵、八卦阵以及四象阵、鸳鸯阵等。当战斗场景变化时,指挥官发出口令或者挥舞令旗,经过训练的军队就会快速变阵适应。养兵千日,用兵一时,这些变阵方案往往不是临时起意,而是提前设计并融入日常的阵法和操练中的,提前构建能力。

面对需求变化,柔性线体也要具备快速变阵调整能力。这需要提前进行阵型规划设计,也需要能力操练培养,特别是快速变阵换线的能力。这里有几种设计方法，一种是先基于最常见的需求设计最高效的黄金产能基线。当需求下降时，最高效的八卦阵黄金组合，快速调整到六瓣莲花阵、四象阵或者鸳鸯阵。需求最少的时候，甚至一个人也能生产，保持线体激活不断流。当需求增加时，设计分阶梯的快速爬坡方案。在更紧急的状态下，有时还需要短期应急方案。通过加快肾上腺素的分泌，在短时间内甚至牺牲成本和效率。这些应急方案不是完全靠临时救火，而是主动规划设计的，能力提前预埋，打好基础。就像是踢足球，先有平时训练熟悉、配合默契的基本阵型，然后在此基础上临场发挥。不能是完全没有基础的阵型套路，完全靠临场发挥。

五、标准作业与线体人员方案

基于线体概要方案分解设计标准化作业任务。基于人因工程和历史数据，匹配更加准确的节拍时间。传统的工时管理往往只度量生产线上的直接作业人员时间，没有把设备自动化作业时间，以及整个支持配套系统的产品流动、人员走动和数据信息处理时间梳理管理起来。这是一个有机的整体，系统化设计有利于更高效地协同。

为了支撑整体系统的节拍、产出，所有单工位的节拍时间都应该短于整体节拍，不能成为瓶颈。同时要考虑柔性系数，面向未来需求和不确定性预留调整空间。人员节拍最理想的是每个人的时间都一样。但这过于理想，在实际设计中，很难做到这样的绝对平衡。这个时候，我们常常单独预留一个工位出来。这样一方面留有弹性调整空间，另一方面在后续优化时有机会精简掉这个作业工序。

安排人员岗位设置时，技能要求高的活动要识别出来单独设计。一方面这些高技能活动应该适当集中，减少对核心技能人员的要求。当需求快速增加时，普通作业人员能快速增加，快速上岗，但高技能人员的获取就没有那么容易。这些核心技术岗位要推行三三制：1个技能3个人会，1个人会3个技能。同时也要注意，核心岗位设计也不能过度集中。过度集中容易增加出错概率。另外，过度依赖核心技能人员，也增加了风险。

当需求下降时，保留最核心的作业人员，产能可以降到最低，或者缩短工作时间，安排员工培训等，也要让生产线保留在正常的负荷，保持学习曲线的持续提升。不能造成队伍松松垮垮、操练不足，导致士气和能力下降。一旦硬仗来了，反而不能应对。

六、精益自働化方案

现代工业建立在机械化高效生产的基础上。机械自动化的基础是专业分工基础上的简单化、标准化。所以大部分自动化设备，都是针对单工位和专业化的细分活动，刚性有余，柔性不足。

很多工厂初看起来现代化程度特别高，到处都是自动化设备。但实际人员却没有有效减少。在高大上的线体外，还有大量的辅助作业人员。因为传统自动化覆盖范围相对窄，只关注加工过程的自动化，没有关注上料、下料，以及物料在流动过程中的自动化，如表7-2所示。

表7-2 自动化5个层次

层级	上料	加工	下料	传送
1	人工	人工	人工	人工
2	人工	自动化	人工	人工
3	人工	自动化	自动化	人工
多供应商来料方式是难点，上料自动化是一个大的进步				
4	自动化	自动化	自动化	人工
5	自动化	自动化	自动化	自动化

在精益生产领域，很多人批判大批量生产，批判大型高效的自动化设备。其实这也不完全对。对不同的产品需求特点，需要匹配不同的自动化策略。对于数量少、平台化好的产品，低成本柔性自働化是一个好的选择。但对于需求量大，平台化也好的产品，高度自动化和

大型自动化设备能更好地发挥效率高、成本低的优点。

如果产品量大但平台化差,那么我们需要用模块化自动化设备,发挥其生产效率高的优点。当产品平台发生变化时,自动化设备可以模块化解耦复用。对于平台化好但量小的产品,自动化设备最好能够调节产出节拍。如果量又少,平台化又差,手工作业可能是更好的选择。

我们推荐低成本柔性自働化,是因为它具备很多优点。首先是成本低,可以减少设备投资,降低产能扩充门槛。复杂度降低,设备方便维护,减少设备维护人员的投入。特别是在供应网络分散(比如全球供应布局场景)的情况下,优势会更加明显。设备简单,产品变化时也方便修改。小批量快速流动,避免大型设备多线共用造成的排队等待,以及系统乱流。

低成本柔性自働化设计有一些基本的设计原则。

设备高度,最好在 1.35 米以下,不要超过 1.60 米。这个高度低于大部分人的肩膀,不会挡住大家的视线,方便可视化管理。零部件站立式自动上料,自动弹出下料。这样避免加工自动化了,还需要一个人站在旁边伺候,增加自动化设备,并没有减少人员。加工后的尾料优先从后端排出,这样处理废料的"蜘蛛人",就不需要走到线体内,对作业人员造成干扰。

去过成都宽窄巷子的人,都会好奇,为什么要这么设计?

在成都这样的繁华商业区,寸土寸金,临街面是非常宝贵的。临街面设计得窄一些,每一寸都充分利用。人员进店后,尽量做得深一些。非临街面没有那么金贵了,尽量扩大使用空间。我们的自働化装备也是一样的道理:面向操作人员这一面窄一些,人员走动距离就短一些。

去皮去肉留骨头,像丰田织布机一样自働识别异常,自働停线,避免持续生产废品,都是精益的经典案例,此处不再赘述。

七、物流网络与物料配送方案

和生产加工过程一样，不同种类和需求特点的物料，有不一样的来料包装、物料配送和上料方式。这就是如表 7-3 所示的 PFEP（plan for every part，不同物料不同物流计划）物流方案设计。它通常遵循以下原则。

手元化：单个排列，即拿即用。

不干涉：上料路线与作业路线不干涉。

Milk run（循环取货）：支撑多条线体，物流配送效率最大化。

经济配送批量：线上物料库存不超过配送间隔 2 倍。小批量、多频次，减少退料。

减少走动：这往往被人忽略，比如减少走动距离 10 米，看起来无关紧要，但如果我们考虑到，物料数量比产品高几个数量级，以及小批量多频次的配送策略，那么汇总起来节省的时间，就会非常可观。比如一个有 300 个 PN（物料编码）的产品，小批量多频次 10 万次配送，就可以节省 300 × 10 万 × 1 秒 / 米 × 10 米 = 8333 小时。

异常信息传递：看板直接展示给"蜘蛛人"。

表 7-3 PFEP 物流方案设计

配送物料			线体使用场景			来料方式			周转上料方式				备注
工位	编码	描述	每个用量	暂存数量	存料工具	使用对象	供应商	包装方式	包装数量	拆包	周转工具	配送批量	看板数量	
×××	PN1.1	……	1			人								
	⋮	……	2			设备								
×××	PN2.1	……	4			……								
	⋮	……												
……	PNX.1	……	……			……								
	⋮	……												

我看到精益自働化设计在物流配送和周转环节，比加工环节更有应用空间。加工自働化常常涉及专业生产技术，比如 SMT 就很难绕

开专业设备供应商。而物流周转和自家产品特点更相关，协同设计的价值空间和自由度更大些。一个系统包括要素、连接和功能。物流连接的 LCIA 技术门槛虽然低一些，但连接质量却对精益系统非常重要，需要重点设计。如图 7-14 所示，LCIA 常常利用重力驱动，实现上料和空箱回收，减少人力搬运。或者利用来料原始包装或者标准周转箱，减少拆包、转运等不增值动作。LCIA 是精益制造系统要素之间的连接设计，以及自协同运作的关键。

图 7-14　LCIA 自働化设计样例

八、多产品混编排产和缓冲容错方案

如图 7-15 所示，传统集成供应链的排队式生产是串行运作。一个任务令生产完入库，下一个环节物料才能齐套，开始排产进入下一个排队通道。系统库存多，供应周期长，运作效率低。这样松散的运作环境，导致很多问题都被掩盖掉了，大批量流水线匹配的科学化基础管理能力也退步了。另一种控制塔式强管控生产调度模式，用一根指挥棒并行排产，对各分段的安定化运作要求特别高。如果某个环节出现了异常，那么整个系统排产计划都要重新调整。容错能力不足，一旦出现异常容易陷入混乱。更好的方式是横向局部自协同设计。就像是人的关节和肌肉群，并不需要大事小事都等大脑统一指挥干预。这种轻量化管理会协作得很好。

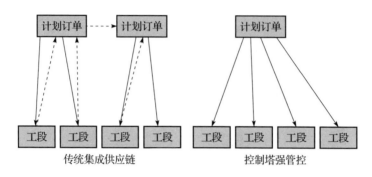

图 7-15　调度排产方式

另外，线体之间也需要关节式的转换设计，包括一定的库存缓冲。

精益生产有的时候被神化了，认为不需要库存。这只是一种理想化的状态，并不一定要绝对机械执行。即使是猎豹，也需要一些脂肪作为能量存储。精益制造系统和线体在设计时，需要针对异常和不确定性有缓冲容错方案。就像电路在设计时，缓冲通常是通过电容、电感等实现。而在精益线体设计中，它通常是安全库存和超市等。这样两个工序之间可以实现自协同，快速响应异常和不确定性，不需要什么问题都等待控制塔的集中控制。

基于多产品需求特点，混编排产是另一种缩短响应周期、均衡化生产的有效手段。传统的集成供应链，一条生产线一次只能生产一种产品，花在排队上的时间比真正生产的时间要长得多。如图 7-16 所示，在 MIX Plan 基础上，生产线级混编调度、细排产，减少排队时间，为生产线均衡化提供高效输入。

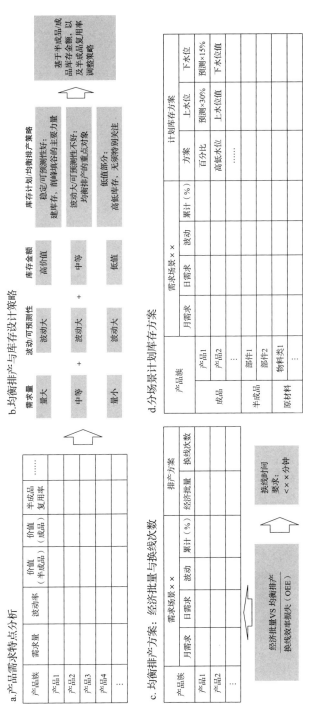

图 7-16 产品需求与均衡排产策略

九、标准化快速换线方案

戚家军的变鸳鸯阵，要求能够快速换阵，否则跟不上战场场景的变化速度，面临的是胜败生死。在精益制造系统设计中，会有产品无法实现混流生产，需要设计生产线快速换线变阵方案。比如需求量变化，需要快速变阵；或者产品之间工艺接口不归一，需要不同的生产设备或者工装夹具接口转换。换线的快慢是混流生产能不能落地的关键。如图7-17所示，如果换线时间太长，换线损失太大，那么传统的排队式生产效率会更高，精益制造系统就很难落地了。

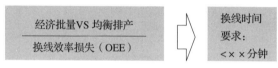

图7-17 换线时间基线

传统生产换线，时间通常为半小时到几小时，有的工厂甚至按天计算，而行业的标杆工厂，通常不到10分钟。如图7-18所示，F1赛车换轮胎的时间只有4～5秒，据说最快的纪录已经到1.92秒。F1是如何做到的，值得研究和学习。他们一定有标准化的换线方案设计，以及与戚家军一样的提前操练。

图7-18 F1赛车快速换线

快速换线方案的设计，也是简单化、标准化和自働化，比如工装等不要有对位的动作，而是有导槽等快速定位；能够不用工具的，尽量不要用工具；需要用到工具的，工具要放在合理的固定位置，减少找工具的时间，如图 7-19 所示。对于有工艺参数的工装夹具，最好是提前设计验证好，直接设置参数，不要反复调试。

图 7-19　换线工具管理

并行化换线也能大幅缩短时间。在前面型号还没有生产完的时候，前段部分就可以开始并行准备。在极端的时候，可以实现只差一个身位，也就是一个节拍的时间。这样相当于没有停线，完全衔接上。

十、质量管控与异常管理方案

精益生产线体的 QCP（质量控制计划），行业内有相对成熟的套路，这里不再赘述。质量管理关键是要做深做细，抓落地。不能从上往下看，一片青砖绿瓦，架构都很好看，等出了问题，从下往上回溯，发现到处都是"虚脚楼"，底层基础都是虚的。

至于应对方法，首先是基础的工作要做扎实，不能打折。用

PFMEA（过程失效模式与影响分析）、SPC（统计过程控制）、QCP等专业工具，以终为始，往深度上做。一层层打好地基，不要做豆腐渣工程。这是安定化生产的基础，以基础的确定性应对不确定性。

除了防呆设计外，也需要有快速的异常响应管理和分层分级快速闭环机制。快速响应能力是建立在标准化、可视化基础上的。它也许不是高大上的先进IT系统，只是现场的指示灯。

传统质量管理方法针对的是传统的金字塔结构的稳态系统，是基于标准化基础上的变异管理。新的开放式动态复杂系统，充满变化。我们一方面要继承原来的优秀基因，另一方面对应的质量管理方法也需要有所改变。对于开放式动态制造系统的质量管理，我们另外再展开讨论。

十一、系统级可靠性与容错方案

可靠性管理手段有时会增加供应链管理的难度和供应柔性，比如我遇到过一个产品，因为可靠性要求特别高，老化温循时间加起来要好几天。有次客户订单非常紧急，一再要求我们尽快交付。华为一贯强调质量优先，为了保证产品可靠性质量，我们还是等了几天。郁闷的是，温循完产品测试失败了。

经过这一轮考验，团队接受了我的组件化轻整机、可靠性前移的设计思想。面向全球化场景，质量必须前移，整机订单界面必须简化。原来重载的质量管控手段，特别是可靠性拦截手段，必须前移。基于十倍法则，最好是消灭在产品设计阶段。在新的产品版本中，我提出了挑战性的可靠性设计目标。刚开始大家都觉得不现实，实现不了。我问大家，想不想打造世界级伟大的产品？当然想！在华为，不能全球化的产品是没有前途的。但原来产品的可靠性设计就很难成就伟大的产品。因为这样的产品设计，是很难进行全球化供应布局的。不可能全球到处建温箱，投入这么多重载资源。

在产品设计中构建可靠性，其设计方法此处不再赘述。总的思路还是 V 字模型，首先明确可靠性设计目标，比如 MTBF（平均无故障工作时间）等；然后分解产品架构设计、概要与详细设计；再通过可靠性验证，包括研发早期的破坏性验证，以及制造导入的中长期可靠性验证，确认可靠性设计目标达成。但质量就是知易行难，很多人就是做不到。质量管理从房顶往下看，一片青砖绿瓦非常好看。等出了问题，从下往上一回溯，发现到处都是虚脚楼。可靠性是隐形质量，做起来更难。

事在人为，当你用心认真去做质量和可靠性时，其实也没有那么难，都是可为的。我们在某个新产品版本上，认真地践行了产品可靠性设计与验证导入，包括系统级容错设计。在解决了很多现实的技术困难后，产品可靠性大幅提升，可靠性拦截压力大幅减少。其中印象深刻的一点是产品架构和容错设计，只是在设计上做了一点小的调整，产品可靠性指标就改进了××%。真的是事半功倍，水到渠成。

供应链是半开放的动态复杂系统，面对多元和多变的供应环境，特别是物料供应环境，传统的强管控质量方法多少有点力不从心。比如，你在产品设计和验证的时候验证得挺好，一切都满足要求。但是到了量产供应环节，发现完全不是那么回事。原来供应商送过来的试制物料，都是通过特殊管控，甚至是"选美"选出来的。一到了量产供应环节就绷不住原形毕露了。这种情况，我们还可以通过供应商认证管理做深做细，从结果到过程能力，从问题到风险管理来落实。更难应对的是变异。企业大了，供应商多，有供应商的供应商，甚至 3 级供应商，管理更加复杂。任何一个小的物料，包括小辅料供应商质量产生变异，都会对最终的产品可靠性产生影响。在这种动态复杂的供应场景下，我们不能假设质量是完全受控、不发生变异的。一定要考虑，当发生变异的时候我们如何应对。可以通过产品容错设计，实现可靠性的隔离。当下层器件或者部件出现可靠性问题时，并不会直接影响产品系统级可靠性。这种可靠性不是简单靠 1+1 资源冗余，甚至也不是 $N+1$

冗余实现的，而是通过产品系统架构来实现。比如传统的 IBM 服务器、EMC 设备供应商，都是以高可靠性、高成本、高价格著称。阿里巴巴等引入分布式计算架构，对系统级可靠性和下层硬件进行了适当解耦。下层的服务器质量可靠性、容错能力大幅提升。甚至可以用白牌服务器（非品牌机，质量保障能力相对低一些），故障返还率可以到几万 PPM（每百万失效返还的数量），但整个系统的可靠性却非常高。

供应模式从强管控的机械式供应链，走向半开放的全球化复杂供应链。传统的机械式质量管控方式，也需要在原来的基础上做出动态系统设计，包括系统级容差容错的设计改变。

十二、供应风险与不确定性应对方案

面向未来，会有各种各样的不确定性，有内部的也有外部的，很难完全预测。但这并不是说，我们就躺平放弃了。大部分风险和不确定性，通过正确的方法是可以管理的。把这部分管理起来，避免因为不确定性风险四处开花而疲于应对。这样我们才有更多的时间和精力，应对真正关键的不确定性和风险。就像是产品的变更管理，我们不能说反正变化很多，我们就不要变更管理机制了。越是变更多，我们越是要有变更的基线和管理机制，避免混乱失控。对不确定性的管理，系统设计的边界和假设条件很关键。基于这些边界和假设条件，识别哪些边界和假设条件会变异，最有可能被打破。然后针对这些可能的变异，设计应对方案和外部协同互锁机制。

日本大发发动机生产线在我心里种了草。后来我们在存储产品生产线上做了很多有意思的探索。可惜因为商业保密原因，不能在此介绍。工业 4.0 希望带来的不只是赶时髦和高大上、酷炫的自动化生产线，而是越来越多充满设计智慧，有设计美感，柔性敏捷和极简高效的精益自働化制造系统。

CHAPTER 8 ◀ 第八章

全球化
从泥坑里爬出来的巴西华为

组件化轻整机，平板堆叠，能散能聚

第一节　从巴西华为看全球化机会与挑战

在巴西华为工作过的同事，对巴西都有一份特殊的感情。除了因为美丽的海滩、神奇的亚马孙丛林，以及多姿多彩的文化和热情的巴西 amigo（葡萄牙语，朋友的意思）外，还因为大家一起掉到了泥坑里，一起摸爬滚打努力奋斗后才爬了出来。这份特殊的感情中，包含着职业生涯青春期的心血和汗水，包含着成长的印记，以及一起从泥坑里爬出来的战斗友谊。

那时我们常常在想，在国内运作得好好的组织和流程，在海外为什么就问题丛生、水土不服呢？

在巴西，华为在全球化拓展中和供应链管理打了一场遭遇战，付出了高昂的突围成本。我个人枉谈在供应链管理部工作多年，在全球化中才真正认识到供应链的价值。只是学费太贵，不是一般企业可以承受的。

一、全球化机会窗

国内市场竞争日趋激烈，越来越多的中国企业走向全球化。一方面通过全球化突破，进一步打开市场空间，继续成长；另一方面也可以整合全球化的优势资源，提升竞争力。

华为在成立不久，就开始把全球化作为目标，1999年在印度班加罗尔设立研发中心，2000年在瑞典斯德哥尔摩设立研发中心，海外合同收入超过1亿美元。2002年，海外销售达到5.52亿美元。2005年，海外销售收入首次超过国内市场。2010年，超越诺基亚、西门子和阿尔卡特朗讯，成为仅次于爱立信的全球第二大通信设备制造商。

作为和华为竞争多年的同城对手，中兴给华为造成了不小的困扰。相似的资源禀赋，产品线也大致重合，国内市场竞争时期双方缠斗多年，2003年双方销售收入差距甚至在缩小。即使到了后期双方差距再次扩大，但中兴通讯和华为依然还在一个舞台竞争，还有机会。但在2012年，中兴通讯全球化受挫，陷入巨额亏损（亏损28.4亿元人民币），创下了成立以来亏损之最，不得不断臂求生，从全球化退回国内市场。到2014年，中兴通讯才从巨额亏损中艰难走出，录得6000万元人民币利润。元气虽然恢复了一些，但却失去了全球化竞争的机会窗，再也跟不上华为的发展步伐。

华为在全球化中成功突围，摆脱国内竞争对手多年的纠缠，走上全球化发展快车道，超越爱立信成为全球最大的通信设备制造商。

全球化，这是新一轮机会窗。

胜利者整合全球市场和全球优势资源，扩大规模、降低成本，扩大竞争优势。

机会窗不会永远在那里等着我们！如果全球化被竞争对手率先突破，对企业是致命的。妄想回到国内市场，偏安一隅的机会，就要看竞争对手了。市场规模相差几倍，无论抗风险能力还是规模效应，都会被碾压，在国内市场会进一步挤压企业的生存空间。

所以全球化是机会，也是挑战。

Up or Out（向上或者退出），没有第三条路。

二、前仆后继但成功的凤毛麟角

中国企业在全球化道路上可以说前仆后继。但大部分努力的结果却不尽如人意，真正实现全球化突破的中国企业还很少。这个时候，有人会说："中国企业没有核心竞争力！只能在产业链底端，挣辛苦钱！"

"中国人缺乏创新能力！""填鸭式教育，导致了中国人没有创新能力！"

说得多了，好像就成了真理。但这些都是谎言！

事物总是从无到有，从低级到高级，从落后到先进地发展演进。以前中国企业的研发和制造能力确实相对落后，但经过这么多年的发展，中国产品的质量水平和产品研发其实已经有很强的竞争优势。中国的研发投入占GDP的比例也连年上升。从2011年起，中国专利申请总量就跃居全球第一。除了数量，质量也在稳步提升。各种创新商品琳琅满目。经常是消费者刚有个新想法，就发现已有产品上市销售，从中不难感受到凝聚的智慧，以及创新的渴望。

既然产品研发竞争力有，那么是销售不行吗？有一部分原因，但不完全是。

有一些企业，比如前面提到的中兴通讯和家电行业的长虹、TCL等，通过各种手段，比如收购等方式打开了销售局面。但卖的越多，亏的越多。看来除了研发竞争力,除了品牌和销售渠道外,还有一些其他原因。

它们还缺全球化供应链管理能力。

全球化场景下,供应链管理充满陷阱和挑战!

三、中国制造辛苦节约的在全球供应中损失殆尽

作为世界工厂,制造是中国企业的强项,但供应链管理是短板。我们习惯于快速发展,习惯于被动救火,习惯于堆资源解决问题。但是到了全球化供应场景,国内习惯的三板斧失效了,铺不起摊子,堆不起资源了。全球化场景下,供应链管理能力短板被快速放大,不能有效整合全球优势资源就像军队没有后勤保障,全球化突破越快,亏损越大。

大部分企业将制造还留在中国,集中生产,继续利用中国的低成本制造优势。但企业往往发现,制造成本不再是唯一关键的成本要素。原材料、半成品和成品在全球范围内大规模移动,意味着更长的物流成本和周期。再加上海关等政府检查控制,周期进一步拉长。有的情况下,仓储、物流配送成本甚至会超过制造成本。另外,周期加长也意味着供应链响应速度变慢,对环境变化反应迟钝,供应链运营风险和运营成本进一步增加,在中国制造节约的成本,在全球化供应中损失殆尽。

全球化场景是供应链管理的曝光场。

但中国企业中真正懂全球化供应链管理的不多。企业会发现,没有供应链管理,全球化将举步维艰。低成本人海战术的乌合之众,臃肿缓慢的制造恐龙,都不能适应全球化的快速发展。只有拥有狼群一样敏锐、敏捷的供应链协同能力的企业,才能生存。聪明的企业管理者不仅仅会"拧毛巾",他们还有专业敏锐的客户需求管理能力,善于抓住客户价值需求,善于把客户需求转换为可制造、便于全球化供应的产品,有一流的全球化供应链管理,有灵活的全球供应网络布局,以及高效协同的合作伙伴。

四、凡事预则立，不预则废

开放的大门一旦打开，就再也不能关上。

中国经济已经和全球融合在一起，千丝万缕，很难分开。今天因为政治原因，区域化抬头，割裂的全球化加剧。其实全球化和区域割裂一直是硬币的两面，同时存在。只是有的时候这一面强一些，有的时候另外一面又强一些。今天我们面临割裂的全球化供应场景，企业需要具备更强的全球供应链管理能力，更好地整合全球优势资源，才能在全球市场竞争中取得胜利。没有供应链管理就茫然出海，就是没有后勤的军队，突破越快，死得越快。

国内市场竞争中的胜利者们，心中充溢着自信和乐观的情绪，认为企业能力十足，团队能力一流，势不可当。拿着小河里用的小舢板就敢出海，一边打仗一边搞建设，见招拆招。先不管那么多，低价炸开市场，再组织供应。只有抢不到的单，没有供不了的货。可惜供应链管理不是单点工作，而是系统工程，不是一朝一夕可以完成的。等全球化遭受挫折，大量失血，要止血已手忙脚乱。建设全球化能力，谈何容易。

但凡事预则立，不预则废！

企业需要提前规划，在产品可供应设计中，在供应模式设计和供应网络布局中预埋好能力。否则靠后端加班冲刺来弥补，全球化成功的概率可想而知！

案例 1

四川长虹折戟国际化[一]

彩电是比较有代表性的行业，值得深入研究。它较早被引入中国，实现中国制造，并依靠劳动力比较成本优势在国内市场占据主导地位。

[一] 本案例中四川长虹的数据基于其年报整理。

但彩电的国际化之路异常坎坷。曾经的龙头老大四川长虹，在 2002 年开始试水国际化，通过贴牌出口美国，却因为 APEX 恶意巨额欠款（超 7 亿美元），损失惨重。四川长虹的销售额与利润率如图 8-1 所示。

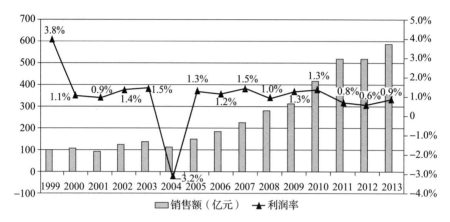

图 8-1　四川长虹的销售额与利润率

对四川长虹全球化的失败，个人认为有以下几点：

（1）全球化希望走捷径，简单粗暴，急于求成。

四川长虹全球化没有用自己的品牌，没有自己的渠道，而是找了本地合作伙伴贴牌生产。急躁的原因，一方面是对全球化拓展风险认识不足，另一方面和领导者性格及时机有关。1998 年，四川长虹囤积彩色显像管，导致库存大量积压，损失惨重。几年后领导者重新回归，迫切想通过全球化重新振作，但几次操盘都停留在原始竞争阶段，还是投机过重，专业性不足。

（2）合作伙伴认证与管理不到位，风险管理不到位。

APEX 名声其实不大好，如果严谨一些，通过正常的认证调研不难发现问题。即使 APEX 因为拖欠货款被媒体发现后，四川长虹还在声称没有问题，还在继续发货，风险管理形同虚设。

（3）价格战恶性竞争，耗费了整个行业的精力。

价格战本来是一个正常的市场竞争行为，清理掉落后企业，维持市场秩序。但因为部分地方政府的不当插手，价格战变成了长期的消耗战，落后企业久久不能淘汰，先进企业也被耗尽精力，没有资源做长期研发。整个产业被耽搁了很多年。

案例 2

TCL 的国际化挫折[一]

四川长虹遭受挫折的时候，TCL 抓住机会成为龙头老大，一时风头无限。2004 年，TCL 在彩电行业并购汤姆逊，在手机行业并购阿尔卡特，希望借助没落的国际品牌，走一条全球化的捷径。

但 TCL 的全球化供应链管理能力也不足，未能支撑全球化扩张。此后三年里，TCL 在全球市场水土不服，问题通过不断攀升的亏损赤字暴露出来。据年报，2004 年，其欧洲业务亏损几百万元人民币；到 2005 年，亏损达到 5.5 亿元人民币；到 2006 年，亏损接近 40 亿元人民币。TCL 的销售额与利润率如图 8-2 所示。

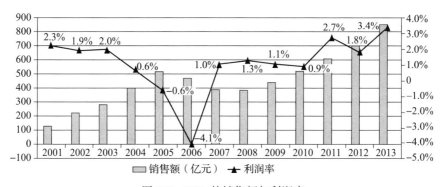

图 8-2　TCL 的销售额与利润率

关键时候活下去才是最重要的。TCL 开始收缩战线，差不多关闭了所有欧美市场的亏损业务。从"走出去"，又"退回来"。中国区域也开始裁员，中高层人员普遍降薪。这种收缩性盈利模式，让 TCL 在

[一] 本案例中 TCL 的数据基于其年报整理。

2007年又开始实现盈利。但国际化拓展也陷入停滞,2006年、2007年和2008年连续3年业务收入持续下滑。

全球供应链管理能力,不是一朝一夕就可以建立的。在付出昂贵的学费后,TCL也并非一无所获。在时任董事长李东生看来:"TCL过去20年中创造的巨额利润尽管在不成功的国际化过程中被消耗殆尽,但这只是一个现代企业在全球化时代获得核心竞争力所付出的代价。"李东生在接受采访时说:"走国际化发展战略是应对经济全球化的必然选择,中国企业国际化需要行业先行者,需要有敢于吃螃蟹的勇气和经历挫败的准备。"

第二节 割裂的全球化与产品可供应性设计

对于一个有追求的企业来说,全球化是必须考虑的问题。

企业是站上全球化竞争舞台,利用全球优势资源与全球化管理能力甩开国内对手的纠缠,成长为世界级企业,还是被国内对手纠缠得半死不活,甚至被对手先突破,然后再被反打碾压?

在当前的各种贸易摩擦下,有人说,全球化是不是结束了?我认为没有,还是要坚定地走全球供应路线。首先,大方向没变,全球化一直包含着融合和割裂,它们交织在一起,是全球化的两个不同面。有时融合强些,有时割裂又强些。其次,通过供应环境改善,可以支撑商业环境改善。比如巴西对本地生产有很大税收优惠,政府项目(比如国家宽带)甚至直接将本地生产作为投标门槛。

一、传统三板斧为什么失效了

大部分本土企业出生在改革开放后,习惯了野蛮生长,认为只要突破市场,供应总是可以搞定,不行就堆资源,加班突击,给供应商施加压力,强迫供应商改变计划,往前提拉。

但到了全球化场景，三板斧失效了！

加班突击，会受到劳动法限制；全球化供应商没那么听话，压不动了；堆人堆资源，成本高昂，很多时候也是远水解不了近渴。很多企业的全球化还是靠惯性运作，很容易掉进坑里。巴西华为就是华为全球化供应链的缩影，我们费了九牛二虎之力才爬出来。好在通信设备门槛高，有更大的腾挪空间和时间。其他企业可能就没那么幸运了，不能再走堆资源进行全球化突破的老路。

二、猛龙不过江：全球供应布局 4 大陷阱

为什么一些企业在国内成功，到全球化就掉入陷阱，深陷泥潭？在国内理所当然的事情，到全球化场景中就遇到问题？全球化是一个大的课题，包括产品竞争力、全球市场突破、政府政策环境、海关税务等，这里暂不讨论。我们站在供应链管理的角度，仅仅从全球化供应布局下沉视角看，会有哪些挑战（见图 8-3）。

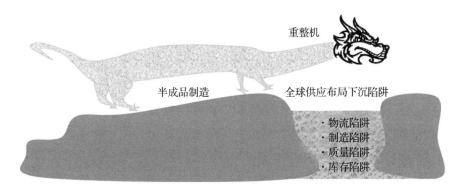

图 8-3　猛龙不过江：全球化供应布局下沉的陷阱

1. 物流陷阱

全球化场景下，物流路径会被拉长，物流成本快速增加。末端物流配送会面临更多的不确定性，还会带来更大的风险。比如巴西华为就遇到过这种问题，为了把设备送到客户站点，高成本租直升机配送

这种事情也有过。这种情况下产生的物流成本比产品本身的价值还要高很多，项目自然亏损。但没有办法，在和客户签署合同的时候没有考虑到，打掉牙只能自己消化。

2. 制造陷阱

全球化供应布局下沉，最先下沉的往往是整机龙头部分。以我在巴西华为的经验基线，同样的生产活动，巴西制造成本大约是国内的5倍。也就是说，全球化布局下沉，整机制造成本首先增加400%。有一些国家基于本地产业保护等考虑，往往要求本地生产。企业在做本地生产评估时，简单对比人力、土地等资源要素成本，得出结论：海外生产成本与国内差不多。比如巴西的人均工资、场地租金等，其实并不太高。但等到本地生产实际运作时，才发现实际成本是中国的很多倍。因为评估的时候没有考虑供应布局分散带来的效率损失，没有考虑配套的管理成本，以及其他隐性成本。

3. 质量陷阱

全球化供应分散布局，质量管控难度加大，质量出现问题的风险也加大。一旦出现质量问题，问题的定位和处理也很困难。更关键的是若问题发生地和发现地分离，质量控制环会被拉长，甚至被打断。在国内，半成品和成品生产时间和距离都比较近，发现问题能快速闭环。到了全球化供应场景，如果对应的产品设计与质量管理策略不进行调整，当半成品生产出现故障，1个月后到海外进行整机生产时才发现批量问题，这时管道内的产品都是故障品，无法使用，全球化供应链就断了。

4. 库存陷阱

库存是为了解决或者说掩盖问题的，让你过得很舒服。它是一个温柔的陷阱，一点点地让你无法自拔，最后深陷其中。在全球化供应场景下，首先供应管道被拉长（比如从中国到巴西海运周期为40天），管道内库存增加就很可观。全球化导致库存增加了，但库存周转率却不能同步恶化。这些增加的库存如何消化？另外，它还带来其他隐性问题，比如周期拉长导致计划预测难度加大、库存管理难度加大等。

（1）库存下沉分散，库存效率降低：原来从中国集中供应，库存复用效率高，预测难度也相对低。东方不亮西方亮，这里用不到可以用到那里。全球化后，库存全球分散布局，单点预测难度加大，效率下降。

（2）展望时间拉长，预测难度加大：在海外区域供应中心囤货，要提前更长时间。预测提前期加长，计划预测难度更大。

（3）国内供应商响应慢，库存补救难：以前都在国内，即使计划预测不准，供应商提拉补救还有空间。现在要提拉到海外供应中心，周期加一到两个月，救火根本来不及。

（4）逆向库存问题：因为关税等原因，通常是进来容易出去难。选择本地报废，不仅仅是减值，还得缴税。选择回运，物流加征关税，又是一大笔开支。

三、全球化产品可供应性设计

不同区域、不同国家，环境不同、需求不同，对应的供应模式可能也不同。贸易摩擦造成全球化割裂加剧，政府更迭、政策变化等也带来供应环境的变化和不确定性的加剧。但产品只有一个，如何在产品设计中预埋好灵活调整的基因，以满足不同场景、不同需求？如何应对不确定性？如果在产品设计阶段没有注意，到全球化场景下才发现问题，从后端修修补补解决问题会非常困难。

1. 组件化轻整机

在通信设备领域，全球化供应布局下沉，最先下沉的是整机龙头，这部分需要特别设计。如果产品不特别设计，原材料、半成品和整机生产成本占比通常服从正态分布，也叫自然分布。整机生产成本占总体产品生产成本的比例是 20%～40%。这样臃肿的龙头，不够灵活，全球化很容易掉进陷阱。在国内供应场景下，半成品和整机的分工是左口袋和右口袋的事，但到全球化供应场景下，差异就非常大了。举个例子对比（见图 8-4）：A 产品没有特别设计，整机成本占比 30%。全球化供应场景下，整体制造成本是原来的 2.2 倍（以巴西华为为例，整机成本占比 30%×5 倍 + 半成品占比 70%）。如果采用组件化轻整机设计，全球化供应场景下，整体制造成本只增加 20%（以巴西华为为例，整机占比 5%×5 倍 + 半成品占比 95%）。全球化是一个问题放大器，在设计中有没有未雨绸缪预埋能力，结果差异巨大。在全球化拓展中，竞争成败很可能就取决于这些看起来很小的事情。

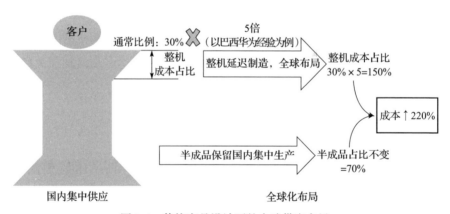

图 8-4　传统产品设计下的全球供应布局

2. 质量前移

全球化供应场景下，质量管理面临更大的挑战，产品设计和质量管理策略都需要调整。除了建立对应的全球化质量管控机制外，在设计源头贯彻质量前移也非常关键。最先下沉的是整机，整机做得少，错的就少。整机直通率高，客户界面订单履行异常少，管理成本也低。

组件化轻整机设计，首先就是最好的质量前移手段。组件化不仅仅是大颗粒模块化。相对于模块化设计，组件的功能和可检测性更加完整，在前端组件生产阶段就能保证质量。到了海外生产环境，整机快速拼装，不需要复杂的生产装备，减少了设备和管理等软投入。生产活动简单，质量风险也小，不需要厚重的测试等质量管理投入。在产品设计中，除了组件化设计，质量前移策略也要落实到质量策略、质量方案设计，包括可靠性设计与验证活动中。简单地说，尽量把问题风险，以及对应的质量管理资源投入在前面。

3. 组件拼装与平板堆叠

宜家作为全球最大的家居企业，关键是解决了家具体积大、全球运空气的问题。如果不在产品设计中预埋能力，全球化长距离物流运输带来的成本增加，会使企业很难竞争过本地家居企业。宜家在产品设计中预埋组件化快速拼装和平板堆叠基因：

（1）组件在低成本地区集中高效生产。

（2）平板堆叠，低成本全球化物流运输。

（3）靠近客户，组件化快速拼装，灵活配送。

宜家以此构建起全球化供应链竞争优势，一个"木匠"也做成了全球500强。这非常值得有志于全球化的中国企业借鉴，特别是大体积运空气的产品。对于这种产品，客户使用场景空间要大，但运输场景体积要小，天然矛盾。如果不做特别设计，就会不远万里送空气。如图8-5所示，这是我在宜家现场看到的衣柜。左图是使用态，右图是运输态，2个组件平板堆叠，几乎没有空气。数字标签，是为了区分2个组件。

如图8-6所示，除了减少运输体积，平板堆叠对物流还有其他好处。

（1）提效率：通过标准化包装，仓储和物流环节的设备效率更高（包括提升自働化设备比例）。

图 8-5 宜家组件化设计

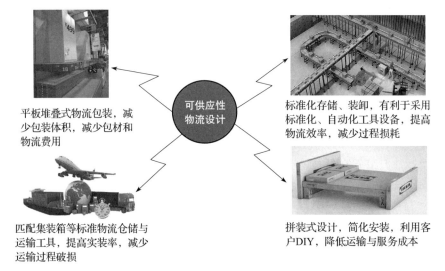

图 8-6 平板堆叠设计的好处

（2）减货损：标准化、自动化物流作业减少货损。大家不要看不起货损，好像 1 个点 2 个点相差不大。货损的成本要逆向来看，损失的价值是 100%。如果节省 1 个点，对仓储物流而言成本节省会非常可观。

（3）化整为零，灵活配送：前面提到过，华为曾经用直升机把设备运到客户站点。物流派送成本比设备成本还要高，亏得一塌糊涂。这是因为设备要装在楼顶、山顶或者亚马孙原始丛林等场景，运输车辆很难抵达。如果我们在产品中预埋了组件化设计，再遇到这种场景，就能化整为零，更灵活地应对。在组件解耦设计时，就要考虑这些场景限制，比如不同的电梯尺寸（包括客梯）。

（4）最后一公里：客户DIY（Do It by Yourself，自己动手），免安装服务和专业配送成本。这个业界已经有很多研究和分析，此处不再赘述。

4. 平板堆叠与低成本柔性自働化

前面在介绍简洁化设计的时候提到过，组件化平板堆叠是很好的架构，有利于极简高效生产。我曾经遇到过一个产品，整机总装时人需要钻到产品里面，效率可想而知。通过组件化设计，生产活动变成了作业台上的平板堆叠，为效率大幅提升打好了基础。

在全球化供应场景（特别是本地生产场景）下，这更是一个好设计。传统高效生产建立在大型设备集中生产的基础上。在全球供应布局分散后，生产效率损失很大。比如巴西工资水平并没有比中国高，为什么制造成本是中国的5倍？很大程度上就是因为布局分散导致效率损失。分布式布局场景下，如何提升效率？分布式低成本自働化是一个办法：组件化产品设计，堆叠式生产装配，作业方向简单，生产成本最低；同时把能力封装到产品设计、设备和工装夹具中，降低投资门槛和对海外人员的素质要求。

5. 低值下沉做实，高值上浮做轻

在全球化物流场景下，空运比海运单价高很多。为了降低成本，很多企业都有一个管理指标：空运比例。简单降低空运比例有时会走入误区。没有最好，只有最合适的运输方式，有时空运反而比海运便宜。为什么空运反而便宜？因为空运也有优势，就是货期短，资金周转快。我们在巴西华为专门测算过，当物料价值与物流体积比超过一个值时，高价值物料空运总成本更低。另外，短周期还提升了预测准确率，减少了库存和压库低呆等。

在全球化产品设计中，需要按价值分层解耦。如图8-7所示，低值下沉做实，高值上浮做轻。海运按体积计费，即一个标准集装箱多

少钱。低值部分下沉做实，平板堆叠减少体积。高值部分要上浮做轻，尽量和结构件这种傻大笨粗的部分解耦，或者用不同材料来减少重量，因为空运按重量计费。

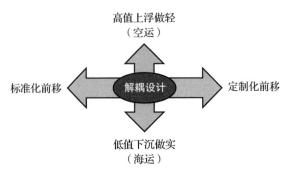

图 8-7　产品的全球化物流设计

如果产品在设计时高低值解耦不到位，低值结构件耦合在高值单板上，增加重量，会造成空运费用增加；高值耦合到低值部件上，看起来海运运费便宜，但不能齐套后移，反而增加了库存资金占用和跌价减值，得不偿失。

6. 模块化面临新挑战

模块化产品设计应用普遍，但在全球化场景下又面临新挑战。在国内场景下，模块多一点，可计划性没那么好，运作还可以弥补。供应商距离近，追回来也就耽搁几天的事。全球化场景下这就是大问题。即使只是小模块，但就是不齐套，价值几百万的设备也得在库房傻傻地等，等几块钱的小物料从中国重新发过来。本来全球化供应布局下沉，供应中心靠近客户，可以快速供应，结果却事与愿违。价值几百万的设备库存已经在区域供应中心，但就因为一些小模块导致供应周期长、成本高，客户不满意。

面对全球化场景，产品模块化设计基线要更严格。

模块数基线：3～5 个，最好不超过 10 个，特别是预测驱动从中国供应的模块。避免预测做不准，见单后才发现欠料，千里迢迢从中国补货。

灵活物料解耦，面向全球/目标区域选型：对于需求灵活，确实很难收敛的，可以在设计上解耦，避免影响整体。在产品设计阶段，采购选型就不只面向国内，而是面向全球，目标区域也具备供应资源。

7. 多元化供应资源

传统的全球化场景下，哪里的供应资源有优势，我们就用哪里的资源。但是在割裂的全球化场景下，供应风险和供应连续性问题是企业的生死线，必须考虑逃生通道。在产品设计中预埋好能力，基于不同条件采用不同的兼容设计方法。

明知山有虎，偏向虎山行！

面向割裂的全球化供应场景，在产品设计源头预埋好能力。适配不同区域、不同国家的差异化不确定性需求，柔性布局，能散能聚。

第三节 分布式产品架构与分布式供应网络布局

华为很多产品的成功，都可以归功到分布式产品架构。

第一个是无线 3G 分布式基站，构建起全球一流竞争力，成为华为经典案例。优秀设计基因后来扩展到分布式逆变器、分布式存储、分布式电源等，都构建起了远超竞争对手的竞争力。对供应链管理来说，分布式产品架构带来的分布式供应网络布局和商业模式重构，打开了新的价值空间。

一、集中式宏基站与分布式微基站

移动通信起源于第二次世界大战中军用的摩托罗拉 SCR-536。

民用的移动通信网络，则诞生于 20 世纪 70 年代末，采用模拟技术，主要有 AMPS 和 TACS 两大制式，都是集中一体化的柜式产品。如图 8-8 所示，摩托罗拉是那个时代的霸主。

图 8-8　第一代移动通信系统

第二代移动通信系统,从模拟技术走向数字化通信技术。产品也开始模块化设计,解耦成不同的功能单元。它们包括电源供电、主控、基带、射频模块、分合路器等。这些模块需要总装集成到机柜当中,还是集中式(见图 8-9)。从模拟通信到数字通信,产品体积(包括基站设备和手机终端)大幅收敛。在这个变化过程中,摩托罗拉开始走下坡路,爱立信和诺基亚崛起。

图 8-9　第二代移动通信系统

3G 时代,华为的分布式基站在微基站基础上演进,进一步摆脱机柜的束缚,可以灵活布局。如图 8-10 所示,基站射频信号处理模块彻底解耦,形成射频拉远单元(RRU);信号控制和基带处理部分,解耦形成基带处理单元(BBU),摆脱了机柜和机房的物理集中束缚,基于不同场景灵活布局。为了满足客户多元化场景的配置需求,RRU 横向扩展：S111，每个小区 3 个载频；S222，每个小区 2 个载频。BBU 则保留了盒式插框结构，可以配置不同的单板。

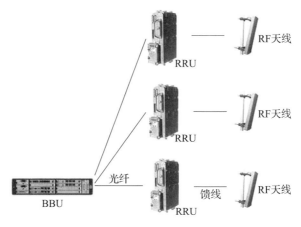

图 8-10　分布式基站系统

分布式基站的控制管理和业务分层解耦。以 BBU 为中心，BBU 与 RRU 之间通过光纤连接。BBU/RRU 摆脱了集中式机柜的物理束缚，可以相对自由地布局，放在它最合适的位置，更加灵活高效。

RRU 脱离了机房，上塔靠近天线，也可以抱杆或者挂墙安装。一方面减少宝贵的机房空间占用；另一方面靠近天线布局，节省了昂贵的馈线使用，大幅降低成本。光纤代替馈线，还减少了馈线的射频信号衰减，提高末端发射功率，改善接收信号的质量。

BBU 可以更加集中高效。原来必须一个机柜配一个主控基带单元。现在解耦后，将多个机柜的主控基带集中起来，更加高效。体积收敛缩小后，安装也相对自由，可以在原有机房上找个空间插入，挂墙上也可以。华为还开发出了配套的 APM30 室外模块化机柜，摆脱了机房的束缚。

二、分布式产品设计原则

什么是分布式产品架构？我认为分布式产品架构具备以下特征和

演进趋势。

（1）**网络化**：分布式首先是网络化。原来集中一体化的产品和供应链，解耦分离。在模块化设计基础上，进一步摆脱集中式平台或者物理位置的束缚，分散布局。好处是该分散的分散，该集中的更加集中，灵活高效。

（2）**数字化**：拉远分散布局的基础是数字化。模拟技术也可以网络化，但受到传输距离的限制。为了保证传输效果，降低损耗，通常会使用铜，甚至是黄金等贵金属，网络连接成本高。如果在传统模拟技术上设计分布式基站，连接的是金、银、铜等做成的控制线缆（比如馈线）；数字化技术用的是光纤，光进铜退，成本相对低很多，而且传输距离远，损耗小。

（3）**去中心化**：严格意义上说，华为DBS基站还没有彻底地去中心，只是在往这个方向演进。它是星形网络拓扑结构，还是有中心节点。这个中心就是BBU。如果产品真正去中心化，没有集中的中心节点，那么全球化供应网络布局也就可以真正没有供应中心。

（4）**云化去中心**：数字技术的出现，使软硬件解耦。产品摆脱硬件的物理束缚后，打开了新的价值空间。不要说腾讯、阿里巴巴这些互联网企业，就是华为这种偏硬件的企业，软件开发人员也占了很高的比例。但华为大部分是嵌入式软件，与硬件耦合在一起。要真正实现去中心，有两种方式：一种是将控制分解打散到各个分布式业务单元，通过协议等协同控制；另一种是云化，这也是一个比较好的方式，虽然云是相对集中的，但是它下层的硬件却可以是去中心化的分布式计算。

当前业界流行的分布式逆变器采用的也是类似设计思路。

逆变器是太阳能发电的关键设备，将太阳能板发电产生的直流电，逆向变压成交流电。传统的逆变器采用的是模拟技术、集中式产品架构，所有功能被集中起来，集成管理。华为创新引领的分布式逆变器，利用数字化、网络化技术，把集中的逆变器大机柜解耦成一个个独立分散布局的逆变器模块单元。解除集中布局的束缚后，业务单元可以靠近光伏太阳能板，减少直流传输带来的电能损耗，提高了发电效率，而且成本大幅降低。因为原来的集中式逆变器和太阳能板之间电源线很多，而且距离很远。模拟技术用的都是铜线等，大电流或者高电压，成本很高。现在靠近太阳能板布局，缩短了模拟线缆的距离。

在数字化、网络化基础上，分布式逆变器管理更加高效。原来虽然是集中式，但只能是一个个机柜的集中。现在通过数字化、网络化技术，管理上更加集中，大幅提高了监控与维护管理效率。甚至不需要人员实际去现场，通过手机终端就可以操作，降低了管理难度。

三、分布式需要解决的问题

早在 2005 年，我们去福建一线开局，与工程队一起安装基站。

当时我们就知道，微基站一定是未来。因为在分布式架构下，机房、机柜和馈线等被大幅度精简，优势很明显。但是在很长时间里，分布式基站的发货还是低于集中式的宏基站。问题的关键就在单元效率。一个 BTS3001C/3002C 微基站，只能有 1～2 个载频；而一个 BTS3012 宏基站，可以有 12 个载频。集中天生有高效的特点，分布式要解决的问题是分解打散后还能保持高效，包括高效连接。

后来，还是技术发展解决了这个问题，而且一定会解决这个问题。

随着通信技术的发展，逐步出现"双密度，多载波"等技术。原来一个 RRU 只有 1T1R（1 个载频，1 个收发通道），现在可以是 2T2R、4T4R、8T8R，甚至出现了 32T32R、64T64R。一个模块可以有 2 个、4 个、8 个，甚至是 32 个、64 个载频。在数字化技术下，在竞争压力下，产品一定是性能越来越强，体积越来越小。原来分布式性能上的弱点会被逐步改善，不再成为短板。

从产品到供应链，甚至社会组织都是这样。

集中式生产，大型生产线、大型设备天生具备效率高的优势。但是随着技术的发展，生产设备也在不断进化，性能越来越强，体积越来越小。小型化的生产线、小型化分布式的生产设备，在生产效率上也会逐步提升，补齐短板。

分布式下沉后，门槛降低，规模会扩大。一个分布节点的规模，也许和原来集中的规模相当，也具备规模化的基础门槛。人类社会也是这样，随着社会个体素质与能力的增强，分布式自协同自组织社会越来越具备条件。

四、分布式打开新价值空间

除了 BBU 部分的数字化，偏模拟部分的 RRU 也在数字化。比如数字化功放、预失真数字化补偿技术。基于数字化技术，华为把原来制式完全不同、跨代的 3G 和 4G 射频模块，变成了一个数学题。通过数字算法，实现了不同射频模块的硬件归一，软件定义硬件。BTS3002C 微基站帮助华为打开 2G GSM 市场；分布式基站 DBS3800 打开全球 3G，特别是欧洲价值市场；在此基础上，Single Ran 软件定义硬件，构建起远超全球竞争对手的产品竞争力。

（1）软件定义硬件，3G 到 4G 平滑演进，保护客户投资。特别是部分市场，当前主流需求还是传统 3G 业务，平滑演进可解决客户的后顾之忧。

（2）保持客户黏性，持续扩展。很多产品的销售，基本就是一锤子买卖，没有持续地经营维护，而软件定义硬件后，可以持续经营扩展。

（3）价值上向软件转移，商业模式发生变化。华为原来的销售主要靠硬件，嵌入式软件作为配套，很难形成独立收入。现在软件和授权许可收入已经达到相当高的比例，形成持续流水收入。

（4）多样性建立在软件上，硬件供应种类进一步减少，有利于打造精品，提高规模化生产效率，降低计划预测难度。

五、分布式产品设计与灵活供应布局

产品架构决定了产品供应模式，以及产品供应网络布局。

分布式产品架构预埋的先天的优秀基因，特别适合全球化柔性供应网络布局。传统的集成设计产品架构，对应的是模块化或者组件化ATO供应模式。在整机界面需要组装，需要上电测试整机性能，延迟加载定制化软件和配置参数等。供应网络布局只要牵涉到总装，牵涉到上电，通常就意味着只能布局到区域供应中心。因为区域供应中心往往才具备对应的总装调测能力，包括ESD生产控制环境和工程质量资源。

分布式产品架构，组件单元相对独立。组件之间通常是简单的网线连接，或者光纤连接。对应的产品供应模式就可以升级演进到PTO（pick to order，捡料发货）——免整机装配、免上电供应模式。这些独立的分布式业务单元，可以基于预测提前囤货到供应中心，也可以下沉到没有上电条件的国家仓或者分销渠道。收到客户订单后，免整机装配、免上电调测、免软件加载，直接捡料发货给客户。

没有了供应中心的束缚，更容易实现多路径，双活甚至是多活柔性供应网络布局（见图8-11）。只有模块，没有整机总装和总测试，对应的模块生产可以分布到全球不同的生产工厂，包括EMS外包工厂等。可以基于不同场景设计不同的供应路径，比如通过分区域物流集散点和分销渠道，甚至直接到客户端齐套。紧急情况下，可灵活快速调整。

目前还是集中式架构的产品，特别是设备类产品，值得好好考虑分布式产品架构。并不是说分布式产品架构就一定优于集中式，但至少可以说，分布式是非常重要的发展方向之一。在和竞争对手不断比拼性能，设备越来越大的时候，也许有另一条路可以走。从哲学和社会发展规律上看，从集中到分布，从集权到分权，也是发展趋势。但分权不是绝对的分权和简单的打散，而是通过更先进的架构模式，通过数字化和网络化等新的技术手段，该集中的集中，该分布的分布，高效协同。

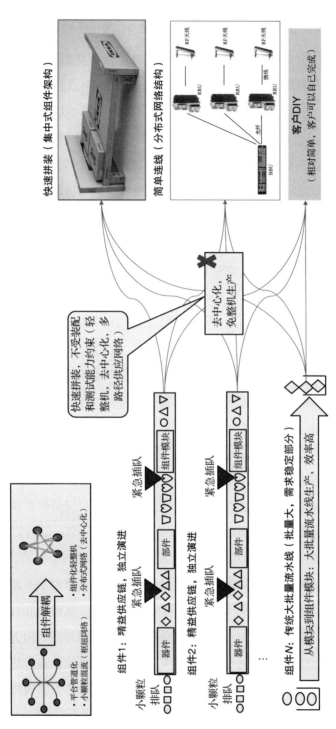

图 8-11 分布式产品与分布式供应网络布局

CHAPTER 9 ◀ 第九章

数智成人
数字化需要精益，精益也需要数字化

数字化也要向下扎到根，才能向上捅破天

第一节　精益数据治理支撑巴西华为变革成功

在巴西开展业务是出了名的难，聪明的人以前都不愿意被派驻到巴西。工作辛苦，可是仍亏损严重。2007年我到巴西负责无线产品海外生产，经常看供应和销售吵架，你抱怨我供应延迟，我抱怨你预测不准。刚开始本地生产都搞得我焦头烂额，也顾不了其他。到2010年，本地生产开始慢慢走上正轨，这时我开始反思，感觉是因为大家语言没对上，所以吵架总没有结果。

我是做制造工程出身的，习惯用精益视角和工程方法看问题。在我看来，巴西华为的信息流过于低效。我把精益方法用到信息流管理中，发现有很大的改善空间。核心的精益方法都可以用，只不过管理对象从实物产品切换到了虚拟数据对象。如图 9-1 所示，我们从本地编码清理，从区域产品配置数据清洁开始，走一步看三步，最后把整个巴西华为主干数据流、主干业务价值流打通了。供应链成为巴西华为的核心竞争力，支撑了巴西华为的变革成功。

我当时不懂数据管理，也不太懂供应链，都是站在业务视角以问题驱动，走一步看三步。后来复盘才醒悟过来，这就是数据清洁、数据治理，是精益数据供应链。我们误打误撞，把精益思想应用到供应链管理、数据管理领域，居然卓有成效。

首先，从产品源头清洁数据。数据源清洁，数据河、数据湖端到端自然容易清洁。然后，面向场景设计集成供应解决方案，数据打包建模。调用同源数据，数据打通，业务打通，价值流高效运转。高效运转后周期缩短，效率提升，更关键的是供应模式发生变化，推式变拉式，支撑巴西华为变革成功。巴西华为从原来的常年亏损和借钱发奖金，经营逐步向好，盈利大幅改进。用当时华为南美地区部总裁李柯的话说，集成配置数据变革是巴西华为变革成功的两大支柱之一。

（1）SKU 编码数量减少 ××%。

（2）高效运转，库存减少 ××%。

（3）在库存大幅收敛基础上，周期缩短 ××%，而且更加稳定可预期。

（4）订单行对象收敛 ××%，人员效率数量级改善。

（5）支撑收入增加 ×××××，净利润增长 ×××××。

第九章 ◀ 数智成人：数字化需要精益，精益也需要数字化 247

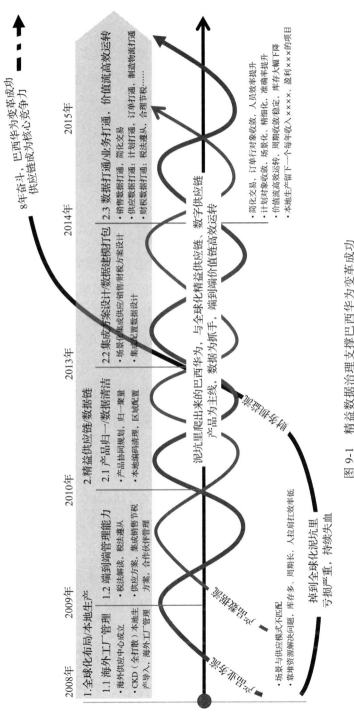

图 9-1 精益数据治理支撑巴西华为变革成功

一、产品源头数据清洁

刚开始我也不懂什么数据治理、主数据等概念，只是认为销售和供应吵架吵不清楚，是因为语言不同，鸡同鸭讲。然后我发现本地编码多，产品配置数据有点混乱。我开始是从产品维度进行梳理的，后来采购同事廖斌也发现了本地编码的问题，开始从采购辅料维度进行梳理。我们分产品把需要的数据像葡萄串一样从混乱数据中提取出来，清洁一个就落地应用一个，迭代见到效果。产品维度和分类辅料梳理完成，剩下的脏水就全部倒掉。梳理过程中，对需求一定要寻根究底，多问几个为什么（5Why）。发布的巴西华为无线产品配置清单，除了清理编码，还对配置关系进行梳理。补充配置选择场景和条件参数，销售策略和供应计划等数据都在一个表中，端到端对齐。这部分是传统 PDM 系统缺失的数据。通过研发同事胡毅的梳理，结构化的数据对计划同事理解需求特点、匹配合适的计划策略很有帮助。

完成产品主数据梳理，对齐语言后快速取得效果。库存效率大幅提升，欠料问题明显得到改善，服务二次进站的次数也大幅收敛。大家尝到甜头后，一步步扩展到微波、接入网、光传输和数据通信等产品。

数据不清洁，巴西华为就像一个虚弱的病人，走两步就气喘吁吁，跑两步就可能休克。因为它血脉里不清洁，混杂着无用的杂质。这些杂质沉淀下来，形成堵塞的血栓，极易导致血脉不通、运行不畅。

我们的第一道药方，就是管住嘴、迈开腿。在产品源头收敛配置，从产品数据源头清洁数据，不要胡吃海喝，什么东西都往身体里面塞。业务源头清洁后，对应的产品数据就清洁了，血脉里面的杂质也少了，整个身体首先不油腻，清爽了。

其次是迈开腿，让数据流动起来。原来臃肿肥胖，走两步就气喘吁吁，数据清洁后能慢慢流动起来了。但是陈年累积的问题还是很多，还有很多数据流动不通畅的地方。我们以供应周期为抓手，针对这些问题进行 PDCA 持续改善，不断地打通堵塞的数据流，让血脉运作更顺畅。这样供应周期更短，动作更快，精益供应链更敏捷高效。

二、数据治理的全球化与区域化

对于简单产品，国内和全球销售区别不大。但有些产品在全球化场景下，产品复杂度和数据治理难度却会快速增加。比如华为的通信系统设备与使用场景、安装环境强相关，产品配置数据本身就很复杂。不同区域，环境不同，客户使用习惯或者偏好不同。全球化场景下产品与数据复杂度的快速上升，给全球供应链运作管理带来了困扰。

在巴西华为，我们最初的理念比较简单，就是"全球数据复杂化、区域数据简单化，隔离复杂度"。比如 G 产品，面向全球化的产品配置数据有 2000 多个。经过我们梳理，巴西只需要 180 多个。区域化并不是说要脱离大平台，搞独立运作，而是在全球化平台基础上，区域视图解耦和隔离复杂度。到后来，就演变成了区域 BOM 和区域产品数据管理，避免区域之间复杂度互相串扰。比如印度客户有一个特殊需求，在印度是合理需求，但是到其他区域就不一定了。如果我们不做隔离，在全球产品数据平台上对外发布，复杂度串扰到全球其他区域，会造成不必要的复杂度困扰。

需要注意的是，区域本地特殊需求的编码也不能成为独立王国，避免因为没有平台管理、没有规则而走向失控。区域数据管理需要在全球平台的基础上遵守同样的规则，包括数据管理规则。在平台基础上分区域管理，隔离复杂度。在全球化场景下，数据管理和其他业务一样，该集中的要集中，该分开的还得分开。

三、数据质量管理的挑战

在数字化时代，大家都把数据当作宝贝，好像数据多多益善。其实数据也不是越多越好，也要遵从质量优先的原则。如果是垃圾数据，本身不产生价值，反而会一颗老鼠屎坏了一锅汤。产品实物流的质量管理大家比较重视，出了问题客户会投诉。但对数据的质量，大部分企业都缺乏有效的管理机制。一方面是意识问题，不够重视；另一方面是能力问题，没有对应的质量管理标准和系统化的管理机制。比如巴西华为供销协同的问题，本质就是产品主数据被污染了，但居然没有人管理，甚至都没有人意识到是数据质量问题。等我们组织清理、发布配置清单后，大家都觉得数据清洁，神清气爽。可是运作一段时间后，我们又遇到了数据质量管理的新挑战。

配置清单发布后，我组织发布了运作管理规范。开始我分产品、分区域监控通报编码清洁率，督促进行 PDCA 持续改善。当时我的本职工作还是本地生产，包括 EMS 管理等，区域配置优化只是不产生绩效的副业。因为时间精力限制，我们在供应链成套配置入口做了一个 IT 管控逻辑，自动拦截清单外编码。后来发现供应链后端拦截还是慢了一拍，而且只能补救，我们又把数据质量管控点从供应链后端前移到了销售入口。这样在前端销售合同设置检查点，供应链参与评审。超出需求的新编码，评审后再加入配置清单。

我管控一段时间就有点力不从心了。编码今天申请一个，明天又申请一个，零零碎碎，有点管不住要反弹的趋势。我看这么散兵游勇地管理不行，就开始推行场景化配置打包。管理对象不再是零零碎碎的编码，而是看场景。如果是已经有的场景，我们就引导到原来的方案，确认是新场景再增加。这样就把散兵游勇的编码，通过场景化配置打包有组织地管理了起来。当时，巴西华为的每个框架合同我都会参与评审。这样慢慢地就走向了集成产品配置数据设计，开始探索数据建模。

四、传统 PDM 数据断裂后的业务断裂

对于场景化产品配置数据打包，刚开始我的想法比较简单，就是

"加大颗粒度、降低复杂度"，把原来成百上千的编码有组织地更好管理起来，防止配置清单和编码范围管理失控，脏水又流进来，避免后面再来一场运动式的改革。

后来我慢慢发现，这其实是传统 PDM 管理的一个系统缺陷。传统 IPD 流程逻辑上看起来很完美，但运作起来，总是差那么一点意思。到了 2012 年，随着改善的深入和复盘思考，我逐步形成了系统化的改善方案。我发现传统 IPD 和 PDM 其实是不完整的。比如 IPD 本质上是并行工程，强调端到端，"从客户中来，到客户中去"。最后的输出件是面向客户的产品与解决方案。我在前面提到过，我对产品与解决方案有两个理解。一个是横向边到边跨产品解决方案，比如无线和网络跨产品解决方案；另一个是纵向端到端跨领域产品解决方案，包括产品供应、制造以及销售服务等方案。传统 IPD 某种程度上只是裸的产品，并没有做到面向客户的集成产品闭环解决方案。

集成产品数据管理是在往这个方向努力。比如 2004 年我作为 GSM 产品的生产工艺人员时，装配指导书、测试操作指导书等都是要归档到 PDM 的。虽然它们还是文档，不是结构化的数据，但至少在往这个方向努力。后来 PDM 并没有达到预期目标，演进就停止了。不要说把产品周边数据集成管理起来，甚至产品数据本身，都不完整。特别是带配置的产品，研发开发出一堆模块半成品，PDM 产品数据在众多模块编码的头上戴一顶帽子，工作好像就结束了。帽子下面看上去是一棵树，其实是一群无组织无纪律的散兵游勇，随便自由搭配。这样研发设计倒是简单了，但把问题和管理复杂度都留给了运营后端。

小颗粒、高复杂度的产品配置数据的设计，在全球化过程中被放大。在巴西华为和很多区域都出现了产品数据管理混乱和数据流断裂的问题。产品数据是业务运作的 DNA，数据断裂，业务也会出现断裂，运作不畅。供应链最核心的供销协同，也缺乏落地的抓手，流于空谈。

五、场景化业务方案与数据方案设计

巴西供应中心成立后,我慢慢承担了产品供应导入的工作。这是一个新岗位,原来公司没有这个角色。我问自己,我的价值是什么?以前没有供应导入,最后也供应出去了。现在有了供应导入,我能带来什么不一样的变化呢?

后来我想明白了,供应导入就是一个修路工!

传统的 IPD 和 PDM 路只修了一半,我们的价值就是把后面一段路修起来,最后到客户闭环。如果我们在建全球交通网络,那么传统的 IPD 和 PDM 只设置了国际主干航线。全球化供应布局,不同国家的国道,下沉的省道和县道,包括最后一公里的乡村公路,都靠后面的运作,自己去把路走出来。

区域供应导入的价值,就是要修好省道、县道、乡道,做到村村通。做到先修路,再通车。

没有供应导入的传统供应链主动规划设计不足,大家习惯于边开车边修路,被动解决问题,问题收敛和能力爬坡速度比较慢。一通乱仗下来,路还没有修好,很多车已经散架,团队也筋疲力尽。专业的供应导入用主动规划、集成设计和迭代验证的管理方法,让新产品、新业务、新系统能高质量快速爬坡。就像是修高速公路,先规划设计和验证好,再开闸通车。

除了供应导入外,销售市场导入、服务等协同导入也很重要。供应导入是供销协同落地的关键抓手,有利于解决传统供应链预测不准、需求无序波动和订单清洁等问题。供应导入不能面向全球一个项目一个项目地搞,管理太复杂,更好的办法是场景化。我们在巴西的探索,就是场景化的集成产品供应方案、销售方案、本地生产方案,以及集成产品配置数据方案的协同规划、集成设计与同步导入。

协同规划:每年我会和销售对齐产品销售策略、供应策略和本地

生产策略，销售会主推什么产品，要新引入什么产品。我们的供应策略、本地生产策略和导入节奏也会匹配上，测算出全年的本地生产比例与节税收益目标。

集成设计：面向客户场景，以产品配置数据为抓手，集成设计产品销售方案、供应方案、本地制造方案以及服务方案、进出口物流方案和财税方案等。链接不同领域方案的，就是一体多面的场景化集成配置数据打包方案。销售主推什么，供应方案如何匹配设计，是SKD（半打散）还是要CKD（全打散）本地生产，海关进口的最佳颗粒度如何，销售界面打包销售还是独立销售，在税法遵从基础上如何做到节税效果最好，最后都承载到集成产品配置数据DNA设计上。从数据管理的视角，在产品设计源头，产品主数据、供应主数据、销售主数据、财经主数据等集成建模，一体多面管理。

同步导入：在IPD流程中，我不太认同供应代表的职责只是供应模式设计。我认为只有供应模式设计不够。供应模式是抽象的，很难落地。只有通过产品供应解决方案设计与导入，才能落地闭环。这是最后一公里，是一个容易被人忽视，却极有价值的环节。在巴西华为，我们和销售、服务会基于前面的规划和方案设计，对齐市场导入、供应导入、服务导入、本地生产导入的节奏。根据产品分解到具体任务，联合工作组小循环管理。有一个月度联席会议管理关键产品的导入节奏和关键措施的落地进展、问题与风险。比如某产品的销售导入就需要管理至样品要货，以及市场准入（比如巴西的Anatel认证测试）、运营商客户的准入测试等。供应导入、本地生产的导入进度，需要和销售导入协同，保障协同规划的策略能够落地。

六、数据打通业务流和信息流的任督二脉

通过场景化集成供应方案设计，协同销售方案和财务、税务方案等，为传统IPD和PDM补上最后一公里，真正做到"从客户中来，

到客户中去",高效协同,端到端价值闭环。

1. 计划数据打通:从拍脑袋的艺术,到渐进明晰的数据科学

我一直认为传统的集成计划预测管理存在问题,过于被动。

销售报预测,一层一层汇总、决策、上报。在这个过程中,难免出现信息的过滤歪曲,甚至是丢失,而且数据流周期拉得太长,反应太慢。最后发现销售预测数据靠不住,计划预测往往变成会议室集体拍脑袋的艺术。好一点的还对历史数据进行回归预测分析,但其实也靠不住。历史数据的回归预测分析就像开车只看后视镜,前面挡风玻璃一片模糊。线性需求还好,一旦需求突然拐弯,出现浪涌或者突然大幅下降,难免掉坑里。

计划预测管理不能过度依赖销售,要主动前移。

总的来说,我认为除了通过管理机制提升销售预测质量外,还要主动管理。建立可靠的需求触角、多路径信息渠道,相互配合,相互佐证。不同产品、不同市场特点、不同需求场景有不同的预测数据管理方法。在巴西华为,我们通过场景化产品配置数据设计,在计划数据流打通、精细化计划管理上做了一些探索。

首先,数据清洁收敛后,移动靶活动范围变小,预测更容易打准。更重要的是基于场景化集成配置数据设计,支撑更精细化、显性化的需求管理。传统预测管理对象是多少个站点、多少套设备。基于场景化产品配置数据包可以将需求分解打开,管理到下层配置关系:哪些是必配的,哪些是选配的,什么时候选,条件和不确定性是什么?我们要重点管理的,就是这些不确定的选择参数。

对不确定性参数进行"显性化"管理,使其渐进明晰。原来一个帽子下面有成百上千散兵游勇式的编码,管理起来比较复杂。计划员拍脑袋常常拍错。进行场景化集成配置数据包设计后,通过有组织的结构化数据支撑,管理对象收敛到几个关键参数。拿某个产品来说,

它一共有 5 个参数，其中 4 个已确定，最后 1 个参数还不确定。这 1 个参数就可以"显性化"跟踪管理起来，定期跟进一线需求，使其渐进明晰。假设这个参数是塔高，它会影响很多其他编码的选择和配置，比如光纤以及电源线等。如果按传统计划方法，历史统计数据会告诉你 50 米高的塔占比高，对应光纤和电源线等也按 50 米塔高配置。但基于场景化方案的渐进明晰参数管理，会发现未来 2 个月站点安装区域有变化，这个区域 70 米塔高会更多。塔高对应的关联物料预测就需要调整。

在传统的计划方式下，不同计划员有不同的计划方法。激进乐观的计划员做的预测就大一些；谨慎保守的计划员做的预测就小一些。基于场景化产品配置数据包，我建议计划员记录好每次计划的假设条件和关键决策要素数据，按照 PDCA 持续复盘调整。避免后期换了一个计划员，就出现大幅的调整和波动。数据和能力日积月累，可以减少对计划员个人能力和销售预测的过分依赖，计划一定会越做越准。

总的来说，计划不能被动等待销售报预测，依赖计划员的个人能力。在产品主数据基础上，应建立多渠道主动需求数据管理能力，迭代管理，渐进明晰。有组织、有支撑，有数据与能力的持续沉淀，计划能力一定可以持续提升。

计划是一种艺术，但更是科学，是需求数据管理的科学。我们尽力把确定性的部分分解出来，实行标准化、规范化管理。计划员把精力节省出来后，才能更聚焦到非确定性需求管理上。

2. 订单数据打通：简单化、标准化、自働化，以周期为抓手拉式供应

供应链以推拉存货点为枢纽，左边计划推动（push）物料齐套，保证有米下锅；右边订单拉动（pull）快速交付客户。左推右拉，驱动供应链整体高速运转。订单是拉动供应链运作的关键动力，而客户是这个动力的源泉。如果订单数据流断裂或者堵塞，订单拉动这根绳子不绷紧，那么客户需求的动力就无法顺畅传递，会造成供应链整体运作不畅。

其中的关键抓手是订单周期，方法是订单数据流的简单化、标准化和自働化。订单数据流是相对确定的业务，最关键的是利用数字化技术，缩短周期，提升效率和客户满意度。传统集成供应链的订单数据流和实物流一样，都是排队式管理模式，断点多、周期长，周期常常以天计算，几天到十几天不等。断点多、流程质量差，订单不清洁问题常常困扰供应链。在集成产品配置数据设计基础上，我们借鉴生产的精益改善工具，对订单数据流进行 ECRS 简单化、标准化、精益自働化改善。之后周期大幅缩短，效率大幅提升，客户订单注册、开票等信息流处理人员大幅精简，从烦琐复杂的数据处理中解脱出来，聚焦到更有价值的工作上。

订单处理人员毕竟不像生产线的知识工人，能排成一条流水线。他们可能要开会，可能要处理其他事务。多一个处理环节，就多很长的时间。订单数据流设计尽量 ECRS 精简合并，减少处理环节。减少不了的，尽量自动化，不要人为干预。不能自动化的，考虑合并减少处理人。总体的思路是 low touch（少接触）甚至是 no touch（无接触）。这和供应网络布局尽量减少节点的原则是一样的。

以周期为抓手，一方面是为了效率提升，更重要的是当周期缩短到一定程度时，可以实现从量变到质变，从推式到拉式供应模式的转变。

3. 仓储物流数据打通，账实一致

基于集成配置数据打包设计，还无意中实现了财务的四算拉通。

刚开始我并没有意识到，后来财经部门的同事告诉我，以前他们做项目预算，因为配置数据不清楚，财务收益等很难测算清楚。现在有了场景化的配置数据包，项目四算就有了更精细、更准确的数据支

撑。财务人员也可以在项目早期参与进口关税方案、销售方案的策划与设计,在税法遵从基础上,最大化合理节税。

库房账实一致改善,也是一个意外收获。

产品配置数据的混乱,间接导致库房管理的混乱,特别是全球化供应网络下沉后的区域仓库。首先是小颗粒、高复杂度,库存管理难度大,各区域仓库管理能力又参差不齐。另外,订单周期长,各区域预测更做不准。怎么办?不可能眼睁睁等着从中国重新发货。区域内的拆箱挪货也就在所难免,今天你拆我,明天我拆它,"交叉感染",库房很容易出现混乱,出现账实不一致问题。

通过产品数据治理,加大颗粒度,降低复杂度,首先可以使预测更容易做准,同时也降低了库存管理难度。更关键的是,订单数据流梳理后订单处理周期大幅缩短,客户需求配置一次清晰,尽量减少订单更改,避免拆箱挪货导致的"交叉感染",更容易做到账实一致。

4. 财务税务数据打通,本地生产收益闭环

税务成本在总成本中举足轻重。企业会为了百分之一,甚至千分之一的利润绞尽脑汁,斤斤计较。政府征税向来多多益善,百分之十几、百分之几十地征收。以巴西为例,最基本的税种有:进口关税Ⅱ,税率一般为12%;联邦增值税(工业产品税,IPI),税率一般为15%;州增值税(流转税,ICMS),税率一般为18%;收入税(PIS/COFINS),税率一般为9.25%。税法复杂,税负成本非常高。企业如果有既懂产品又懂供应链和税务政策的人,在税法遵从基础上合理避税是非常划算的事情。为什么既要懂产品,还要懂供应链和税法?因为不同产品、不同特性、不同供应模式和税法结合方式不同,解读方式也不同。巴西华为刚开始没有专门的政策解读人才,很多政策是我们找到政府网站,用翻译软件搞定的。等后来有了本地专业律师,发现还是要以业务为核心。税法政策的解读,必须围绕产品和销售、供

应方案设计。

基于场景化集成供应解决方案与集成配置数据设计，本地生产得到了更好的发展。首先，销售与供应链的协同规划使产品归一聚量，本地生产规模不断提升。其次，基于场景化集成供应解决方案与集成配置数据设计，在销售端实现收益闭环。收益改善，进一步降低了本地生产门槛，形成正向循环。此消彼长，本地生产业务得到快速发展，节税比例和收益连续几年稳步提升。到 2015 年我离开巴西时，本地生产的节税收益每年为巴西华为贡献上亿美元的收入（客户还是出一样的钱，原来缴给政府的税，现在变成了巴西华为的收入），扣除成本投入后，每年贡献千万美元的净利润。

———————

以前我们总抱怨巴西特殊，商务环境复杂。市场还是那个市场，以前每年亏损，现在大幅盈利。以产品为主线，周期为抓手，通过数据清洁、数据治理、集成产品配置数据打包设计，配置数据打通后业务打通，价值流高效运转。精益数据供应链支撑了巴西华为变革成功。

大公司的变革，很多都是从上到下的。看起来方案都很专业，系统架构也很完善。然后找一个地方试点，没有不成功的。颁奖的颁奖，升职的升职，可惜很多年后回头看，很多都变成了虚脚楼。当时我们在巴西都是土包子，不懂什么数据管理，也不懂数据库，靠 Excel 也管理起来了。等到了 2015 年，我怕回国后人走茶凉，这么多年的心血白费了，才找到机关"配置端到端变革项目"，协同将巴西华为集成配置数据手工管理的工作落入 IT 系统和数据管理系统。变革的核心是业务，业务搞清楚了，小米加步枪也能打败敌人。如果业务不清楚，没打磨成熟，再高大上的数据和 IT 方案也不行。

当然，如果当时有先进的数据管理方法和 IT 工具，会少走很多弯路。最好的方式是从上到下，从下到上，上下协同。

第二节　数字化也要向下扎到根，才能向上捅破天

数字化浪潮下，初看花团锦簇，非常热闹。大数据、云、AI，说起来都很高大上。但大多数看起来招式漂亮，行云流水，打在人身上不疼，花拳绣腿似的没有力量，没有灵魂，没有根基！

什么是灵魂？核心业务问题就是灵魂。真正的数字化能解决核心业务问题。比如在巴西华为，数字化就是要能解决困扰巴西华为多年的供应链核心问题，解决困扰巴西华为多年的"料"的问题，实现快速低成本高效供应，支撑巴西华为变革成功。计划的数字化就是要能解决预测不准的核心问题。订单的数字化就是要能解决困扰巴西华为多年的订单清洁和订单可视的问题，解决订单周期长和效率低的问题。

什么是根？是专业能力，是深入业务的数据钻取、数据治理以及数据流动管理等能力。专业产生价值，数字化也要向下扎到根，才能向上捅破天。否则，只能摇摇锦旗，喊喊口号，周边打打游击！

如何向下扎到根？

蓝血十杰的数字化，以及我基于巴西华为实践在丰田精益供应链基础上梳理总结的精益智働化 4VD 数据管理方法，希望能够给大家带来一些启发。

一、向蓝血十杰学习数字化管理

第二次世界大战初期，美国陆军航空队后勤供应链管理混乱。不同部门都有自己的幕僚机构，同一个事情，十几个机构在做计划，有不同数据。很多时间花在了数据拉通对齐上，争论谁的数字才是正确的。被逼无奈，航空队常常会综合几个部门的数据，然后挑最接近的两组数，将平均值作为正确答案。这听起来有点荒唐，但今天有很多企业还在这样做。供应链要销售报预测，销售说，我不知道，拿不准。供应链说，不行，一定要有计划。于是销售说，好吧，你要实在要，

我就"拍"一个给你。拿到这样的销售计划，供应链也不敢全信，把市场销售计划、产品线收入计划和供应链物料供应计划等综合综合，几个人进行头脑风暴。这样的预测质量可想而知，所以预测不准、急刹急停和紧急提拉也就成为供应链的家常便饭。

事情就怕"认真"二字！

蓝血十杰所在的统计管制处不喜欢猜测，拍脑袋拍数据；它崇尚调研分析，崇尚数字，基于数字事实理性决策。有一次，美军准备用 B-17 和 B-24 轰炸机对日本进行大规模轰炸。蓝血十杰所在的统计管制处经过数据分析，提交了一份报告，建议换成 B-29 轰炸机。因为他们经过计算，B-17 和 B-24 轰炸机投 2800 万吨炸弹，需要 9 万小时；而使用 B-29，只需要 1.5 万小时。美军采纳了这个建议，节省了 2.5 亿加仑⊖汽油，减少了 70% 的机员伤亡。⊜

第二次世界大战结束后，蓝血十杰毛遂自荐，到福特应聘。他们宣称能帮助当时处于困境的福特重新崛起，而且信心十足，提出天价薪水要求，每人月薪 1.5 万美元（1946 年）。当时，福特在通用汽车的竞争压力下，市场份额从 60% 下降到 20% 以下，连年亏损，濒临崩溃。仓促接手的是亨利·福特的孙子亨利·福特二世。他刚刚从海军退役，迫切想改变，所以双方一拍即合。就这么一帮外来的、对汽车生产一窍不通的门外汉，用他们数字化的管理方法真的让福特重整旗鼓。第一年就扭亏为盈，纯利润为 7000 万美元，第二年纯利润为 1 亿美元，然后是 2 亿美元、2.6 亿美元。到 1956 年成功上市，福特脱胎换骨成为现代化企业。

可以说，是蓝血十杰让福特重生。

蓝血十杰也被一些人誉为"美国现代企业管理之父"。无论算不算

⊖ 1 加仑≈3.785 升。
⊜ 数据源于《蓝血十杰：美国现代企业管理之父》，约翰·伯恩著，陈山等译，2020 年海南出版社出版。

得上现代企业管理之父，他们的数字化管理确实给福特、给美国企业管理思想带来了一次革命。

（1）**从语文题到数学题，精准深入**：事情是可以度量的，不能度量的就不是事实，只是一种现象。不只是生产，从销售能力到广告效果，蓝血十杰要求每件事情都要数字化，每个问题都要有数字作为答案。

（2）**数字化基础上的系统化管理**：从小采购到大采购，从小财务到大财务。比如大财务，指的是从被动的审计、会计和现金管理职能，转向主动的项目投资收益分析、成本测算等，形成系统化主动管理机制。

（3）**基于数据与事实的理性决策**：蓝血十杰基于市场调研，访问成千上万民众，推出的猎鹰一炮而红，成为当年最畅销车款。而跟着感觉走，号称凝聚了所有人梦想的艾德瑟轿车，却亏损了 2.5 亿美元。

二、部分中国企业没有经过科学管理的充分洗礼，数字化基础不牢

很多所谓的办公室白领看不起制造蓝领，宁愿少拿工资，也要坐办公室。文官动动嘴，武官跑断腿，好像办公室天生就指挥人，高档一些，产生价值就高一些。其实实物流和信息流都是供应链价值流的不同部分。大部分白领（或者德鲁克说的知识工人）的工作和生产线其实很类似，只不过对象从实物变成信息和数据。作为实物流的对象，产品经过用心设计，生产线也经过设计打磨。而很多企业的信息流却缺乏管理，数据对象零零碎碎，数据对象和数据流很明显都没有用心设计。我认为这是很多办公室工作低效的根本原因，太多时间花费在数据的拉通对齐上。端到端停留在后端运作，没有前移到前端的规划设计。

传统企业中管理的重点是制造，信息流占比相对小，管理难度也

相对低。信息流即使低效一些，损失也不大。但现代企业中，创新驱动产品与技术快速迭代，多元且多变的需求和供应环境促使企业在信息流管理上的投入慢慢高于实物流，在信息技术上的投资高于硬件设备。但很多企业在信息流上的管理能力明显没有跟上，浪费比生产实物流要大得多。

站在巨人的肩膀上可以让我们看得更远，我们这些所谓的白领不应该看不起制造，而应该虚心学习。相对信息流的管理，制造管理要专业和精细得多。比如巴西华为原来的订单信息流，七弯八拐，效率异常低下。有人举了一个形象的例子，说订单信息流是"猪变香肠，然后又香肠变成猪，变来变去地折腾"。我在巴西就常想，如果我们按流水线的设计思想，把这些所谓白领的工作串在一起，有效地组织起来（人不一定像流水线一样坐在一条线上，但信息流可以在一条线上），现在十天半月才能完成的工作，也许一小时不到就可以搞定，改善空间巨大。

三、精益智働化 4VD 数据管理方法

在巴西华为，开始我是制造工程师，负责本地生产。后来看到销售和供应总是争吵，才开始把精益方法应用到供应链管理领域，简洁化、标准化、智働化、可视化，居然卓有成效。刚开始我很疑惑，甚至不敢相信：困扰巴西华为这么多年的老大难问题，我这么一个外行，用这么基础的生产管理方法就能解决，真这么简单？给我信心的是英文影印版 *Toyota Lean Supply Chain*。⊖ 它的 4V+1L 精益供应链思想（Variety, Variation, Velocity, Visibility, Learning）直译为"品种、变异、速度、可视、学习"。而我结合巴西华为在供应链管理中遇到的问题，梳理的对策"简洁化、标准化、自働化、可视化，问题管理基

⊖ 当时在巴西想找丰田供应链管理资料作为参考，但没有找到相关的书籍，只是搜索到一个英文版的 PDF 文件，现在找不到链接了。

础上的持续改善",与其内涵非常接近。我想这是因为巴西华为和丰田供应链遇到的问题类似,使用的也是精益方法,所以两种改善思路不谋而合(见图9-2)。

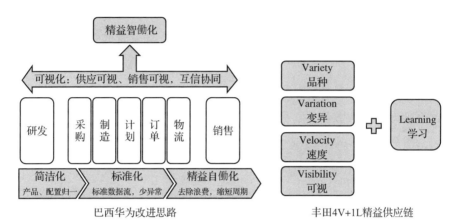

图 9-2 巴西华为改进思路与丰田 4V+1L 精益供应链不谋而合

这给了我很大的信心。

明茨伯格说,管理是一门实践的技艺。中国制造在这些年进步比较大,我们在制造领域积累的精益管理能力,在供应链管理,特别是在信息流和数据管理上也许真用得着。

现在回头复盘,我发现在巴西华为的 4V+1L 实践还不够完善,存在两个问题。

(1)以前我一直将"简洁化"作为第一设计原则。后来在数字化融合设计探索中,在产品设计实践中,我慢慢意识到第一设计原则是"价值设计"。简洁化也不是简单的精简合并,而是深度极简。需要向下扎到根,在白盒化、专业化基础上实现深度极简。

(2)以前对数据治理的重要性认识不够。在巴西华为主要还是业务视角的问题驱动。后来复盘才意识到问题的核心是数据,是数据承上启下把业务流和信息流、现实世界和虚拟世界连接起来。要建设数字化供应链,数据治理是基础。

所以我基于巴西华为数据治理实践,把前人 4V+1L 精益供应链管理收敛聚焦到精益数据管理,把实物流的"精益自働化"管理原则迁移到虚拟的"数据流"管理上,形成精益智働化 4VD 数据管理方法。

(1)增加向上捅破天的价值(Value)。

(2)删除业务视角的可视化(Visibility),改为数据管理视角的数据(Data)的连接与高效流动。

(3)在 4V+1L 精益原则基础上,结合数据管理实践,形成精益数据管理方法,从数值化、数字化,到数据化、数智化迭代演进。

需要特别说明的是,我因为业务问题在数据治理上有一些实践,但在数据管理领域并不专业,也不够成熟,甚至一些数据管理名词术语可能用得不准确。但隔行如隔山,隔行不隔理,我认为精益对数据管理是有价值的。我不敢冒昧对数据管理指手画脚,只是想建立一个连接(或者桥梁),希望把两者结合起来,让更多人实践和探索下去。这也许是通向另一个更大空间的机会。所以精益智働化 4VD 数据管理方法(见表 9-1)其实并不成熟,算是抛砖引玉,供大家批评指正,持续完善。

表 9-1　精益智働化 4VD 数据管理方法

传统数字化关注点	精益数字化关注点	精益原则	精益数字化方法
技术	价值	Value(价值)	**数值化**:价值导向(Direct),数字化要针对业务的核心问题,要能解决业务的主要矛盾
数据规模	数据质量	Variety(精简高质)	**数字化**:学习蓝血十杰,从语文题到数学题,数字化(Digital)向下扎到根
静态数据,拉通对齐	动态连接,高效混流	Variation(动态混流)	**数据化**:基于数据(Data)建模(结构模块化解耦,系统化集成),实现数据同源,数据打通,高效动态混流
算法,全自动驾驶	协同,人机结合	Velocity(智働化)	**数智化**:不追求绝对无人自动化,而是人机结合自働化,智能驱动(Drive)智働化

1. 数值化：价值导向（Value/Direct）

专业产生价值，定位决定地位。数据管理人员不能在后面被动等业务提需求，而是要主动前移，从客户视角看价值，从数据管理和数字化专业视角看机会（当然，业务人员也要学习数据管理方法）。很多业务人员遇到问题，根本意识不到这是数据问题。我们在巴西华为就是这样，大家吵来吵去很多年，就没有人从数据视角去看问题。我是因为有产品和制造工程师背景，以前接触过产品数据管理。复盘假想一下，如果当时能够有专业的数据管理人员主动参与进来，从专业数据管理的视角识别问题和价值机会，提供专业的管理方法，那么我们可以少摸索很多年。这几年数字化风吹起来了，大家比较宽容，数字化稍微有点贡献大家都能接受。但风总会过去，数字化不能总在边边角角打游击，而要聚焦价值成为主战力量。也就是说，数字化一定要能够为客户创造价值，能够抓住业务的主要矛盾和矛盾的主要方面，支撑解决核心业务问题。基于我的经验，如果我们能够沉下心，不只是看到虚拟仿真、数字孪生这些高大上的技术，而是从基础的数据管理入手，我认为价值空间是很大的。

数字化的价值需要挖掘，数字化也要向下扎到根，才能向上捅破天。要深入业务，顺藤摸瓜，像勘探石油一样向下扎到根去深度挖掘价值数据。数据挖掘要有的放矢，毕竟都是要成本的，有的时候成本还非常高。我们要基于价值数据，抓住核心主数据等龙头，然后顺藤摸瓜，从结果到过程，从过程到要素，一层层梳理分解。简单说，就是要从数据管理的视角，用科学管理的还原论，白盒化一层层分解打开，找到关键数据以及数据之间的关联，抓住关键数据和关键关系。这其实也是个技术活，要细心梳理才能向下扎到根。当然，扎到根也是我们建立竞争门槛的好机会。

2. 数字化：精简高质（Variety/Digital）

数字化时代，数据也不是规模越大越好，越复杂越好，特别是主数据。作为商业组织，数据管理也是要考虑成本的。现在数字化正在风头上，大家可以不计成本地投入。一旦恢复正常的商业逻辑，无论是数据获取，还是数据存储、加工处理和数据搬运等，都是需要考虑成本的。知识工作者的成本浪费，包括垃圾数据、低价值数据造成的管理成本，比生产线上的蓝领工人要多得多，这是企业管理的一个蓝海。到数据使用的时候，数据之间要建立联系，建立模型。如果数据过于复杂，像蜘蛛网一样复杂的数据关系会大幅度增加数据管理成本，甚至有的时候就难以管理。按照我们在巴西华为的实践，数据管理也要 ECRS 简洁化，源头主数据简单，后面的数据供应链才简单，整个供应链业务才能简单。数据管理的简洁是深度简洁，没有一定的系统思维和业务深度是很难收敛的。我们需要学习蓝血十杰，有数字化扎到根的能力。

质量优先是很多企业的管理哲学，数据管理也要质量优先。但很多企业，包括很多数据管理人员还没有意识到数据质量管理的重要性和挑战性。数据可以产生价值，但错误的数据会误导大家。做正确的事比正确地做事重要，错误的数据会导致决策失误，从方向上就错了。除了方向错位，数据质量问题还会造成效率损失。对于生产线上的实物流质量问题造成的返修等损失，经过这么多年的质量教育和实践，大家相对比较容易理解。而对于低质量数据流造成的损失，大家好像还没有意识到，或者说已经见怪不怪了。在现代商业社会，低质量数据造成的损失可能比实物质量损失更大，管理也更有挑战性。没有经历过实物质量管理的人，对质量管理没有太多概念，想得比较简单。其实质量管理，包括数据质量管理是一个系统工程，不是那么容易的。比如标准化管理就不简单，它包括数据对象的标准化、数据质量标准的标准化以及数据管理流程、数据质量问题处理的标准化管理。

我是制造工艺工程师出身，工艺、质量不分家，协同紧密。我从实物流的质量管理视角看，当前很多企业的数据质量管理还非常原始，不够深入和系统，包括最基础的数据质量度量，看上去好像有标准，但偏于主观感性打分，还在做语文题。大家从结果上看是个数字（评分结果汇总），但质量标准和管理过程完全不够数字化。数据质量管理是系统工程。我们在巴西华为的数据治理首先从源头开始，梳理数据结构与数据连接关系，集成考虑各领域诉求，在源头一体多面集成设计数据结构模型。然后集成设计数据流，就像生产线一样综合考虑质量、成本和周期要素。通过调用同源数据，打通数据流，简洁化、标准化、流线化管理，从过程和输出结果上数据质量才有保障。

3. 数据化：动态混流（Variation/Data）

数字化初级阶段，数字像散兵游勇，过于零碎。办公室人员的大部分时间其实不是在创造价值，而是在拉通对齐，获取数字，对齐数字。每个人都像是八爪鱼，努力地去把这些零散的数字和信息汇聚起来，人拉肩扛让它们动起来往前走。Data（数据）和 Digital（数字）的区别在于，从散兵游勇的数字到系统集成化的数据管理。集成数据管理的关键首先是数据对象的设计。就像实物流对象的产品设计一样，把原来人拉肩扛、零零碎碎的工程零件集约化设计成标准产品，工程产品化，管理效率大幅改进。在信息流领域，我们也需要把离散的数字整合设计成方便使用和管理的数据对象，以终为始，一体多面。

企业的数据关系有时候像蜘蛛网，很难梳理。这个时候要认识到数据存着没有价值，只有流动起来被使用了才有价值。基于主干价值流设计主干数据流，主次分明，其他数据关系也就容易梳理清楚了。主干通畅、末端灵活，有一些次要数据关系要学会放手。不是所有的数据管理都适合标准化和自働化，有时手工管理反而灵活高效。对供应链来说，需求数据和供应数据之间的关系即供需协同是核心矛盾。我们在供应链数据建设中，要把这个作为重点。

组织存在不同业务、不同领域、不同维度的多元化动态数据，这和多元化动态场景下的集成供应链管理一样。数据流管理的主要挑战，不在于静态数据的系统集成，而在于如何实现多元化动态数据的精益混流。对应的数据管理思路，要从 PDM 式的集成数据管理向精益自働化数据管理转变，从静态的系统集成与拉通对齐向动态混流转变。

4. 数智化：智働驾驶（Velocity/Drive）

数据的精益智働化包括两方面意思。一方面是自働化数据高效快速流动。就像实物流的精益一样，以周期为抓手，减少断点，必要的断点用低成本柔性自働化连接，小颗粒精益混流。另一方面是在精益自働化数据管理基础上，人机结合的智働化辅助决策。在精益理念中，我们不鼓励没有人的高度自动化，而是鼓励人机结合的智働化。大家应该看到，"働"和"动"是不一样的。"働"有一个单人旁，不追求完全没有人，而是人和机器有效结合。我们不简单追求大型高度自动化的无人 IT 系统，有的时候小型化、微服务化、人机结合的反而更好。不简单追求高大上的自动驾驶，人机结合的智働驾驶和辅助决策也许会更合适。

数字化是一门技术，除了使能原有模式的效率提升外，最关键的是诞生新的模式，打开新的价值空间。从供应模式的角度，我认为数值化、数据化等都是使能原有供应模式，只有数智化会诞生新的供应模式，产生新的社会组织类型。其中的关键，是基于数据关系和动态连接驱动的数智化。很多企业的数智化是围绕管理团队来做的，领导坐在办公室就可以一览全局，及时发现异常，快速决策。这种数智化也是有效的，很有价值。但更大的价值是业务人员之间的可视，自协同、自调节和自适应。就像足球场上，只是教练一个人可视是没有用的。足球不是一个人踢的，我们需要提前建立模型/阵型，训练大家的协同配合。球场上面临多变场景，首先得有基本的阵型，然后再基于阵型来灵活调整，适应环境变化。球员之间的可视比教练一个人的可视还要重要，因为球员之间的配合要求反应速度更快，连接更多，不可能什么都经过教练转一道手。

迭代与演进：数字化不是一蹴而就，而是循环迭代演进的过程。传统瀑布模型式的持续迭代，规划设计好大的系统架构，从大处着想，从小处着手，一步步落地，持续迭代完善，包括在运营阶段的持续改善。这种基于验证问题驱动的 PDCA 持续改善流程，对提升能力、减少异常非常有用。但它的问题在于大的系统架构定型后很难改动，发现问题也只能从小处入手，小修小补。另一种是精益演进，刚开始并不追求大的系统架构的完整性，而是关注核心基因和基本原则，从某一个小的受精卵开始慢慢长大，从小处入手，从大处着想，走一步看三步，分裂叠加，一步步成长完善。

四、回归不是撤退，是为了走得更远

中国企业几十年走完了别人一百多年的发展历程，很多没有经过科学管理的充分洗礼。特别是在信息流和数据管理领域，数字化管理还没有融入我们的管理血液，没有变成企业的基础思维方式。很多企业来不及思考，被机会和问题推着快速发展，习惯粗放式增长，习惯堆资源解决问题。华为是少有未雨绸缪，主动学习西方先进管理，包括集成供应链管理的。但华为基础版科学管理也没有学扎实，而是快速进阶到集成供应链。集成供应链断点多、库存多，很容易隐藏和掩盖问题。没有科学管理作为基础的集成供应链，肚子有点肥，底盘也不够稳。我们应该放慢一下脚步，捡回一些失去的东西。很多人看不起大批量流水线，认为是落后生产方式、落后管理模式，好像要说数字化、智能化才能跟上时代。理性一点，我认为要打好基础，做好精益。其实真正的基础不是精益，而是科学管理。科学管理的本质，是深度白盒化、价值创新基础上的简单化、标准化和自働化。

基础不牢，地动山摇，上面的建筑再漂亮也靠不住。我们不一定要走回头路，不一定按部就班，但有些基础能力不能缺，需要往下深挖几层，打好基础：

没有科学管理，集成供应链是无本之木，长不高，禁不起大风大浪。

没有集成供应链，没有端到端系统协同管理能力，单点的精益没有意义。

没有精益，插上数字化的翅膀，也飞不起来。

没有价值数据的高效流动，很难给数智化供应链赋予智慧。

———

数字化在今天已经成为很多企业的焦虑源头。企业都知道数字化是趋势，争先恐后，不吝投入。但很多不得其门而入，反复在数字化门口打转，在比较浅的层面徘徊，同质化严重。没有实战经验的顾问只能讲概念，都很高大上，但云里来雾里去，好像对业务没有多大帮助。很多数字化标杆企业，业绩反而在下滑。

数字化、云化，我认为也要有根。

云来雾去，也是来自水分的蒸腾。如果源头没有水，何来的云；如果水不清洁，那也是脏云，淋下来的雨，都是脏水，人们避之唯恐不及，普惠不了众生，比如我们前面提到的，供应链常见的预测不准问题。如果企业连数字化需求触角都没有，连需求数据都收不上来，信息管道跑冒滴漏，寄希望于天边飘过的云，再加炫酷的大数据、AI算法，是不现实的。如果不懂设备的工作机理和运作参数，连日常维护都做不好，然后寄希望于互联网把设备连接起来，再来一个智慧大屏，就等着设备自学习和自进化，能实现主动维护和问题预防，那也太偷懒了。

拙速胜巧迟。很多中国企业需要回头补补课，把数字化根扎得深一些，数智化更容易实现。我把精益供应链比成猎豹，它敏捷反应的基础是强大的神经系统。它的眼、耳、口、鼻，可以由远及近，由粗到细，感知到外部环境的变化，更关键的是它的四肢等执行系统，同样布满了神经，察打一体，能快速感知更加细微的变化，快速响应。相比而言，今天很多企业没有眼、耳、口、鼻，远处看不清，近的不敏感。远的战略只是人云亦云地堆词汇，近的末梢系统只是简单执行命令，对客户和外部环境麻木不仁。比如我们去银行或者营业厅，甚至是一些私营企业，会发现一线业务人员很多都是简单地执行。客户即使发现问题，抱怨也是没有用的，一线人员的权限和可为空间有限，也没有向上反馈的意识和渠道机制。而很多被数字化武装起来的企业，就要好很多。这些企业能更好地感知客户，比如客户在哪些产品上停留时间更长，点赞了哪些产品，踩了哪些产品。再如现在的视频直播，能更快速更直接地感知客户喜好。

数字化主动预防维护也是一个关键机会。很多企业以为把设备联网，有一个大屏监控设备运作状态，有故障上报就实现数字化了。其实这只是简单的可视化而已，有一些价值，但远远不够。如果我们能够向下扎到根，就可以在了解设备工作原理的基础上，识别它的关键价值数据，比如关键设备参数数据。然后在白盒化的基础上，深度钻探，从结果到过程，对要素和环境等关键数据进行管理。基于白盒化基础上的标准化数据管理，更能识别异常数据。基于这些向下扎到根的数据，识别设备数据与其他设备、人员、物料等要素之间的深度数据关联关系，我相信更能发挥出数据管理、数字化和网络化的价值。今天的人工智能深度学习的基础，是高质量的数据。向下扎到根，才能获取多层次、高质量的数据。

数字化扎到根，就是要覆盖到客户需求端的末梢神经，深入机器设备的底层逻辑，深入供应商的供应商，这样才有更大的机会捕捉到数字化的价值。

五、聚焦价值，警惕为了数字化而数字化

蓝血十杰后面陆续离开了福特，但他们训练了成千上万"新蓝

血",并且扩散到其他企业,深刻改变了美国企业的思考与管理方式。我们在学习蓝血十杰的同时,也要警惕他们的数字崇拜,为了数字化而数字化!数字不等于精确,也不等于事实,数字也会说谎!数字只是工具,是为业务服务的。简单地把数字作为目标,一味追求成本数字,会过度管控,遏制创新;一味追求收入数字,会不受节制地泡沫化。

比如蓝血十杰之一的桑顿,他离开福特后创办了利顿公司。利顿通过兼并成为在 9 个国家有 48 家工厂的庞大集团,是美国企业史上成长最快的公司。但后来利顿为了成长而成长,为了数字而数字,失控倒闭。另一名关键成员摩尔,离开福特后做了林肯(福特的高端品牌)的经销商,建成有史以来最大最华丽的经销商店。可惜后来因为经济衰退,库存积压,债台高筑,47 岁的摩尔死于胰岛素休克反应。

数字化不能只是云里来雾里去,浮在表面,打打边鼓。

数字化也要向下扎到根,才能向上捅破天(深入核心业务问题,贡献核心价值)。

第三节 数字化融合设计与 C2M 客户化定制

2016 年,巴西华为业务逐步走上正轨。我本来准备享受 2 年成果,凑够 10 年得个公司的天道酬勤奖。不巧公司安排我回国参加产品数字化融合设计变革项目。刚回国那段时间,看到大家讨论的都是数字化、自动化,或者智能化、无人工厂,我充满焦虑。我感觉去巴西 8 年好像亏了,落伍了。后来我慢慢发现没有那么理想,不要说数字化,即使是基础的精益生产也没那么容易,还有不少问题待解决。在产品融合设计实践和探索过程中,我对精益供应链的理解也发生了改变。我发现自己在巴西华为只摸到了精益的皮毛,还没有触碰到精益生产的核心,以及精益产品规划设计的源头。

我需要重新学习真正的精益。

一、数据管理软能力比设备硬能力更重要

在公司的安排下,精益顾问带领我们参观了日本丰田工厂。有人参观后觉得不过如此,甚至有点失望。没有想象中一排排先进的自动化设备、机器人,也没有高大上的生产线和常见的酷炫数字化大屏。相比华为,丰田的设备甚至有些老旧,总装很多还是手工装配。

外行看热闹,内行看门道。

以前我在巴西华为负责本地生产,常常有销售领导或者客户要参观我们的生产线。其中的"外貌党"最好接待,主要看设备酷不酷,看线体漂不漂亮、直不直。一条SMT生产线下去,自动贴片机咔咔咔地生产,很震撼。真正的内行不以貌取人,看的是门道。他们主要看基础能力,看生产实物流流动情况,看数据如何连接、如何流动管理,看的是灵魂。数字化时代有很多智能工厂看上去都很酷炫,科技感十足。但它们的灵魂,还是20世纪福特式大批量流水线,只是工人换成了机器人,数字统计分析换成了高大上的显示屏。

插上几朵花,赶赶时髦而已。

数字化是使能工具,并不能直接带来数字化供应模式,就像自动化可以提高单点加工效率,但更重要的是精益自働化、自动连接,以及它带来的系统级模式改变。数字化除了提升单点信息处理效率,更关键的是带来系统级模式改变。如果说设备是肌肉,生产线是筋骨,看得见摸得着,那么数字化的信息流就是看不见的神经系统。数据存储留下记忆,基于数字化信息流和数据存储记忆的数智化就是大脑。数字化的基础是向下扎到根,覆盖到末梢神经,信息及时准确传递,建立像手指头一样敏捷、察打一体的神经系统。数据是语言和记忆、影响着大脑的学习能力和思维方式,进而影响着组织的行为方式。如果一个组织没有有效的数据管理能力,这个企业就没有长期记忆、没

有长期学习能力，是很难走远的。

有的企业虽然有很多数据，也有很昂贵且日益庞大的数据库以及强大的计算机服务器，但是这些数据没有被有效地管理和使用起来，只是离散的想象和梦魇，没有形成系统化的思维和行为方式。

二、集成数据管理的问题与挑战

原始的数据离散在不同的 Excel 文件中，存储在个人电脑和部门服务器中。这个时候集成数据管理出现了，比如以产品数据为主线的集成产品数据管理、以企业资源管理为主的 ERP 系统，都是将数据存储在结构化的大型数据库中。因为数据采集与存储的便利化，数据规模快速增长，数据库规模越来越大。我们搞生产的都知道，只要有库房，库存很快就能堆满。看到数据越来越多，库房规模越来越大，管理者们满心欢喜。他们以为数字化见效了，生意越做越大，家大业大。哪天突然发现，这是一堆不能流动起来的垃圾库存。这种低呆库存不产生价值，反而消耗价值，成为企业的累赘。

数据库存问题也是一样，易面临太多的垃圾和低呆数据干扰。数据库中看起来有庞大的库存数据，但真正有用的却不多。这时我们需要蓝血十杰的数字化科学管理，向下扎到根，识别价值数据，去除垃圾数据，构建简单化、标准化和自动化的数据流。

集成数据管理的另一个问题是流动缓慢，管理低效。这是模块化集成管理模式本身的基因，流程叠流程，系统叠系统，中间都是臃肿的数据和断点等待。比如供应链的计划数据流，分区域市场计划和集成计划把数据一层层报上来，一层层决策，然后再一层层分解下去，成为物料计划、产能计划以及加工计划、采购计划数据。看上去逻辑很顺，但真正流动运转起来，却异常臃肿缓慢，常常以月计算。本来价值数据就不多，再这样一路排队和一路睡觉，有限的价值数据也变成了过时的低呆数据。

有人寄希望于云化，以为头上画几朵云就成仙了，忘却人世间烦恼了。这也是偷懒的想法，人世间的烦恼到云上就自动解决了？我看不一定。关键不是云上还是云下，关键是价值拉动，数据要流动起来才能产生价值。

三、数据管理的小颗粒混流与大规模穿插

红领原来是一家传统服装代工企业，2003年开始专注于客户化个性化大规模定制，成为服装行业大规模个性化定制标杆。阿里巴巴的犀牛工厂，也在从数字化管理维度，将从客户到工厂的数据打通，给传统服装行业赋予新的基因与能力。

（1）**客户需求数字化**：阿里巴巴利用淘宝、天猫等已有的数字化销售平台优势，基于数据分析，构建客户需求管理与需求洞察的优势。

（2）**客户自主设计**：红领的客户打开App，可以挑选款式，也可以在此基础上修改定制，甚至可以按个人喜好，从零开始设计。

（3）**个性化数据采集**：西服能不能穿出气质，与个人身形线条强相关。红领提供定制服务，可以上门量体裁衣，也可以到店面记录尺寸，其中用到的技术包括3D扫描。

（4）**数据驱动研发设计**：从销售到研发，从半成品到成品，一个价值流管道。管道内结构化数据驱动，不同规格与不同元素灵活组合。

（5）**数据驱动个性化制造**：电子标签记录了每件衣服的个性信息。扫描标签，就可以获取具体工作指令。

（6）**数据驱动齐套配送**：带电子标签的西服完成制造后，向西裤和衬衣车间发送指令，驱动及时入库。指令也会发送至快递公司，同时通知客户。

（7）**订单物流数据可视**：系统自动提取快递公司物流状态，展示给红领和客户，对异常情况及时处理。

这种菜单化定制粗看好像不特别，有点像模块化集成供应链，华

为在通信行业、戴尔在计算机行业都有应用。但模块化定制只是在整机界面，只做到整机 ATO。客户化定制能力要深入模块下层，做到更小颗粒的大规模个性化定制，需要数据驱动的精益供应链。如果要进一步深入研发设计界面，需要精益设计，或者说大规模敏捷设计。从目前看，红领只做到了模块制造层面，还未做到研发界面的大规模定制。

红领数据流的精益自働化，采集人体 18 个部位的 22 个指标，自働生成个性化数据模型，自働生成数控机床加工指令，自働生成 200 个工序的加工工艺。产品协同设计，精益自働化数据管理能力建立在系统上。工位作业人员只需按指令操作，降低对人员的要求。日本人挺执着，在数字化技术还不是很发达的时候，靠看板等简易工具也实现了小颗粒个性化数据流打通。这些简易工具的本质，其实也是数据流管理。精益价值流管道内，相邻两台车的车型配置可以完全不同。精益自働化数据驱动，让丰田从半离散模块化集成供应链，进化到了集成高效与柔性敏捷的精益供应链。几十年来，信息技术飞速发展，我们像红领一样，甚至有比红领更好的条件实现精益，重构数据流和价值流的精益自働化，用更先进的数字化技术，给精益供应链插上数字化翅膀。

四、数字化融合设计实现真正的 C2M

当前大部分服装企业，包括红领的个性化大规模定制，还不是真正的 C2M（从客户到制造）。它的客户化个性化定制能力，还没有深入研发设计环节。前面我们提到过，传统的客户需求→研发→供应链→销售之间的链接，是串行的线性关系。研发和制造通过 NPI 串行连接，周期长，反应慢。随着集成产品设计出现，制造等功能领域代表前移研发，通过并行工程缩短周期和响应时间。

面对客户化个性化的大规模定制，也就是 C2M 的时代。利用数字化融合设计技术，包括虚拟仿真等，定制能力进一步深入研发设计环节，研发、供应链与销售环节进一步融合，快速响应客户需求变化，快速适应产品的迭代。

五、产品数据是主线

巴西华为的精益数据供应链，其实是不完整的，偏后端运作。

通过产品数字化融合设计进一步前移到需求管理和产品规划设计阶段，端到端数据打通。数据流的精益自働化，小颗粒混流、大规模穿插，构建 C2M 客户化大规模低成本定制能力。2016 年回国后，我们在这方面做了一些探索，也掉了很多坑。因为商业保密原因，不能具体介绍。从原则上讲，不要迷信先进技术，不要迷信大型的 IT 系统，它们过于刚性。信息流上也需要低成本柔性自働化，柔性适应多元和多变需求，自働加工和自働流动。对集中度比较高的 IT 核心系统，推荐外购专业公司设计开发的成熟软件包。除此之外，都推荐低成本柔性自働化 IT 系统。不要大而全，过度花哨。推荐小而美，去皮去肉留骨头，根据需求变化自己就能快速维护和改造调整。不追求高度自动化，人机结合的简单方案也许比复杂系统效果更好。基于模块化、平台化以及组件化、微服务化的软件架构，都是非常好的趋势，它们和产品系统架构设计，在供应链底层的基因是相通的。数据流的小颗粒混流、精益自働化，与实物流的精益思想是一致的。

第四节　从控制到赋能：开放数据与供应链生态网络

数字化时代，数据的获取非常关键，也是一个难点。

不要说跨领域和跨企业之间的数据获取，就是在企业内部，也常常要通过命令强制要求大家录入数据。这要花费很大的管理成本，保障规范化数据录入，保证数据质量。即使这样强制要求，数据质量管理人员和数据录入人员之间还是像猫和老鼠一样斗智斗勇，耗费精力，事与愿违。在供应链管理场景下，数据获取范围扩大，包括内部销售、外部客户需求、供应商合作伙伴以及生态伙伴的数据管理，传统强管控的数据获取与管理方式面临困难。我们需要换一种数据管理方式，数据获取与数据质量管理等都需要从传统的封闭强制管控，向开放赋能转变。从烦琐、"要我干"的数据录入与监控，向场景化的无感数据获取，基于开放数据供应链的生态网络转变。比较早的思科，就是通过提供核心设备获取 EMS 等供应商的关键数据。现在的微信和美团等，也是通过点餐和买单结账等场景化赋能软件无感获取数据。

一、逆袭的茑屋书店

日本最大的实体连锁书店运营商茑屋书店，在传统实体书店经营越来越困难的情况下，在日本已经拥有 1800 多家书店、90 万多家加盟企业。有一半的日本人是它的会员，而且 80% 是 20～29 岁的年轻人。

它是怎么做到的？

在网上购物日益方便的今天，节省下来的时间如何度过？有人喜欢刷微信、刷抖音，也有人需要其他不同的生活方式。在茑屋书店，本质上卖的不是书，而是场景化的生活知识。茑屋书店通过给大家推荐更好的生活方式，让人度过一段美妙的时间。传统书店的销售对象是书，按照不同功能区域划分，经营管理和旅游等分门别类，方便顾客快速找到商品。而茑屋书店经营的是用户，真正做到了客户需求驱动和千店千面。如果这个区域的客户爱好美食，店里除了有学习料理的书籍，书里面提到的锅也会摆在旁边，做饭时听的音乐 CD 也在一起，甚至还会有美食家解答你的疑问。物质生活日益丰富和方便，人们不再满足于千篇一律的单调生产。人们需要更有品质、更有精神内涵的生活方式。

在今天的商业世界，提供标准化工业产品的企业很多，提供高品质生活方式的组织却很少。所以一到周末，不知道如何安置的小朋友们都被重金送到各种培训机构。很多人只是为了小朋友不要在家里看电视、玩手机。茑屋书店抓住消费升级的机遇，以书为切入口或者说中间连接件，数据驱动将不同的客户和产品场景化连接起来。它卖的不是书，而是高品质场景化的生活方式。这是茑屋书店成功的价值基础。

二、做大市场：从产品到场景化解决方案

传统书店是单纯卖书，一本书几十元，门槛低，竞争激烈，而茑屋书店卖的是以书为连接点的高品质生活解决方案。除了卖书，还有对应菜谱和最适合的炊具，甚至有相关食材和这个场景最适合的音乐CD。一本书几十元，而一套解决方案可能价值几百几千元，呈数量级地扩大。这种价值空间——市场收入的数量级放大，带来的诱惑非常大。特别是很多收入增长面临瓶颈的企业，只是把不同产品简单集成在一起，变成了一个集成服务提供商。收入快速增长，利润却急剧下滑。企业需要有差异化集成解决方案竞争力，以区别于普通的集成服务提供商。

20世纪90年代，个人电脑快速发展，IBM落伍了。让大象重新跳舞的郭士纳，发现单点的产品解决不了企业客户的系统性问题，客户需要场景化的解决方案。IBM的抓手是IT中间件，比如Lotus（莲花软件）。很多老一辈的华为人，应该还记得它。当时很多企业IT应用，比如邮件系统、业务电子流和群组知识等，都链接在Lotus软件上。过了一些年，Lotus逐渐被替代，邮件系统也开始切换到微软的Outlook。失去这些中间件的差异化竞争力，只是提供普通的IT集成服务，利润就要微薄得多。

从这个视角看，茑屋书店的商业逻辑与之前的IBM是一样的，也

是从卖单个产品到卖场景化的跨产品解决方案。

三、少就是多：聚焦核心能力

茑屋书店对自己的差异化竞争力非常自信。

它的快速扩张，靠的是能力外溢的生态模式。这和传统加盟店有明显区别，首先它不收加盟费、不送货、不做选址，也不卖地、不做装修，甚至代收款这种传统加盟商垂涎欲滴、雁过拔毛的事也不做。它不收货款，只单纯地赚赋能咨询费。茑屋书店为什么这么自信，认为加盟商愿意付咨询费？它的底牌是通过 T-Card 积累的数据和管理算法。基于这套系统，它最懂客户，知道哪个街区某个时间的客户群喜欢什么，是美食还是体育；也知道如何场景化地设计，推荐哪类书籍，关联的美食内容是什么，用什么原料，以及什么样的炊具效果最好。通过这些数据和信息把平时看起来没有关系、琐碎复杂的供应链整合起来。它一方面通过数据赋能加盟店，又通过回流数据进一步强化自己的赋能能力。

开放的基础是自信，自信的基础是专业能力。没有能力，贸然开放的弱小国家最后只能被别人吞噬，或者沦为附庸。企业要建立自己的生态型供应链网络，首先应该打造自己的核心能力，然后通过能力外溢，水到渠成。茑屋书店能力外溢几千几万家加盟供应商，反馈回更加丰富的价值数据，成功建立起开放的供应链生态网络。国内打造硬件生态网络的小米公司也采用了内部能力外部化的策略。它首先也是抓住了客户——米粉，并在此基础上往前一步，通过投资把自己的硬件产品规划设计能力赋能给很多有追求的创业者，围绕小米手机打造硬件供应链生态网络。

只是小米这种硬件赋能能力不像茑屋书店那么有持续的后劲，有黏性。这些加盟店对茑屋书店的数据赋能有持续的需求，同时还在给茑屋书店默默地做数据贡献。而小米这样的研发设计能力，一次赋能完成，后面就没太多干货了。我们反而发现很多通过供应链核心能力赋能的企业，持续赋能，更有后劲和黏性。

四、赋能：从管控供应商到赋能供应伙伴

不同组织在不同发展阶段，供应商管理策略也不同。

企业初期体量小，在供应网络中影响力也有限，没有太多话语权。当企业长大后，大型组织对供应商的选择管理有了更多的话语权，往往是强管控。比如三星、苹果这样的全球化一流企业，供应商都以能通过其认证进入供应链生态网络为荣。大树底下好乘凉，供应商可以分享大型企业规模发展的机会，也是供应商有能力的最好证明。这个时候的链主企业对供应商有非常大的影响力，有的甚至称得上是生杀予夺。有的企业一旦进入苹果的供应链，股价就会一飞冲天，可以获取合理利润之外的资本市场收益。而一旦被踢出苹果的供应链，无论是收入还是股价都一落千丈。这个时候的供应商管理，往往是家长型的强管控。比如三星的供应网络布局，在主干节点确定后，往往要求供应商围绕主干节点布局。甚至直接建立产业园，要求供应商在产业园区内建立工厂。苹果对供应商的管理也是非常严格，细致深入。

这种家长型合作伙伴关系是不平等的，多少有权力和利益依附关系。对链主企业来说，管理成本也比较高。随着社会多元开放和供应链管理的需要，合作伙伴关系也在走向独立和开放。找供应链合作伙伴考虑的不只是会做低端烦琐的工作，还要考虑能不能为组织带来内部不具备的知识，带来创新，带来新生力量。它们之间的关系不再是基于权力和利益的依附关系，而是真正的合作伙伴。合作伙伴之间可以取长补短，共同成长。

大型企业有资源优势和大部队协同作战的优势，在大型主赛道容易获得竞争优势。但是在面对多元而多变的需求时，往往不如小企业灵活。越来越多的企业重视生态伙伴的建设。比如腾讯、阿里巴巴和

小米等，发现好的企业后并没有直接收购，而是通过直接投资或者交叉持股等方式与小企业形成合作伙伴关系，继续保留这些企业的独立创新能力。

如何既保持相对独立，又达到合作的目的？这要看面临的不同场景。如果合作伙伴颗粒较大而且数量有限，那么直接投资控股或者交叉持股可能是比较有效的方式。如果合作伙伴像茑屋书店一样颗粒较小而且数量众多，那么投资控股就不是好的方式。更好的方式也许是聚焦核心能力，能够给生态伙伴带来价值。这样建立起来的商业生态网络，在复杂性基础上保留多样性，有利于提供更多样的服务，也有利于创新。

从"资本主义"到"知本主义"，从利益管控到赋能吸引。

五、赋能客户生态

五菱宏光 MINIEV，2021 年电动车单一车型销量冠军。网络上有各种各样热度很高的神车段子——五菱大会、五菱潮改节，客户很喜欢自己动手改装。数据显示，有 70% 的宏光用户会对 MINIEV 进行潮创，除了普通的拉花、贴膜，甚至内饰都会全面改造。它已经不仅仅是一台乘用车，而且成为年轻人的一种文化代表和社交时尚。

这种潮创时尚文化的形成既有车友自发因素，也有五菱的推波助澜和培养赋能。五菱自己的旗舰店体验中心也提供个性化定制服务，经常举办潮创活动，甚至在产品规划设计中，五菱就增加了客户化可潮改 DFX 设计。在外形设计上，其小巧方正的车身就具备得天独厚的改装潜力。为了方便客户 DIY 贴膜，MINIEV 前后门尾板的缝隙比正常的汽车设计得大一些。通过客户潮创，五菱宏光实现了千人千面，有卡通风格走可爱路线的，有年轻时尚的酷炫派，也有劳斯莱斯式的手工打造贵族风。通过在皮革下手工埋线，接通 LED 灯，2 天时间客户就可以享有劳斯莱斯式一样的星光顶棚。

传统设计强调把复杂留给自己，把简单留给客户。2016年回到国内，我们讨论客户化大规模定制能力、千人千面，总跳不出数字化融合设计、虚拟仿真等高科技手段，把复杂性构建在研发系统、制造系统上。五菱宏光通过这种方式实现千人千面的客户化定制，真让人耳目一新。它没有特别复杂的技术，研发和生产复杂度也没有增加，甚至有所降低。这种复杂度被剥离给了客户，赋能客户。客户面临更多的复杂度，也投入了更多的潮改金钱和精力，但显然也很享受这种复杂度和投入。

六、面向数据生态的产品设计原则

（1）**围绕客户，做大市场**：围绕客户需求场景，从产品到解决方案，为企业和生态伙伴做大市场规模，扩大价值空间。

（2）**聚焦核心，少就是多**：无论茑屋书店还是英特尔，都秉承少就是多的产品原则。茑屋书店聚焦数据，英特尔聚焦核心芯片，以小博大驱动整个生态网络繁荣发展。

（3）**开放原则，赋能优于控制**：生命的活力来源，不是控制而是变异。没有基因的变异，就不会有生命的演进，不会有今天多姿多彩的生物世界。要想成为这个生态系统中的太阳，就要有能力持续输出，照耀众生。比如像英特尔，就是摩尔定律驱动，一波接一波。

（4）**解耦原则，封装可拔插**：有生命力的耗散组织，除了赋能之外，还需要有能力持续积累和封装应用。封装能力可以减少资源消耗，不能完全靠人去现场赋能。比如阿里巴巴和茑屋书店，都是基于对客户数据的掌握，持续积累数据，提炼封装成能力服务包，采用组件化可拔插设计，方便应用，能散能聚。

（5）**无感数据，平台化成长**：作为生态赋能者，不能成为一个纯粹的零部件供应商，失去客户需求感知和持续成长的能力。阿里巴巴、苹果和茑屋书店，都基于场景化的赋能工具，建立了无感的数据获取与赋能平台。持续的数据积累，持续夯实平台赋能能力，形成良性循环。供应链的数据获取是不是也可以借鉴这种思路，比如将供应能力封装提供给销售人员、外部渠道和合作伙伴，无感获取客户端需求数据，提高预测准确率？

第五节　从效率提升到价值创造

全球每年出版的图书非常多，在中国就有几十万种，再加上历史上出版过的旧书，数量就更可观了。传统书店（或者说传统图书供应链）能覆盖的书不到总数的 1%，小颗粒长尾需求非常明显。亚马逊利用数字化和网络化技术提升了图书供应链效率，降低了供应门槛，阿里巴巴和后来的拼多多也走了这条路。数字化供应链不断下沉，不断覆盖原来覆盖不到的需求，从效率提升走到了价值创造。

但这种数字化手段对有些产业并不见效。这些产业市场覆盖率已经很高，小颗粒长尾需求并不存在，降低门槛并不会直接扩大价值空间。比如家电行业，数字化可以让洗衣机生产效率更高，价格更低。但洗衣机覆盖率已经很高，并不存在可观的小颗粒长尾需求。在这些行业中，数字化如何打开增量市场，从效率提升走向价值创造？

蒸汽机的发明不只是为了打锄头效率更高，更重要的是开创了汽车等新的机械化产业，让人类社会进入机械工业化时代。电力电子技术让人类社会进入电子工业时代，创造了电灯和电视等新的价值产业。新的数字化技术，除了赋能供应链提升效率降低门槛外，赋能供应对象本身的数字化更加重要，有更大的价值空间。

一、润物细无声的数字化 1.0

供应对象也就是产品，产品的数字化开始不是一场革命，而是润物细无声的演进。

华为给人的印象是传统硬件公司，其实华为一直在通过数字化慢慢变"软"。在产品研发人员中，软件研发人员的比例已经非常高。华为的成功，很大程度上也是数字化和网络化产品的成功。比如华为比较早的接入网、数据通信等通信网络系统设备，很大程度上就是借助了数字化的大潮——"硅进铜退""光进铜退"，数字化、网络化。传统模拟电子的载体主要是铜，甚至金、银等贵金属。数字电子的载体主要是硅，原材料是沙子，极其便宜。数字技术摆脱了贵金属的约束，在摩尔定律的驱动下突飞猛进，快速发展，颠覆了传统产业。以我比较了解的无线通信设备为例，分布式基站产品实质是产品架构数字化、网络化，灵活布局。数字化的光纤连接，颠覆了以铜、铝等金属为基础的模拟馈线产业。

现在连比较基础的能源产品也在走向数字化。传统的模拟发电设备体积庞大，也很昂贵。比如通用电气，它的数字化主要是生产维护过程提升效率和数字化主动维护等。能源行业的数字化是系统设备本身，比如光伏发电设备的硅进铜退。早期，光伏发电成本高于集中式模拟发电设备，随着多晶硅与单晶硅等工艺进步，在摩尔定律的驱动下，成本快速下降。华为利用数字化、网络化技术优势，推出了分布式逆变器，化整为零。逆变器更靠近光伏板，避免了电的长距离铜线传输。光进铜退，光纤连接与远距离协同管理进一步提高发电效率，降低成本。今天，很多地区的数字化光伏发电成本已经低于传统发电成本。关键是面向未来，在半导体技术驱动下，还会以摩尔定律持续下降。

二、沿着数字化网络的价值迁移与升华凝结

美国IOE（IBM、Oracle、EMC）代表了传统集成式设备服务提供商。虽然它们也有数字化和网络化，但是它们的网络相对封闭，门槛高、价格贵。如图9-3所示，一台设备往往要几百上千万美元，少的

也要几十万美元。一块单板可能比豪车还要贵，而且按年和用户数通过授权许可持续收费。今天中国基本上所有的银行都依赖它们。虽然贵，但性能强悍、可靠性高。银行利润高，但一定程度上都给美国设备商打工了。

图 9-3　传统 IBM 设备

阿里巴巴原来也使用 IOE 的设备和数据库，但随着电商业务快速发展，对数据存储、算力的需求越来越大。辛苦半天都给美国企业打工了，钱都花在了设备软件采购上。随着规模日渐扩大，设备投资迟早会超过收益。

我们常说以质取胜，耻于说以量取胜。其实自然界，有以质取胜的，但以量取胜的也很多。比如蚂蚁、蜜蜂等社会性集群动物，它们的生存优势不是建立在个体上，而是建立在社会化群体网络基础上。阿里巴巴走的也是以量取胜、社会网络化竞争路线。通过数量优势，利用低价的通用服务器，通过网络化达到并超越了高性能、高可靠的高端服务器。再往前一步看，以前的计算机对内存可靠性要求很高，日本企业以质取胜，占据了很大市场份额。后来可靠性慢慢转移到了计算机系统上，对内存等部件的可靠性要求下降。三星也是抓住这个机会，通过以量取胜超越了日本企业的以质取胜。

严格意义上来说，质量可靠性要求并没有下降，只是发生了系统性的转移。传统集中式设备扩容，只能用原来的供应商，业务搬迁需要推倒重来。而分布式网络从传统的烟囱式（scale up），变成横向扩张（scale out），兼容可拔插。原来给 IOE 打工的被动场景刻骨铭心，阿里巴巴通过软硬件解耦，将可靠性和控制点构建在数字化系统软件和网络上。底层白牌服务器坏件达到几十万 PPM，系统可靠性依然很高。

这对硬件供应链是一个新的挑战。

传统的服务器高新技术产业沦为整机组装厂，门槛低。它们只能降价换规模，通过芯片供应商返点获取利润。一看形势不妙，继个人电脑后，IBM 将中低端服务器也卖给了联想。供应链 DFX 设计，第一条往往是简洁化，这个也归一，那个也取消。从这个维度看，软件定义硬件，硬件白牌化是很好的设计。但是供应链价值空间也大幅缩小，很容易造成内卷，非常辛苦。因为竞争手段的匮乏，会被迫接受很多低价值定制需求，运作会更加复杂。

所以软硬件解耦，硬件的白牌化需要特别慎重。没有控制点地轻易解耦，对行业长期发展也不利。微软和英特尔有控制点，赚得盆满钵满。但靠近客户的整机企业利润不足，客户需求满足趋于短视，面对客户需求变化反应迟钝，最后整个产业一起走向衰退。

世界很复杂，不要听一句趋势，就赶紧不顾一切追随。

三、软硬件解耦价值不一定解耦

在产品简洁化设计方面，苹果总被作为标杆，少就是多。其实，这只看到了硬币的一面。苹果的硬件极简是建立在软件多样性基础上的。在多元化商业社会，客户需求天然是多样的。苹果的多样性被转移到了软件，以及数字化生态网络上。简洁化、模块化和数字化都不是目的而是手段，都是为了达到客户界面多样而内部运作简洁的目的。在客户界面，苹果的软硬件集成为客户创造了更大价值，软硬件解耦但价值不解耦。

在当前一阵风式的软硬件解耦和开放生态趋势下，苹果半开放模式也是一条成功的路。安卓的开放，在某种程度上是竞争对手苹果占据优势的情况下不得已的选择。而且安卓也没有完全开放，操作系统核心部分、应用市场、地图和搜索等核心应用依然掌握在手中。没有绝对的集中，也没有绝对的自由开放，更多是混合模式。客户需求触角、客户体验至关重要的部分、性能至关重要的核心供应部件，开放需要慎重。企业要抓核心，主干简单高效，周边可以开放灵活。

四、数字化产业的供应链价值探讨

新形态产品，往往对应新供应模式。比如大批量机器生产模式，伴随着机械产品的时代和工业化时代的繁荣；模块化集成供应模式，伴随着基于程序控制的电子产品的繁荣；而数字化供应模式，伴随着数字化虚拟产品，比如软件产业的繁荣。

那么问题来了：数字化产业中，供应链的价值在哪里，会不会消失了？数字化是大势所趋，如果数字化产业这个新的价值空间里没有供应链的位置，那么整个供应链的发展就会受到限制。这是我们供应链人需要思考的问题。我们也只是做了一些探索，发现了一些可能的方向，还没有成熟的答案。

1. 数字化价值来源于业务，扎根于物理世界

数字化、云化……软件定义产品，软件定义世界。说得多了，仿佛传统工业世界的企业都在瑟瑟发抖，等着被互联网新贵们收购。事实正好相反，在工业领域，传统企业正在不断收购互联网新贵。

大学时，我们都用过AutoCAD，它是欧特克（Autodesk）的产品。2021年，欧特克花费10亿美元，收购了名不见经传的水务软件公司Innovyze。这是一家提供自来水水管网络管理系统的公司，帮助全球3000多个自来水公司更好地规划设计与运营管理，基于水路管网的实

时数据，提供现场模拟仿真和诊断，更有效地管理水务资产。欧特克还收购了 Moldflow——一家塑料注塑流动仿真软件公司。

专业产生价值！在数字化"知本主义"时代，这一点不仅没有改变，反而更加凸显。数智化，随着用户的使用，是不断的数据积累和知识智慧的沉积。不像硬件设备，越用越费，资产不断减值。当云计算像自来水一样成为大部分人都可以获取的资源，数智化的差异化竞争力显然不是来自算力，也不是数字大屏（几乎每一个高举数字化旗帜的企业，都有一个高大上的指挥中心）。风起时，大家都生怕落后，被时代所抛弃，无论是企业还是个人对数字化都不吝投资。有一点价值产出，都值得大书特书。但很多企业的数字化，翻来覆去都是数字大屏和高大上的指挥中心等，数字化趋向于同质化。没有专业内涵的数智化，价值有限；没有根的数智化，没有差异化的智慧，没有竞争力可言。真正的差异化竞争力，还是来自扎根于业务构建的数智化专业能力，核心还是专业知识。

2. 数字化融合设计：后端知识生产与知识封装

作为数字世界的底座，芯片行业高技术、高门槛，投资密集，更是知识密集。14 纳米，7 纳米，5 纳米……在微观世界，很多物理现象超越了人的直观显性知识理解。芯片的设计与制造越来越依赖专业的工具和设备。在这当中，EDA（数字化辅助设计与仿真工具）和光刻机一样举足轻重。

EDA 刚开始和机械行业的 CAD 一样，只是辅助设计工具。但随着产业发展，很多设计知识、工艺技术知识沉淀下来，形成数字化 IP（知识产权）。这些知识可以帮助减少试错成本，让设计与制造耦合得更加紧密，价值越来越明显。在 EDA 软件授权费用中，IP（知识产权）授权费用快速增加，占比越来越大。65 纳米时代，EDA 授权费用只有 2800 万美元，而到了 5 纳米上涨到了 5.4 亿美元，其中很大比例是 IP

授权费用。

知识就是时间，知识就是金钱。

后端供应链的知识被提取出来，摆脱个人身体束缚被封装起来，从人的集成到场景化、模型化的知识融合，跨领域设计仿真一体化。这些封装后的知识服务包，可以减少设计收口的时间和资金成本。客户只能购买知识使用权，却不能完全拥有，他们愿意为知识一次次付费。

数字化融合，是跨领域数据的融合、知识的融合！

3. 数据供应链：产品全生命周期管理梦的延续

数字化融合设计，是供应链前移，也是设计后延，是产品全生命周期管理梦的延续。

2004年我加入华为，公司推行PDM（产品数据管理）。以产品生命周期为主线，数据端到端集成管理。我是制造工艺人员，生产工艺文件和指导书都在PDM归档发布。尽管当时没有实现数据的集成管理，但至少实现了文档的集成管理。几年后组织拆分，装配指导书又撤回制造管理。当时我不理解为什么走回头路，现在回想，也许是因为制造文档未结构化，没有看到真正集成数据管理的好处，还不如解耦分家，各自管理。

PDM演进到PLM（产品全生命周期管理）的梦，也一直都没有真正实现。全流程集成数据管理到落地时，往往只有产品设计数据和工程变更管理。产品一旦离开工厂，不像出嫁的女儿与娘家时常联系；更像负气离家出走的人儿，从此杳无音讯。现在，随着生命周期数据采集门槛的降低和数据管理技术的进步，离家的儿女时不时也可以通通电话。数字化产品融合设计，有希望真正实现设计与制造的数据融合，真正实现全生命周期数据闭环管理。

五、知识供应链探讨

学成文武艺，货与帝王家。传统的知识分子只能依附于权力才能实现价值。在过去，即使重文轻武，知识分子的地位也很尴尬，心里揣着明白，表面还难得糊涂，弯腰曲眉。个别不识时务的还被贬到天涯海角，不杀头灭九族就算幸运。几千年来，这都是散装知识分子的困境。今天社会日渐开放，创新驱动的"知本主义"时代，知识分子开始成为价值创造的主体。但对知识的尊重和对创新的保护，还有很长的路要走。产品技术创新有专利等保护，而对其他知识创新却难以保护。特别是很多散装的知识，没有封装保护。这些散装知识没有被说破前，别人兜兜转转怎么也想不明白。一旦把窗户纸捅破，就豁然开朗，很容易被学习和模仿。

我曾经很疑惑，为什么公司对外来的顾问那么客气，对我们内部的专家这么挑剔。后来我才明白，是因为位置和角色不一样。对于外部专家，大家都保持着客气，要的是朦胧美。而被请进门的专家，在公司是要"过日子"的。如果只有散装知识，那做做外来的和尚，到处云游念念经，给人以点滴启发也好。千万要矜持些，保持相对独立，不要轻易被请进门。很多行业专家，原来做外部顾问挺好，一旦入职，变成内部专家，就不适应了。内部专家不是那么好做的，不是有点散装知识就能高枕无忧，除了有理论，还要有方法，除了能组织落地变现，还要快速变现。

知识分子的最好归宿，还是数智化、知识的系统封装产品化！

"知本主义"时代，从物质文明到精神文明，从"资本主义"到"知本主义"。但知识生产和知识消费之间还存在巨大鸿沟，隔着厚厚迷雾。

首先，信息产生和传播门槛降低，我们被淹没在信息的海洋里，但这其中大多是垃圾信息。有一些有价值，但浓度低，还只是矿石原材料，难以直接消化。知识应该被当作产品，比如在规划设计前端，就需要预埋可供应性设计能力。比如图书就是一种传统的知识产品，需要像产品立项一样调研，从客户视角分析需求，去粗取精，去伪存真，由此及彼，由表及里。如果产品价值不清晰，边界模糊，写到哪里算哪里，那么质量不能保证。简单化等设计原则也是必要的，比如我给自己定的设计基线是，每篇文章不超过一定字数。

学海无涯苦作舟。人类处理知识的能力是有限的，学习很多时候是痛苦的。有些专业领域，知识浓度很高。虽然说浓缩的是精华，但超出了人正常的接收和处理能力，难以消化。很多人买很多书，但真正读的比较少，或者读了后并没有完整获取其中的知识，知识供应链并没有真正形成闭环。浓缩的精华，配送难，消化难。

知识供应链配送的挑战是不只交到客户手上，要交到客户的脑袋里，有分解融入到使用的过程。知识配送是个高技术活，更具价值。没有产品化的是散装知识，不利于生产复制。没有封装的是裸体知识，不利于配送消费。知识类型不同，知识消费者习惯不同，知识封装方式不同。传统知识的载体局限于文字、图片和视频，比如传统的学校知识封装在教材当中，主要是文字和图片。最后一公里配送主要靠学校，靠老师讲解。人拉肩扛，对学校、对老师个人水平依赖很大。优秀学校、优秀老师总是有限的，于是出现了一些社会问题（比如学区房等）。如果知识能够被更好地封装起来，以知识消费者为中心，场景化、系统化，将知识消费行为融入产品封装设计中，就更加便于知识的消费和吸收。这样可以逐步降低对学校、对优秀老师的依赖，至少降低对老师个人素质的过高要求。

基于知识消费场景，增加场景化互动内容，持续积累数据。比如小朋友学习汉字或者英文单词，传统主要靠背诵读写，相对枯燥。但被场景化封装后更加生动活泼，便于知识的消费吸收、数据的持续积累和迭代。这相当于把学校和老师的工作封装到产品中，实现了一定程度的知识自働化。有一些经典的文学作品本身没有知识产权，但知识封装后增加了价值，变成了知识产权。各个行业的散装知识分布在数据的海洋里，等待我们去提炼、封装形成知识产品，方便复制和配送消费。有的沉淀在平台，有的知识被升华，在云端凝结。云的核心，不只是云存储与云计算资源，而是业务知识！

比如这本书介绍场景化产品与供应模式设计，是基于实践提炼的设计方法和方案，也是知识资产，通过书籍这种媒介中途会损耗很多，很难被消化吸收。如果我们把它进行场景化分解，基于云化技术在具体的规划设计活动中提供知识服务，会更有利于知识的使用与持续的积累和凝结。

———

总的来说，数字化产品的内核是知识和专业服务，同样需要设计、生产、封装和交付。供应链也许需要改变形态和运作方式，打造数智化知识供应链，作为未来数字化供应链的一个发展方向！

第十章 ▶ CHAPTER 10

万物共生
供应模式演进乾坤图

没有最好的模式，只有最合适的模式

第一节　需求解构与场景分类

从客户中来，到客户中去。

需求是一切商业组织，包括供应链组织行为的源头和终点。解构分析客户需求特点，更容易把握商业本质，设计合适的供应模式，匹配合适的运营管理方法。当然，产品供应模式的设计还需要考虑其他环境因素，比如供应端能力、物料要素供应、生产制造要素供应等。这里把客户需求作为关键核心要素，但不是唯一的要素。规划理想供应模式，要抓主要矛盾和矛盾的主要方面。我们说以客户为中心，就是说客户的需求是龙头，其他要素（包括供应环境和供应能力等）都是为客户服务的。供应能力等其他要素作为假设条件都是可以打破且有可能改变的。

一、需求解构

对对象的解构分类很容易引起争吵,谁也说服不了谁。很多时候没有对错,只是要明确解构分类的目的是什么,从哪个视角看。对于需求的解构,最经典的是马斯洛的需求五层次理论,从基本需求到价值实现。但这种解构从个人发展视角看合适,从供应链视角看却不太适合。从供应链视角如何找到合适的场景分类维度?这里我尝试用5W2H先进行解构,然后再重新抽象归类整合。这是我基于自己经验的一次探索,可能有不完善的地方,希望大家指正。不同的视角会有不同的结果,这里主要是从供应模式设计视角进行解构。

首先用5W2H进行解构:

- Why,需求洞察(价值起源):寻根究底,识别伪需求,洞察关键价值需求。
- Who,目标客户(客户对象):谁是我们的客户,不是所有需求我们都要满足。
- What,供应对象(价值载体):对象品类,是实体产品、软件还是服务。
- Where,供应范围(关键特征):是区域性、全国还是全球性需求。
- When,供应时间(关键特征):供应周期,是连续性还是间歇性需求。
- How,供应方式(关键特征):是直接供应还是通过渠道伙伴供应等。
- How Much,批次数量(关键特征):是大批量规模化还是小批量零散需求。

抽象解构后,从供应模式设计视角,简化整合到以下3个维度。

（1）**静态复杂度**：需求复杂，产品与供应链自然就复杂。需求洞察和目标客户的选择对复杂度的收敛非常重要。产品自身复杂度、品类、批量以及需求地域分布等，都会带来复杂度的变化。

（2）**动态不确定性**：只要加上时间，即使是单一品类也可能存在不确定性。比如西瓜在夏天的需求多一些，但夏天的炎热程度和下雨情况都会导致对西瓜的需求存在不确定性。农民难就在于农产品供应周期长，反应慢，有的时候不得不靠天吃饭。现代商业环境中，创新驱动带来的产品快速迭代、全球不同区域的政策经济环境等（比如贸易、科技摩擦），都会带来不确定性。

（3）**产品形态**：武器往往决定了战争形态，战争形态又决定了组织作战队形和管理方式。产品形态不同，对应的供应模式和产品可供应设计也不同。历史上，从农产品到工业产品，从机械产品到电子产品，从实体产品到数字化虚拟产品，供应链发生了革命性的变化。

二、三维立体需求场景

我们按照需求的静态复杂度、动态不确定性和产品形态3个维度组合，形成立体场景化的三维需求场景分类图，如图10-1所示。

- **原始需求**：处于萌芽状态，一般规模小，而且碎片化，混乱但充满活力。这个阶段的需求动态变化，充满各种可能。有需求被收敛规整，也有新需求不断产生。
- **基础需求**：零星而混乱的原始需求不断演进，需求规模不断壮大。这时通过去粗取精、去伪存真，由此及彼、由表及里的需求规整与激发演化，就可能出现大颗粒、标准化的基础需求，或者说主干需求。
- **多元需求**：基础需求满足后，不同客户和不同细分市场的多元需求开始出现。产品品类开始增多，差异化细分颗粒变小。如果没有有效的管理，供应复杂度和成本会上升。

- **多变需求**：人总是喜新厌旧，不断演进变化。所以在时间维度上，需求也逐步呈现多变需求和动态不确定性。不过在低复杂度场景（比如品类少）下，多变需求相对容易应对。
- **多元+多变需求**：比如服装，不同人群有不同颜色和款式偏好，这是相对静态的多元需求；动态的多变需求，指的是款式、颜色也会随着流行风潮快速变化，变得更加难以把握。
- **实体物质需求**：看得见摸得着的实体产品，比如汽车与电视、电话等机械产品，以及机械电子纯硬件或者软硬件一体化产品。
- **虚拟需求**：人们的需求越来越从物质转向精神层面，比如虚拟的数字产品、软件与服务。虚拟需求也包括技术与知识含量低的普通劳务服务，以及技术与知识含量高的专业服务。

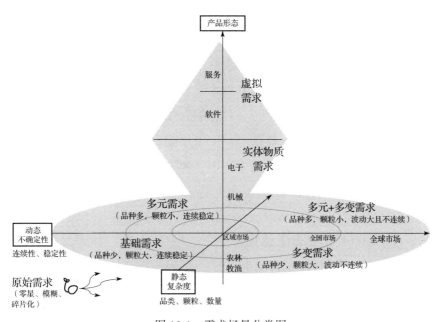

图 10-1　需求场景分类图

三、不同产品的需求特点

不同产业有不同的产品需求特点。

识别正确的需求场景，匹配合适的商业模式与供应模式等，这是正本；在产品设计源头匹配合适的 DFX 设计，这是活源。正本活源，后端供应链运作管理就事半功倍，水到渠成。

比如最传统的农业生产。小麦、大米是基础需求，成本效率是关键矛盾。在这个场景下，科学管理基础上的专业分工、规模化分段供应链是合适的模式。在从 0 到 1 的种子研发培育中，也有产品 DFX 设计。规模化农产品的研发 DFX 活动，包括培育口感更好、防虫效果更好、产出效率更高的杂交水稻种子；研究、改进有利于简单化、标准化、大规模机械化种植的育苗工作；研发有利于直接长期存储（或者供应链后端规模化深加工后长期存储）的新品种。这些工作，对于规模化粮食供应链的有效运转，以及保障粮食基础安全，都是事半功倍。

同样是大规模需求，西瓜的复杂度低，但不确定性高。这属于单纯的多变需求，供应周期是关键矛盾。在这个场景下，轻量化垂直整合供应链是合适的模式。在从 0 到 1 的产品设计中，培育生长快、成熟周期短的种子。在生产上，轻量化的大棚投资减少靠天吃饭，缩短生产周期，同时有一定规模优势。从生产到供应上市，垂直整合一体化供应缩短周期，提高市场响应速度。甚至在安全保障下的催熟等创新技术手段，也是合适的。

四、不同发展阶段的注意点

同一个产业在不同发展阶段，也有不同的需求特点。

如图 10-2 所示，企业在不同需求阶段，应该匹配不同的供应模式和产品 DFX 设计。从刚开始的原始需求突破，到基于基础需求的规模化成长，再到需求分蘖、多元化集团的横向扩张，再到多元＋多变需求（如部分全球化场景）。既不能落后保守，以不变应万变，也不能过于激进，身体跟不上灵魂的步伐。

第十章 ◀ 万物共生：供应模式演进乾坤图　　299

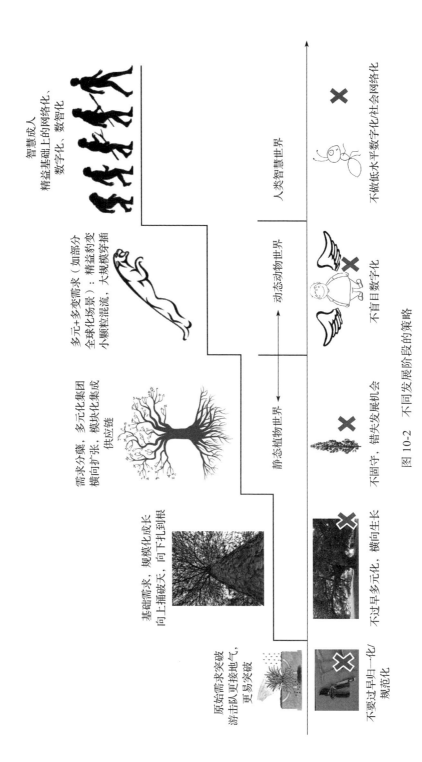

图 10-2　不同发展阶段的策略

（1）**小型组织为什么打败了大企业**：在初始突破阶段，很多大企业看起来很厉害，有豪华的管理团队和碾压他人的资源优势，但最后失败了。而很多原来不被看好的小型组织，反而打败了大企业，成功了。因为在业务突破阶段，小型组织的约束更少，没那么多条条框框，更容易找到阳光，更接地气，更容易生根发芽。

（2）**向下扎到根，才能向上捅破天**：当规模发展到一定程度，就要走向规范化，不能再像小型组织一样。另外，也不能过早多元化，过早进行横向生长是长不高的。正确的策略是聚焦，有约束有质量地增长。聚焦大颗粒规模化需求，聚焦专业能力，只有向下扎到根，才能向上捅破天。

（3）**万物归一，一生万物，规模化的基础上多元化**：增长到一定规模，比如福特的T型车覆盖率已经很高，客户需求会走向多元化。这个时候要适当横向扩张，走多元化发展的道路。如果还是死守聚焦收敛，空间会越做越小。但也不要盲目扩张，应该在原来的规模优势主干上分蘖发展。

（4）**动态需求，精益豹变**：对于多变的需求，比如恶劣多变的气候条件下，孤独的大树会独木难支。在多元+多变的需求下，要同时保持规模优势和灵活敏捷，需要精益供应链：通过模块化平台保持规模优势，通过多品种小颗粒混流、数字化高效协同保障灵活敏捷。

（5）**从控制到赋能，开放的供应链生态化**：世界上没有两片相同的树叶，更没有完全相同的两个人。越靠近人、越场景化的需求，往往越是个性化的。只是因为生产力和成本效率等因素，人们不得不压制了这些个性化的需求。当技术和管理能降低门槛，个性化需求就会被激发和释放出来。企业市场的组织客户，也没有哪两个是完全一样的。组织面临的问题往往不是单点问题，而是场景化的系统问题。提供企业IT服务的，很大一部分是咨询师和系统应用工程师等。他们需要结合客户的业务特点，设计系统化个性化的解决方案。这个阶段，我们需要利用数字化智能化技术，从封闭网络走向开放网络。通过构建自己的核心能力，赋能和管理供应链生态网络。

（6）从物质需求到精神需求，从实体产品到数字产品：在华为这样偏硬件的企业，数字化软件人员占非常高的比例，而软件只是数字化产品的一种形式。基于需求和技术双轮驱动，从实体产品到数字产品，变化速度在加快。问渠哪得清如许，为有源头活水来。数字化不只能提高效率，关键还要能创造新的价值。通俗点说，就是客户愿不愿意掏钱。数字化产品对应的数字化供应链会发生什么样的变化，值得我们期待和探索。

需求的演进往往不是简单的替代。多元需求出现，并不意味着基础需求消失。需求的演进也不一定是循序渐进的，基础需求的下一步不一定就是多元需求，也许直接就是多元＋多变需求。单个企业很难覆盖所有的需求，需要基于企业自身特点和战略做出选择。

第二节　供应模式分类与演进

这是一个万物共生、丰富多彩的世界。

新物种诞生，老物种不一定灭绝。鼠有鼠路，蛇有蛇道，不同物种有不同的生存方式，它们一起构成了这个多姿多彩的世界。没有最好的模式，只有最合适的模式。适者生存，企业需要基于需求找到适合自己的供应模式，既不因循守旧，也不盲目追逐新概念。

如图 10-3 所示的供应模式乾坤图，是我基于自己的经验梳理的，供大家参考指正。这里面有一个基本的逻辑假设，是产品组织和供应链组织有很强的相关性，而社会组织和生物组织的代际演进也有很强的相关性，有相似的底层逻辑可以参考。我认为这是有一定合理性的，因为产品组织和供应链组织都是商业组织的子系统，而商业组织又是社会组织的子系统，社会组织和生物组织又都是地球自然系统的子系统。在同一个系统内，子系统和子系统之间的组成要素与连接方式有关联性，有相似的底层逻辑是可以理解的。比如自然界常见的分形现象，就是在系统不同层级使用相同的逻辑表达。所以我们在猎豹的心脏结构中，也可以看到精益供应链的演进逻辑。

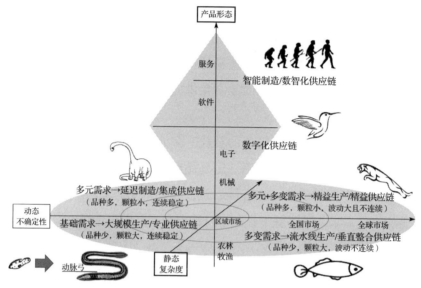

图 10-3　供应模式乾坤图

一、项目型原始供应链

没有最好的模式，也没有最差的模式。

原始供应链并不是一无是处。在创业或者新业务初始突破阶段，需求离散不确定，原始供应链也许就是合适的供应模式。没有重型武器和流程的支持与约束，人拉肩扛，却更灵活，能快速响应并抓住机会。这个阶段，小型组织往往打败大企业。如果供应链只是简单抱怨客户定制需求太多，太早要求标准化和规范化，反而会让企业错失机会。但并不是说原始供应链就不需要管理、可以放任自由。比较合适的做法是项目型供应链管理、扁平化的组织结构、端到端一体化集成管理，构建高效协同与快速响应的能力。没有管理的原始供应链组织是散兵游勇，而有管理的项目型供应链组织知道客户是谁，有自己的价值观和协同方式。

在设计原则上，核心是价值设计（再次强调，简洁化不是DFX第一设计原则）。

需求场景：初始突破阶段，需求离散不确定，定制需求多。

主要矛盾：抓住机会，突破市场。

供应模式：项目型供应链。

设计原则：价值设计，轻量化，灵活。

典型案例：火箭、建筑供应链。

二、专业化规模供应链

小时候在家里种地，一家人很忙很辛苦但只能解决温饱。农民自给自足，什么都干，各种粮食都要种一点，猪和兔子也要养一点。样样通，样样稀松，没有规模效应，时间精力很多都浪费在走路和切换上。解决办法就是专业化，科学管理。养猪的养猪，养兔子的养兔子。高三的时候，我晚自习经常设计我的羊圈。当时想的是，要是考不上大学我就去做专业养殖户。我这人爱琢磨，养羊也能科学养羊，走上规模化正循环也不一定。

专业分工，但分工不一定会带来专业化。专业化需要白盒化，有向下扎到根的能力。向下扎到根，才能向上捅破天，有质量的增长才是健康的规模化。如果不懂科学养殖，盲目地规模化聚集很容易得病，比如一场猪瘟，辛苦半年到头一场空。不懂简单化、标准化、自动化，只是靠堆资源和人拉肩扛，规模和效率也很难提升。

道理都是相通的。

任凭弱水三千，我只取一瓢饮。

在这个阶段，一定要聚焦。专业精深，向下扎到根；聚焦主干，才能向上捅破天。拙速胜巧迟，不要贪多，不要过早地多元化。太早分叉的树是长不高的。如图10-4所示，自动化设备是这个阶段的明星，以设备为核心，分段供应，设备利用最大化，追求极致效率和成本。

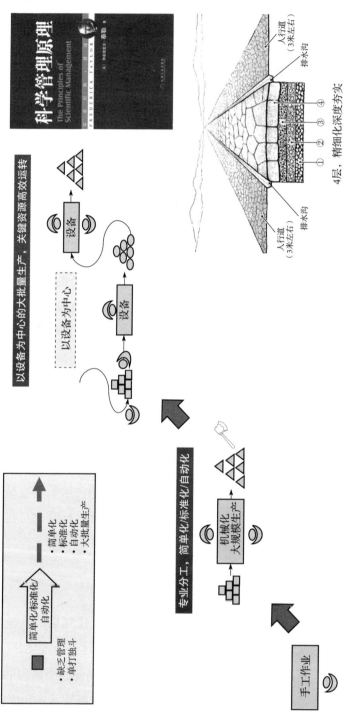

图 10-4　大规模机器生产与科学管理

需求场景：大颗粒基础需求，或者快速成长场景中的主干需求。
主要矛盾：效率成本，有质量的规模增长。
供应模式：专业化的规模供应链。
设计原则：白盒化基础上的简单化、标准化和自动化。
典型案例：泰勒在米德维尔钢铁公司的科学管理、芯片等零部件供应链。

三、垂直整合供应链

专业化规模供应链的自动化设备生产效率高。但工厂之间的物流搬运、协同不足导致库存浪费严重。另外，分工断点导致周期拉长，面对需求变化场景往往反应不过来。福特的大批量流水线，通过垂直整合供应链解决了这个问题。很多人说丰田厉害，整车生产只要 20 小时。其他很多企业通常都要十几天，甚至几十天。其实福特在 20 世纪 20 年代，在全流程生产周期上就做到了可 20 小时产出。而且福特流水线范围更广，实现了矿石冶炼到整车生产的垂直整合。垂直整合对供应链库存和物流周转成本影响大，垂直整合可以缩短供应周期，减少周转，低成本快速响应客户需求。

传统的大规模流水线不断拧毛巾，趋势是走向收敛的。如图 10-5 所示，创新驱动与垂直整合供应链往往配合出现。通过价值创新和垂直整合融合新的价值，通过极简设计去除浪费。一张一弛，文武之道；一呼一吸，生命之源。三星和苹果走的都是这条路。是选择以设备为中心的专业化规模供应链，还是以流程为中心的垂直整合供应链、主要看产品需求特点、主要矛盾是什么。

需求场景：品类少的规模化需求、周期敏感的需求（比如迭代快的科技类产品）。
主要矛盾：快速响应，兼顾效率成本。
供应模式：垂直整合供应链，规模大、效率高，反应快。

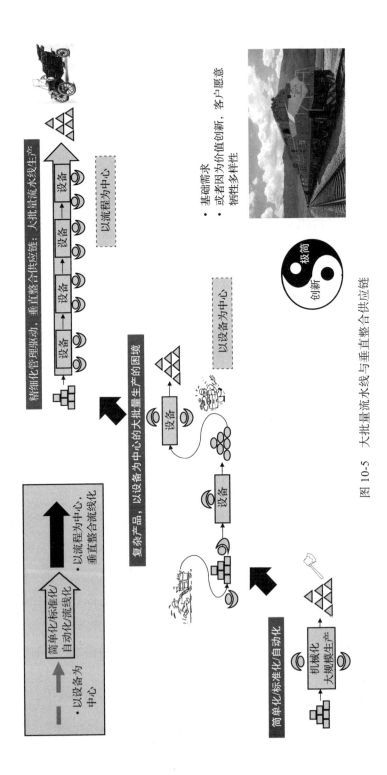

图 10-5　大批量流水线与垂直整合供应链

设计原则：以价值流为核心，简单化、标准化和自动化基础上流线化。

典型案例：福特、索尼、苹果、三星、特斯拉。

四、模块化集成供应链

人的本性是喜新厌旧，基础需求得到满足后，多元化需求开始出现。从企业管理维度看，业务不断发展壮大，产品种类也开始增多。传统以大批量流水线为核心的垂直整合供应链中，多元化产品，不同产品有不同的产品线。有时这个需求增加了，但相应的生产线产能提升没有那么快。等产能提升上来，需求又下降了，造成产能浪费。其他产品的生产线却可能因为没有需求，正在闲置浪费。

如图10-6所示，模块化产品设计匹配延迟制造，匹配模块化集成供应链。大批量流水线高效生产模块化半成品，整机通过乐高式模块组装快速满足多元化需求。模块化设计开创了现代企业分权管理的新时代。矩阵化组织、流程驱动的IPD、ISC等都建立在模块化的基础上。如果管理得当，它们兼具集中高效和分权灵活的优势。

需求场景：相对成熟的，微创新、变化慢的多元化需求。
主要矛盾：多元分蘖，如何保持大规模集中高效的优势。
供应模式：模块化集成供应链。
设计原则：模块化，标准化前移，定制化后移，高内聚，低耦合。
典型案例：通用汽车、IBM、华为。

五、精益供应链

多元需求下，大家规规矩矩地排队，虽然周期长一些，但最后需求总能得到满足。即使遇到预测不准的问题，迭代几轮，不断调整预测，也可以不断逼近。但多元如果再加上多变需求，IPD和ISC都会遇到致命性的挑战。

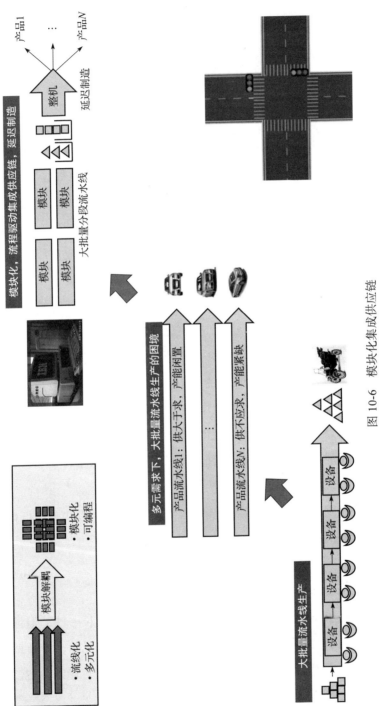

图 10-6 模块化集成供应链

调整，不断地调整，但计划总是赶不上变化。紧急需求不断地插队，重新调整顺序造成队列紊乱，来来回回，大家疲于奔命。产品还没有生产出来，需求就变了，成为呆滞甚至报废。我们需要找其他更合适的模式。

关键是周期！周期越短，集成供应链响应多元＋多变需求的能力就越强。它最核心的思想是化整为零，小颗粒混合流动，缩短周期。如图 10-7 所示，精益供应链的基础是平台化产品设计，或者叫平台插件化，快速插入拔出，灵活调整数量、次序。

很多平台很短命，长的 2～3 年，短的 1 年都不到就要推倒重来。这限制了平台插件化的范围和落地效果。传统平台化设计，高度依赖未来趋势预测，在今天这个多变的世界，非常有挑战性。因为平台既代表了一种能力，也是一种约束。如图 10-8 所示，其中的模块化平台最早起源于大众。它将传统平台的底盘约束，转变为只约束前轴到方向盘的距离，只约束接口。模块化平台将传统厚重的平台解放出来，把平台做薄做宽，可扩展。MQB 平台用了十几年还在平滑演进，非常有生命力。

需求场景：多元＋多变需求。
主要矛盾：如何快速响应变化，同时保留多元化大规模生产的效率优势。
供应模式：精益供应链，小颗粒混流，大规模穿插。
设计原则：平台化，模块化平台。
典型案例：丰田、大众。

六、全球化演进

全球化供应，最前面的龙头是整机。整机龙头过重，容易掉入全球化陷阱：质量陷阱、成本陷阱和政策陷阱。组件化轻整机产品设计，整机界面做简做轻，龙头便灵活。面对不同区域、不同国家的变化需求，包括政策变化，都能更灵活应对。全球化供应布局下沉，也可以更加灵活。

组件化是网络化的基础，可以向分布式产品网络演进。

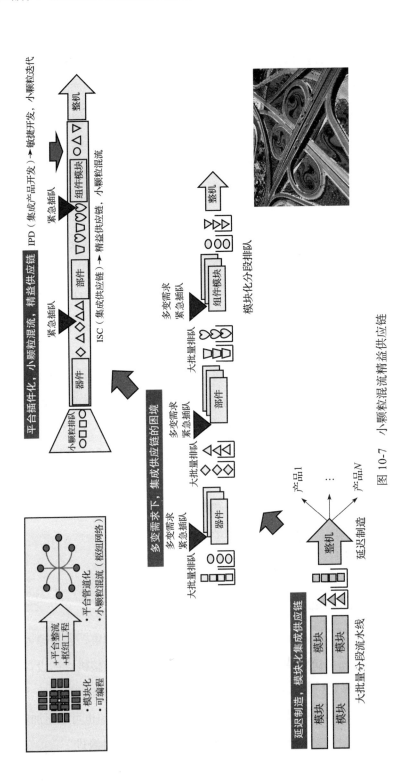

图 10-7 小颗粒混流精益供应链

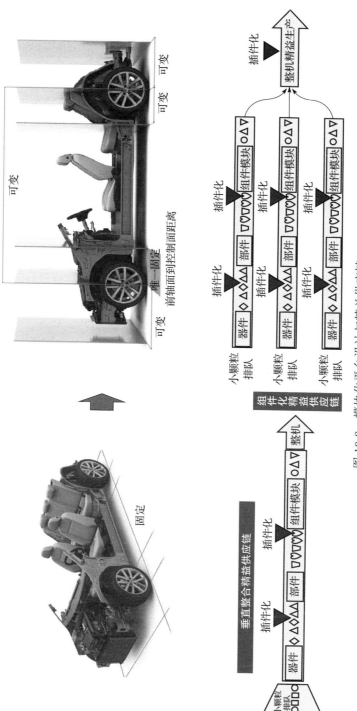

图 10-8　模块化平台设计与精益供应链

如图 10-9 所示，宜家家具这样集中化的产品，只有结构组件，没有电气连接。但它的内核是组件化基础上的分布式网络化设计。它不需要数字化网络链接，而是采用简单的卡接设计，快速拼装，达到分布式网络效果，能散能聚。分布式产品架构，有利于实现去供应中心的分布式供应网络布局。这在割裂的全球化场景下，对灵活应对供应风险，保持供应连续非常有利。大颗粒组件化轻整机，分布式网络化设计（免整机），能散能聚！

需求场景：割裂的全球化场景。
主要矛盾：规避全球化陷阱，不同区域、不同国家灵活布局。
供应模式：组件式、分布式供应网络。
设计原则：组件化轻整机，网络化，平板堆叠（物流设计）。
典型案例：宜家、华为分布式架构。

七、数字化到数智化供应链

数字化时代，价值和多样性从硬件逐步向上转移。为了应对多元而多变的需求，苹果、特斯拉没有硬碰硬，像丰田一样构建多产品精益混流的硬核供应能力。如图 10-10 所示，苹果通过数字化设计巧妙地解决了这个问题。它在价值和多样性向软件和数字化生态转移的基础上，硬件归一精品化。通过垂直整合硬件供应链，加上多样性的数字化敏捷供应链，线上线下协同，满足了客户多元＋多变＋多态的需求。

对供应链来说，数字化是机会，也是挑战。

数字化可以分为科学管理，从语文题到数学题的数字化 1.0；模块化结构化集成数据管理 2.0；精益自働化的数据管理 3.0；数据驱动的数智化 4.0。数据存着没有价值，流动起来被使用才有价值。精益自働化从实物流扩展到信息流，让割裂的数据流动起来产生价值，逐步从

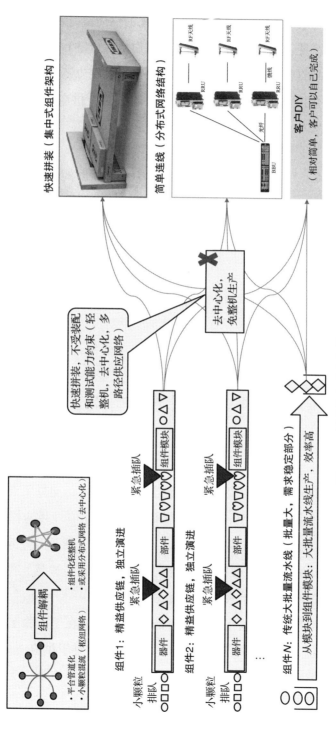

图 10-9 割裂的全球化与供应网络灵活布局

"动物世界"进入"人类智慧世界"。原来的供应链是没有意识、没有思考的被动系统,而数智化供应链从点(原始供应链)→线(专业化规模供应链,垂直整合供应链)→面(模块化集成供应链)→体(精益供应链,管道化混流)→脑(数智化,社会化,智慧供应链),最终进化成具备主动思考、自适应、有智慧的组织。

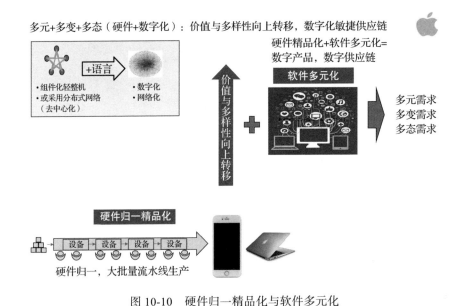

图 10-10　硬件归一精品化与软件多元化

从数字化 1.0 到 3.0,我都认为数字化只是技术,支撑了对应供应模式的实现和更好的运转。比如数字化 1.0 支撑了专业供应链,数字化 2.0 支撑了模块化集成供应链,数字化 3.0 支撑了精益供应链。只有到了数字化 4.0,或者说数智化供应链,供应链才有了智慧。我认为这才是真正革命性的,它带来了供应模式的改变。

如图 10-11 所示,数字化供应链的另一个挑战在于:除了通过数字化提升传统供应链效率,找到新的数字化产品对于供应链的价值。相对硬件,供应链在软件、数字化部分的价值空间没有那么大。这部

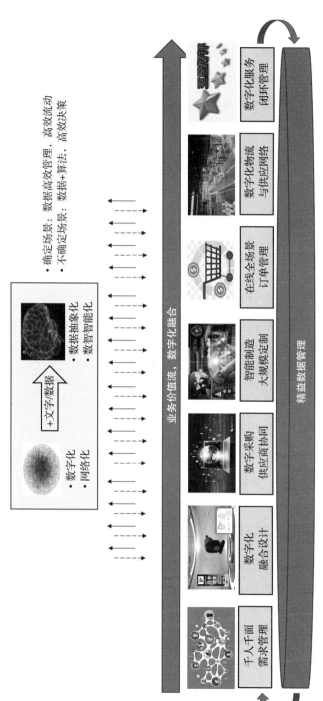

图 10-11 精益数据管理与数智化供应链

分我们做了一些初步探索，比如数字化融合设计、制造服务化和服务制造化以及数字化知识供应链等。但这些探索都还处于初步阶段，希望未来会有更好的发现和突破。

需求特点：多元＋多变＋多态需求。
主要矛盾：如何利用数字化技术创造价值，提升效率，改变模式。
供应模式：数字供应链，价值与多样性向上转移，硬件归一精品化。
产品设计：数字化产品设计，数字化融合设计。
典型实践：苹果、阿里巴巴。

八、博采众长的混合模式设计

不同产品的需求特点不同，供应模式也不同。但这并不是说，一个产品只能限定一种供应模式。设计是一种既理想又现实的复杂创新活动。设计模式、设计原则和设计方法可以借鉴，但到具体场景，需要博采众长，活学活用。这是一个具有多样性的复杂世界，也许场景上就是一个混合场景。另外，设计是面向未来、基于现实的迭代演进。我们常说，饭要一口一口吃，衣服要一件一件穿。但并没有说，我们只穿一件衣服，只吃饭不吃菜。管它萝卜青菜，对身体健康的就是好菜；管它黑猫白猫，能抓住老鼠的就是好猫。

现实的场景往往是混合场景，现实的模式设计大部分都是混合模式。优秀的基因不会轻易消失，它们会传承下来，迭代演进。比如简洁化设计基因，最早出现在泰勒式科学管理中。随着生产模式、供应模式和组织管理模式的演进，简洁化设计基因被继承下来，成为后面新供应模式的默认基础。随着产品与供应模式的演进，单点工艺设计扩展到生产线设计；简洁化实物流设计扩展到集成供应链简洁化信息流、简洁化产品数据流设计。面向未来的数字化、数智化供应链，也需要简洁化设计。

自动化也是一样，从最早的机械自动化，到程控式电气自动化（PLC），到精益自働化（LCIA）、智能化机器人。随着技术与供应模式的进步，自动化同步演进。

即使是数字化，也不是今天才出现的，已经传承与演进了好几代。

总的来说，这是一个丰富多彩的世界，设计需要基于场景，博采众长，活学活用。我在存储和数字能源产品的实践，就是一个混合模式设计的好案例。

第十一章 ▶ CHAPTER 11

组织与人才

深度学习，融合创新，学习新知识的知识，掌握新方法的方法

第一节 流水不腐：沿着价值流建组织

看到 IBM 沃森智慧医疗裁员，并且有可能被卖掉的消息，心有戚戚。

对于一个企业的成败，关键的不是一两款产品和一两个项目，关键的是产品背后的管理模式和组织结构是否适应商业环境的变化。IBM 手把手教会华为 IPD、ISC。我们被深深打上了流程驱动、模块化集成管理模式的烙印。没有最好的模式，只有最合适的模式。每种管理模式都有它的优点，也有弱点或者说罩门（先天的薄弱环节）。练习着同样的内功心法，有同样罩门的老师遇到了困难，不由得我们不去思考如何改变，从而避免明天面临同样的困境。

一、超强的战略规划能力

如果 IBM 看不到变化，不追求改变，也就罢了。但论战略规划能力和创新意识，IBM 其实处于前列。早在 2008 年 11 月，IBM 就提出"智慧供应链"与"智慧地球"等理念，比工业 4.0 还要早好几年。而且 IBM 没有停留在概念创新阶段，而是从战略到执行，成立了对应组织，坚决有次序地投入。2011 年 IBM 以创始人名字推出沃森智慧医疗，从健康医疗开始突破。

这和华为的做事方式很像。

如果我是 IBM 当时的决策者，也会做出同样的战略选择。数字化和数智化除了在传统工业领域提升效率，更应该开辟新的价值空间。这样的价值空间应该靠近个性化、不确定性高的价值领域。健康医疗市场痛点多，个性化需求多，数智化价值空间大，是一个好的突破口。2012 年，沃森智慧医疗找到了第一份工作。它和医疗保险公司 Wellpoint 联合，帮助护士们管理复杂病例，管理来自医疗服务供应商的信息，帮助医生通过远程网络诊断病情。IBM 同时也在大数据、云计算和物联网方面开展研究，通过云端提供服务。

IBM 有如此超前的战略规划能力，一点都不意外。做正确的事，比正确地做事重要。这是 IPD 最核心的思想。这么大的组织，就像是航空母舰，必须有强大的信息系统、强大的战略洞察和规划能力。这是集成管理组织被逼出来的优势。组织大、环节多、流程复杂、周期长，很多工作都需要未雨绸缪，着眼于长远的战略和计划驱动。没有超强的战略规划与计划预测管理能力，企业就活不下去。

二、为什么起个大早赶个晚集

有超强的战略规划能力，却没有带来对应的成功。曾经风光无限的沃森智慧医疗，为什么起个大早赶个晚集，沦落到裁员甚至"卖身"

的地步？不完全是战略执行力不行。和华为一样，IBM有着相对完善的战略到执行流程。一旦战略目标确定，就会有对应的战略解码与业务设计和组织资源保障。虽然矩阵组织有效率损失，但基于大规模的资源投入，还是具有超过一般企业的战略执行能力。

创新者的窘境能解释一部分，却不能完全解释。IBM并不像诺基亚，沉迷于传统业务的成功，而减少甚至忽视了新业务的投资。它一直在智能化、云，以及关联的互联网上坚定地投资。包括华为，也很早就在云上投资。但还是起了个大早，赶了个晚集。

个人认为这不是战略和资源投入的问题，而是组织能力的问题。不是不想，而是不能！问题的核心其实出在IBM和华为的管理模式和组织阵型上。原来的管理模式和矩阵组织阵型，不再适应新的商业场景。在模糊、动态变化的场景下，战略方向只能大致正确。具体如何实现？策略路径和节奏都不清晰，需要摸着石头过河，基于变化的场景，灵活调整。方向大致正确，组织需要充满活力。但集成管理模式下的矩阵组织，适合瞄准目标，协同作战。比如IBM360模块化计算机，总投资达到50亿美元，是美国曼哈顿原子弹项目投资金额的2.5倍。

在模糊和动态不确定性场景下，这种管理模式和组织阵型存在弱点。等各功能领域沟通对齐后，往往会贻误战机。等端到端协同完成，战场情况可能又发生变化。多头组织下，业务层面扯不清楚，只能升级决策。级升得越高，决策团队对业务场景的触角就越少，往往基于个人历史经验决策，极易造成决策错误或者贻误战机。

三、利用价值流减少组织淤积

明茨伯格说，矩阵组织是未来的组织。

现在看，这句话并不完全对。传统的金字塔组织是一维组织。随着组织规模的扩大、管理复杂度的增加，科层层级不断往上叠加。做出决策的管理层，离客户、离现场环境越来越远，决策的链条越来越长。信息延时、丢失和歪曲失真越来越严重。基于模块化设计思想，流程驱动的集成管理模式和矩阵组织开始出现。它在传统的纵向的一维金字塔组织基础上，面向横向细分客户，沿着价值流形成了二维矩阵组织。它沿着价值流打通部门墙，将各个职能组织串起来。聚焦客户，灵活应对需求和内外部环境的变化。最早华为的口号是建设项目型组织，包括产品线维度和销售维度的项目管理。后来形成项目群维度经营长期化，逐步形成交叉矩阵组织。

矩阵组织也有分类：强矩阵组织与弱矩阵组织。它们在不同场景下各有优缺点。强矩阵组织中，面向客户价值流维度的组织更加强势，在财务投资管理、人员考核管理和事务决策等维度拥有更大的话语权。这样的组织对客户需求变化和内外部环境变化响应更快。但专业部门容易弱化，横向资源共享和专业能力积累容易出现不足。

弱矩阵组织中，职能维度的专业组织更加强势。资源、人员考核和专业能力管理都在职能部门手上，专业积累容易做深一些。面向客户价值流维度的项目经理，往往是临时任命的。虽然承担了满足客户需求的职责，但调动资源的权力比较小，往往需要与各方沟通联系，说明原因，获取资源。遇到和现有流程不符的，需要一个个打通关。专业积累强，但沟通效率低、成本高、周期长、决策慢。

流水不腐。减少河流段淤积的最好办法就是利用价值流的冲击。以产品价值流为主线，在产品规划设计源头同步规划供应链，沿着价值流组建团队。组织尽量沿着价值流拆分，宁愿做长，也要做薄。这可以减少层级，减少流动阻力。

平台能力要强但组织要薄。平台职能组织不应该靠堆人，而应该走产品化封装的道路。专业能力做深做细，然后把专业能力封装到工具武器当中。不要派大量的人参与价值流作战，造成价值流河道堵塞，而是应该提供专业的武器＋小颗粒混合作战团队，支撑价值流的高效运转。

四、不同创新场景的组织选择

前面我们研究了单细胞生物到脊椎动物的演进。脊椎动物意味着开始有组织结构，有骨架支撑。鱼类是比较早的脊椎动物，它的鱼骨像金字塔组织一样，是一维的。金字塔组织的刻板印象是臃肿缓慢，但在适度的场景下，集约化统一指挥其实可以很高效而且灵活。像三星、苹果和特斯拉其实都是这种鱼骨图组织架构、垂直整合供应模式。

到了两栖动物，开始进化出四肢，成为二维矩阵组织。虽然可以适应水里和陆地的多元环境，但身体的敏捷反应能力反而变弱了。强调规划能力，平时慢悠悠，瞄准目标后一击而中。这样的组织结构被很多大型企业，特别是多元化集团军作战场景采用。通用汽车、通用电气以及IBM、华为都是这样的组织结构。这种组织结构不适宜快速变化的新业务开拓。等你不断瞄准、多方讨论决策下来，时机已经错过。

对创新性的业务突破，企业基于不同场景有不同的选择。

（1）**坚决拆分的小型敏捷组织**：好处是组织规模小，复杂度低，决策简单、行动灵活。不足是不利于发挥大型组织资源多和平台技术能力强的优势。对颠覆式创新场景，这是相对合适的选择。因为传统业务积累的平台技术优势，在颠覆式创新场景下发挥不了多少优势，反而容易成为羁绊。这样的小型敏捷组织实际就是小企业创业，失败的概率很高。所以比较好的策略是以量取胜，多搞几个相对独立的团队，广撒网，从不同方向进行多渠道、多路径探索。

（2）**大平台基础上的小颗粒精益组织**：这样的组织结构既能利用大平台的技术和资源优势，又能兼顾初创企业的灵活性，适宜大方向相对清晰或者具有一定延续性的多元创新业务。有大平台的技术和资源优势支撑，比其他创新的小企业成功率要高很多，可以走以质取胜的路线。大型企业往往先进行平台核心技术，甚至是基础理论的研究，然后再在此基础上进行应用型创新。

卵生与胎生，以量取胜与以质取胜，各有优缺点。

有的动物体积小但数量大，释放一堆卵出去，总要活下来一些。而哺乳动物的身体组织，特别是大脑更加复杂，需要更长时间在母体内孵育，出生后还需要长时间的照顾，只能走平台化优生优育的路线。

第二节 "知本主义"与人才管理

春秋战国时期，传统社会模式解构，新社会模式还未建立，社会一片混乱。不同阶层从不同视角，提出了不同的见解，百花齐放，百家争鸣。依附于没落贵族的儒家，痛感礼崩乐坏，主张恢复周礼，君君臣臣，父父子子。牵着青牛的老子，应该生活在山水自然的地方，像山民一样不喜欢管束，喜欢自由自在，他认为政府就不应该管那么多，不妨轻徭薄赋，自由放任。法家是集权管控派，改革图治，变法图强，建立集权管理体制。墨家代表了工匠等阶层、非攻的和平主义者，不喜欢战争，都打仗了，谁还请匠人呢，都得失业。什么样的组织管理模式最好，是道家的自由放任，还是法家的强管控，或者以德治国，这个问题争论了几千年，还没有结束（见图11-1）。

儒家
（礼乐祭祀）

道家
（代表农民）

法家
（代表官僚）

墨家
（代表工匠）
……

图11-1 传统模式解构，不同领域百家争鸣

对儒道法的争论，今天我们从系统架构和历史演进的视角看，又有一些不同。钱学森认为系统包括功能、要素和关系（见图11-2⊖）。不同社会组织（包括政府组织），在不同发展阶段，有不同的功能诉求（或者说主要矛盾）、不同的关键要素、不同的社会关系以及不同的组织管理模式。比如在春秋战国时期，组织的主要矛盾是生存，法家可能就是比较合适的模式。而当六国统一，人们需要休养生息的时候，法家的严刑峻法就导致了秦国的灭亡，而无为而治就带来了"文景之治"。

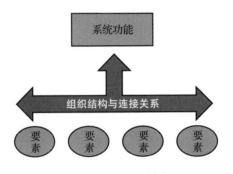

图 11-2　系统的构成

今天的供应链管理也有点这个意思：传统供应模式解构，新的模式还未建立，充满矛盾和活力。不同功能领域都发现了问题，感到很难受，努力往上。它们从不同视角提出自己的见解，如采购与供应链管理、物流与供应链管理、数字化供应链等，或者从单点功能领域，或者从技术视角提出自己的见解，都有道理。

今天我们换一个维度，从系统架构和历史演进的视角来看，会有一些不同的发现。社会组织模式和供应模式，有不少可以相互借鉴和值得思考的地方。

⊖ 图为作者自己提炼制作。

一、社会组织模式的关键生产要素演进

生物组织和社会组织都是组织系统,包含要素、关系和功能。不同社会组织,在不同发展阶段,它的主要矛盾、关键生产要素不同,最匹配的组织结构和管理模式也会不一样。

(1)**原始离散部落组织**:主要生产活动是采集狩猎,生产要素比较简单,主要是"**人**"。这个阶段的主要管理对象是人,所以必须以人为本。像尧、舜、禹这样大公无私,以身作则,分配公平,就能团结更多人,就更强大。要是碰到一个自私、用法家严刑峻法管理的部落首领,人早就跑光了。这个阶段的部落组织需要经常迁移,它们只有一些简单的工具,不太可能有很多重载的资产。最核心的要素,就是人。

(2)**农业半离散社会组织**:农业社会的组织关键生产要素发生了变化,"**土地**"成为关键生产要素,人成为土地的附庸。谁能占有更大的土地,谁就有更大的发言权和影响力。因为土地地域分布广,小颗粒家庭单元数量庞大,农业社会实际是一种半离散管理组织,大而不强。以前说中国封建社会过早发育,是金字塔组织,其实不完全正确。它只是戴了一顶金字塔的帽子,下面基础的生产组织方式采取的是离散的管理,是宗族自治,大而不强。用我们前面的分析,这种方式还没有向下扎到根。

(3)**工业化集权组织**:人类社会真正被集约化组织起来,要到工业社会,关键生产要素从土地变成了"**机器**"。摆脱了土地地域的限制,机械化集中,集约化工业生产方式更有利于城市化、集约化管理。国家更容易从一盘散沙,成为一个现代化国家组织。

(4)**多元化分权组织**:随着社会经济的发展,多元化需求抬头,除了机器外,"**知识**"也开始成为关键生产要素。对于多元化需求的满足,模块化集成管理是一个合适的选择,既集中高效,又多元灵活。

（5）**"知本主义"组织**：普遍创新时代的本质是"知本主义"。在"知本主义"社会，"知识"成为核心生产要素。以前谁掌握了资本，谁就能购买机器和厂房，就掌握了先进生产力。但是现在资本开始变得廉价，成为被调用的资源。谁掌握了知识，谁掌握了创新，谁才能抓住高额利润窗口。这些年来从世界五百强的变化、全球富豪排行榜的变化，可以明显看到向"知本主义"的转变。

几千年后，我们再一次回到了以人为本。

传统生产方式、组织方式，以及对应的管理和教育方式都要做出改变。农业社会的管理对象是土地和农民，资本主义社会的管理对象是机器和机械异化了的工人。"知本主义"社会，管理对象是知识生产，以及有开放创新能力的知识人。对知识和知识人的管理，已经有了一些探索，但还远远谈不上成熟。就拿供应链来说，知识供应链如何管理，就非常值得实践、探索，值得思考。

二、不同组织的罩门与运营管理要点

商业组织的价值在外部，组织竞争力主要体现在对外提供的产品和服务上。

组织内各种生产要素，以及业务流程、组织结构和数据IT系统等，都是为了产品和服务。作为产品的母体，组织类要素和基因一脉相承。产品拆解开，就能大致看出它背后的组织结构和运作管理方式。比如，从散装的小麦、大米，就能看到背后离散的农业生产组织；从手工打造的斧头、镰刀，就能看到背后的手工作坊；将工业化产品的功能部件一个个拆开，BOM一层层展开，就能看到背后专业分工的大批量生产方式和金字塔组织；从模块化的产品，就能看到背后的集成产品开发、集成供应链和矩阵组织；从创新的产品，就能看到背后的知识生产，看到开放创新型组织的力量。

是不是我们都要打造创新型组织呢？也不一定。知识经济的出现，并不意味着传统经济的消失。在这个丰富多彩的商业世界，一定是混合模式，万物共生。企业不需要也不可能占领所有市场，最关键的是找到自己的目标市场。根据客户需求特点，基于不同的发展阶段，找到最合适的生产模式，构建最合适的组织方式和管理方式。组织运营管理的要点，一方面是把模式的优势发挥到最大，另一方面是要明白罩门在哪里，扬长避短。再优秀的组织也会有罩门，需要管理防护。

1. 金字塔组织

金字塔组织的核心基因是科学管理，专业化，深度白盒化基础上简单化、标准化、自动化。每一个领域都做深做细，研究得很清楚，专业高效。成也萧何，败也萧何，它的罩门就是分工导致的部门墙，层层汇报，信息层层过滤，动作反应迟钝。金字塔组织在管理机制上要创造专业的环境，鼓励做深做细的工匠精神，同时要注意系统性的组织流程与 IT 系统能力建设。如图 11-3 所示，三星的管理实践值得借鉴。它建立了专门的面向外部的全球化商业情报组织，能够比其他企业更早感知环境变化。有专门的秘书管理机构，以及高层管理团队高频次的会议交流与决策机制。最关键的是，三星投入巨资构建强大的 IT 系统，把业务建立在系统上。通过这样强大的神经系统，让整个组织连接起来，业务更高效地流动起来，更加快速地响应变化。

2. 模块化集成组织

模块化产品设计、结构化数据、流程和 IT 系统，对应的是矩阵组织（模块化集成组织）。矩阵组织的罩门是断点多、周期长、响应慢。管理的要点在于模块如何解耦以及模块解耦后的系统再集成。端到端和拉通对齐始终是热门词汇，经过多少年也甩不掉。因为这是刻在骨子里的基因，只能改善，不能根除。在华为的 IPD 变革中，有人说我们很大程度上就是向 IBM 学会了如何开会。这是有一定道理的，要实现跨模块和跨领域的集成管理，很大程度上就是通过流程，通过各种会议以及各种跨部门的委员会。解耦后如何系统再集成也许就是很多企业学习华为 IPD、ISC 不成功的原因。即使是华为，也并没有完全解决这个问题。随着需求与产品的复杂度和不确定性加大，管理挑战越来越大（见图 11-4）。

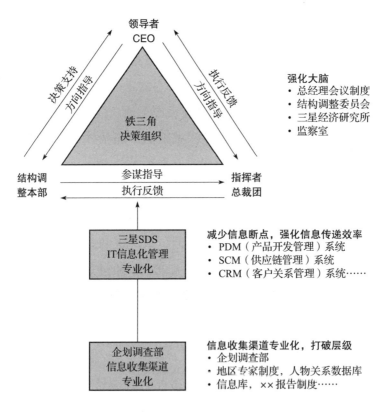

图 11-3　三星集约化管理组织

第十一章 ◀ 组织与人才   329

强矩阵式组织机构

- 强矩阵组织，责权利匹配，避免多头，减少扯皮；从客户中来，到客户中去，端到端协同
- 项目财务预算、投资、考核等权力赋予项目经理

- IPD、ISC等集成流程建设
- 客户文化：从客户中来，到客户中去，全流程视角
- 工作质量管理，一次把事做对，避免重复返工

- 做正确的事，比正确做事重要
- 高质量规划/高质量预测、建立在高质量需求信息触角，以及专业需求洞察的基础上

- 有人说，对于IPD（集成产品设计），IBM教会华为的关键，是如何开会
- IPMT会议、S&OP会议……

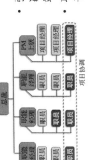
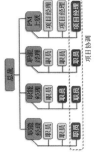

图 11-4 模块化集成管理组织

3. 平台化精益组织

平台网络化是小颗粒精益组织的基础。但平台型组织也有罩门，就是日积月累，平台容易做厚，最后成为桎梏。管理的要点，一方面是要把平台能力做强，另一方面是要把平台做薄、做宽、做活。3M 在平台 + 小颗粒创新组织打造上，做出了很多有益的探索。如图 11-5 所示，平台化基础上的 DevOps 一体化小型精益团队，从规划设计到验证运作快速迭代闭环。公司提供了小公司提供不了的平台能力，包括几个核心的产品平台、生产平台，以及自动化测试平台等。这样既有小公司的灵活，又有大公司的平台资源优势和核心技术优势。小公司虽然灵活，创新能力强，但很多创新都是应用型创新。小公司在 N+1、N+2 的核心根技术上不具备优势，或者偶尔有优势，但不如大公司一样厚积薄发，持续有优势。3M 在根技术上的投入和储备，避免了全都是小公司一样的浅层应用，保证了创新的深度。在管理机制和文化上，15% 自由投入原则、横向技术论坛，以及灵活的启动资金、多元化的激励机制和宽容失败的文化，都是很好的探索。

4. 赋能型生态组织

作战中的数字化、网络化高效协同，给战争形式和组织形态带来了革命性变化。它模糊了前后方的边界，很值得企业管理者学习和思考。传统的军队要保持功能齐全和火力完整，一般需要以军级，至少是师团为最小单位，而新型军队把全功能团队的建制放到了连队。就像产品线的全功能团队，一般需要几百、几千人，现在十几个人的小团队就搞定了。这个小团队在平时具备一定的火力，能够保证自己的基本安全，不会什么都等呼唤后方炮火支援。在充满不确定性、环境瞬息万变的战场，还未等后方炮火抵达，可能已经被团灭了。小型化高性能的装备武器，比如传统的轰炸机，造价昂贵，肯定不能配备到连队。但现在有更加便宜的无人机，配备起来就要容易得多。

第十一章 ◀ 组织与人才　331

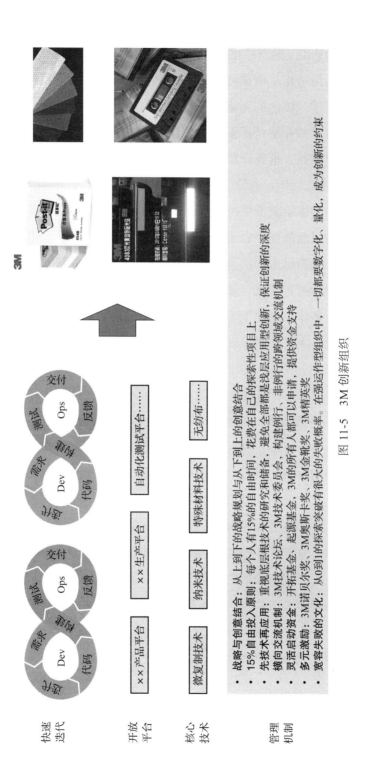

图 11-5　3M 创新组织

数字化基础上的网络化，打破了前后方界限。

传统的网络化是模拟网络，带宽和距离有限，通常只是满足通信需要。而全球一体化的网络，既有卫星网络的天眼，又有一线实地战况，还有后方的深层情报系统等，建立了多层级、全覆盖、有粗有细的信息情报网络，把各个分布式连队，有效地连接起来，成为一个灵活的协同组织。

后端的支撑组织需要把平台能力封装起来，作为微服务供一线快速调用。传统的职能平台更多的是管理。即使是服务，也主要是以专业人员的形式提供人力服务。而新型军队按照作战一线场景，把很多平台能力进行打包封装，形成微服务包，方便一线调用。除了火力武器、通信设备等小型化能力封装外，还包括物质运输，比如阿尔法围棋一样的机器人。一线发现敌人藏身之地后，可以直接调用远程火力打击，不需要一堆复杂的跨领域的沟通协调。

除了模式，还有组织能力。

鸳鸯阵的战斗力除了来自阵法和武器的协同设计，还有很大一部分是来自平时操练。这种隐形的组织能力，有时候更难学会。供应链是偏实践的学科，再好的模式如果不勤加练习、提升能力，也是无用。很多供应链问题，寻根究底是供应模式和产品设计问题。但先进模式落地，谁都不能袖手旁观。鸟儿要飞起来，不是简单插上一对翅膀，而是整个身体都需要重构，需要长时间不断练习，跌倒，才能掌握飞行技巧。很多变革最后的瓶颈是能力。能力不足，反过来怀疑模式有问题，翻来覆去煎烧饼，把组织折腾得外焦里嫩，实质上什么都没改变。

组织变化是变革中相对比较难的部分，希望能给大家带来一些启发。

第三节　学习型组织与"⊥"形成长

在社会组织的各种要素中，人是唯一有生命的。

人是一个组织的活力来源，是最关键的组织要素。不同模式有不同组织类型，其人才偏好和管理方式也会有不同。金字塔职能组织的基础是科学管理，简单化、标准化、自动化。对应的人才也偏好这个基因，要有工匠精神，干一行爱一行，在本职领域做深做细。对应管控型管理：定目标和定标准，过程强管控，强调执行力，一言九鼎、说到做到。虽然我们有时诟病这种传统管理方式，但在对应的场景下，执行力就是竞争力。

在模块化集成管理组织中，模块化、多元化是核心基因，需要的是人才也倾向于多元化基因。对应管理方式走向分权和授权：目标强管控、过程弱管控，关键里程碑协同对齐。对这样的组织，管理的难点和挑战在于模块化解耦后的系统再集成。所以擅长规划、擅长拉通对齐端到端的人才比较受欢迎。具体到供应链，计划和订单统筹人员会显得重要一些。特别是在组织与流程管理机制不够而需要靠人来补位的时候，对这样的人才就更加偏好。

在多元且多变的商业世界，就像在茫茫大海中，如何穿透迷雾，保证方向大致正确？组织需要在不确定中找到一些相对确定的东西，从哲学上说就是信仰，是底层的思维罗盘。在方向大致正确的前提下保持组织的动态和敏捷。今天"知本主义"普遍创新时代已经到来，组织结构、人才管理方式、企业和社会的教育方式都需要做出变化。

一、理想的现实主义者

古斯塔夫·勒庞的《乌合之众》指出了从众、缺乏深度思考带来的危害。在商业世界，大部分企业也是这样，人云亦云，没有耐心思考，沉迷于追逐浪花与浅尝辄止的概念创新。别人说数字化，它就开始数字化；别人说智能化，它又开始追逐智能化。这是最廉价的战略规划，看起来很时尚，很有现代感，但内容空洞。当泡沫过后，被撞得头破血流，又彻底否定走向另一个极端，从激进的革命派沦为头破血流后的悲观主义者。

原来的激进的革命派，因为亲身经历过打击和失败，也会变成更顽固的保守派。他们往往比原来的保守派，更加保守和顽固。无论是原来的保守派，还是激进的革命派被撞得头破血流后变成的悲观主义者或保守派，都不占多数，更多的人是沉默的观望者。他们意识不到变化，或者过于小心，以过来人的偏见停留在怀疑和观望状态。等看到别人成功又后悔不迭：我早就说过，只是因为这个，担心那个，错失良机。真正改变世界的往往是少数派，是理想的现实主义者（见图 11-6、图 11-7）。

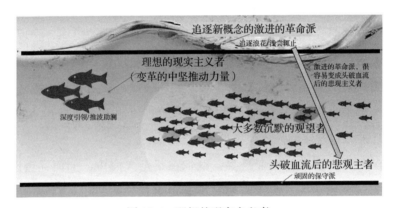

图 11-6　理想的现实主义者

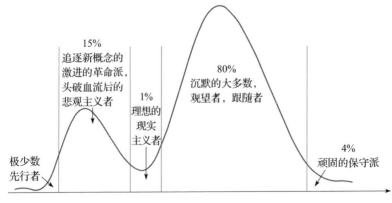

图 11-7　变革人群分布

他们看到的是真正的诗和远方,不是人云亦云,来一场网红点打卡旅游。他们积极拥抱新事物,但也善于从传统中吸取营养,扎实根基。变革不只需要热血,也要立足实际,理性平实,耐得住寂寞,经得住挫折和打击。

多问几次,我是谁,客户在哪里?真正理解目标客户的需求特点,理解自己的业务特点,选择最合适的供应模式。不要凑热闹,也不要凭感觉,理性选择最适合自己的。

二、温故而知新,喜新但不厌旧

人的本性,是喜新厌旧。

"喜新"是好事情,拥抱变革,适应新的环境。但在"喜新"的同时不能"厌旧",不能耻于讨论老的东西,耻于做传统的基础工作。首先,最流行、最漂亮、最先进的东西不一定适合我们。另外,饭要一口一口地吃,衣服要一件一件地穿,基础工作非常重要。企业不一定要按部就班,但不能喜新厌旧。技术价值曲线往往遵守"4321边际收益递减规律"(见图11-8)。

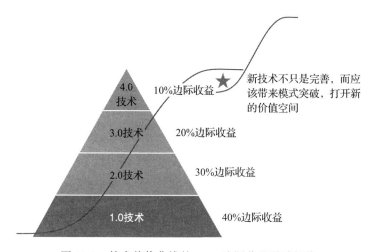

图11-8 技术价值曲线的4321边际收益递减规律

第一个馒头效益最高，有40%的边际收益。

第二个馒头少了些，有30%的边际收益。

第三个馒头又递减了些，有20%的边际收益。

第四个馒头看起来最新潮，但边际收益最小，只有10%。

这些措施一步步叠加起来，才能取得预期的改善效果。我们不能看不起第一个馒头，而好高骛远、喜新厌旧，直接就是数字化和智能化，把功劳和期望都寄托在第四个馒头上。最基础、最简单的措施，往往效果更好。很多企业还在原始供应链阶段，就整天痴迷于数字化供应链。好像手上有一张网，头上有一片云，再喊一喊智能化，很多问题就自动解决了。我看不一定！对原始供应链，最快捷的也许是简单化、标准化、自动化的专业化规模供应链，用科学管理方法先做深做细。即使企业已经在集成供应链阶段，也不是插一对翅膀就可以跳到数字化供应链。最好是从精益供应链做起，先做好数据管理，再说数智化。

如图11-9所示，温故而知新，从历史经验中提炼出底层逻辑，能帮助我们更好地看到未来。这样对理想模式更有信心，甚至说是信仰更加坚定。不像人云亦云的战略，廉价捡来不懂得珍惜，很容易因为路上一点点的困难和挫折就中途放弃。

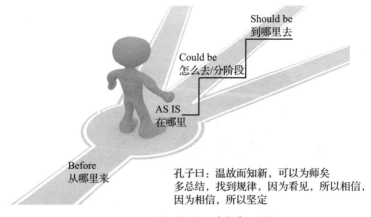

图11-9　温故而知新，喜新但不厌旧

电子在跃迁过程中也需要积蓄能量，不能每次都从零开始，推倒重来。iPhone智能手机、移动互联网和人工智能，都不是完全重新开始的，都有连续性发展的基因。很多所谓的颠覆式创新，也不完全是革命性的。它们也需要从传统中吸取能量，特别是传统中的创新元素。

传统的，也是现代的！

历史的，也是未来的！

三、隔行如隔山，但隔行不隔理

内部视野受限，我们需要跳出组织学习外部优秀经验。学习行业标杆是一种常用的方式，但越来越面临学习瓶颈。同行业近亲繁殖，学习空间越来越小，大同小异。而且因为时间差，市面上看到的已经是老版本，跟在屁股后面跑只有吃灰尘的份儿。学习跨行业标杆是另一条捷径。在创新领域，真正的原创非常少，大部分都是跨领域组合创新。视野从单行业扩展到跨行业，更容易整合跨行业优势资源，构建领先对手的竞争优势。从被动应对的跟随者，成为融合创新的行业引领者。

一生万物，万物归一。外表看似毫无关联，但往深里挖，底层逻辑都是相通的（见图11-10）。

图11-10　隔行如隔山，但隔行不隔理

未来已来，只是不均匀地分布在我们周围。

仔细观察，很多未来的东西很早就出现在了身边。跨行业扩大视野范围，更有可能看到未来的线索，接收线索给我们的启示。普遍创新的时代，"高手在民间"。普通人在实践中，基于问题驱动也可能有很多有益的创新和突破。除了抬头看诗和远方，有时候低低头也能吸收到很多营养。

跨行业标杆信息获取相对容易，很多信息都是公开的。难点在深度学习能力。毕竟隔行如隔山，不能只是简单的复制粘贴，而要抽丝剥茧，能把其中的优秀 DNA 提炼出来，跨行业移植过来。这不只是嫁接，而是基因移植，考验的不是体力，而是脑力技巧，需要专业知识萃取的深度学习方法。

你是一滴油，才能通过萃取把油融合提取出来。也就是说，你自己得是一个专家，有专业的知识工具才能把你的专业知识融合萃取出来。同一个对象，不同的人看的视角不一样，能够萃取到的知识深度也不一样。

怎么才能成为专家呢？只有通过学习成长，不能打开脑袋将知识塞进去，没有捷径可走。有差异的只有学习方法和成长路径。

四、能力建立在组织上：如何做好 COE

2016 年巴西华为变革开始进入收成阶段，本来我准备享受两年劳动成果，此时国内领导安排我回国做数字化融合设计变革。我一看是 COE（能力中心），心里咯噔一下，这活可不好干。在这个普遍创新时代，企业要打造学习型组织，把能力建立在组织上，建立 COE 是一种很好的方式。在巴西华为做变革的时候，我就和国内其他领域的能力中心打过交道，公司普遍对能力中心期望很高，但挑战也很大，很多并没有达到预期目的。

因为数字化融合设计和我的职业规划相符，领导和我谈了几次后我最终接受了挑战。感谢这一段工作经历，让我从台前走到幕后，从管理走向赋能。在探索中，我慢慢学会如何用专业的战略洞察工具，支撑更高质量的理想模式规划；学会如何分场景迭代探索和进行能力突破；学习如何做知识管理，通过知识的提炼、封装，建设场景化解决方案货架；学习如何利用数字化技术实现更少的管理、更无感的数据获取和更多的赋能。

五、不同成长路径

现代组织分工越来越细，很多人习惯于程式化工作、线性思维、局部思维，导致总是打不开天窗，规划源头标靶就太近；或者人云亦云，动不动就数字化、智能化，没有自己的系统思考。要具备更深远的洞察能力，就像做预测计划，要有需求触角，信息能够进来。另外，知识积累起来的思维模式也很重要。同样的信息，不同知识结构的人看到的深度和系统关联性是不同的。

进行跨领域知识积累和系统性思维培育有以下几种路径。

1."之"字形路径

刚从学校毕业到长虹的时候，公司安排我们到各个部门实习，每个部门待几天。这种学习方式，可以让我们有很宽的视野，但风险是每个领域积累都不深。一说起来好像我们什么都知道，但往深里问，就不清楚了。很多接班的或者认为发展潜力大、重点培养的未来干部，就被安排到各个部门实习，一有机会就提拔。这对他们的成长是有好处的，但有时也会害了他们。他们的视野很宽，也比较喜欢新的事物，但往往深度洞察不足。等他们做了领导、主管，很容易被忽悠，特别喜欢人云亦云地喊喊狼来了，停留在数字化、智能化口号层面。"之"字形成长让人见多识广。站得高看得远是好的，但如果不能沉下去扎到根，对成长肯定是不利的。

2."T"字形路径

"T"字形路径和"之"字形路径相比，相同点是大家都有比较宽的视野，差异点在于走"T"字形路径的人在某一方面有比较深入的知识结构和洞察能力。大部分企业的领导、主管，走的都是"T"字形路径。

他们在某一个专业领域做出了成绩，然后被提拔到管理岗位。到了管理岗位，再横向拉通。比如中国体育，乒乓球管得好，就调去管篮球。道理是这个道理，但如果底层逻辑没有融会贯通，也会有一些问题。

3. "⊥"（倒T）字形路径

如图11-11所示，不同领域就像水面上的不同岛屿，从上往下看它们之间是隔离的。要了解全局，有两种方式。一种是飞到天空鸟瞰，一览无余。如果想对某个领域有了解，可以安排对该领域进行调研考察。另一种方式是往深里挖，在更底层的逻辑上融会贯通。

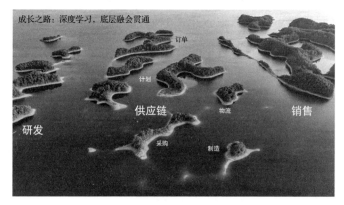

图11-11 深度学习实现融会贯通

我可能还没达到这个境界，但曾经体会过这种感觉。

在华为做制造十几年，我没有主动换过岗位，到巴西华为也是做海外本地生产。为了解决欠料问题，我们一锄头一锄头地挖，突然有一天，从底层逻辑上居然从制造往前把销售、服务、计划，以及订单、税务和财务等，差不多整个业务都拉通了，解决了华为在全球化过程中全球供应链管理遇到的问题。

拙速胜巧迟。这种深度挖掘的学习方式，刚开始会慢一些。但突然有一天，在岛屿的深处找到了系统连接通路，一窍通而百窍通，更系统和深刻。而且这条路一定是存在的。毕竟万物互联，在一定的深度，它们都是联系在一起的。

掌握新知识的知识，学习新方法的方法！

六、探索型工作方法

人清醒的大部分时间都花在工作上，如果工作没有趣味，就很难受了。让工作有趣的一个方法，是多总结、多复盘，做探索型工作者。在繁杂的日常工作中，观察、思考底层的逻辑，把这些底层逻辑的思考当成探索和智力游戏，干工作就像打游戏。而且日积月累容易构建起自己的知识体系，积累起能力和专业自信。无论是自己做过的事，还是别人的案例，总结一次就留下一个知识点。一个知识点一个知识点地串起来，就成为一条线。跨领域的知识交织起来，就织成一张网。进一步抽象提炼，结构化，逐步建立自己立体的、系统化的知识体系。不断长大的知识星球，像小宇宙一样积累越多，引力就越强。对相同的信息，别人看到1，你能看到2，甚至是3。知识越积越多，形成良性循环。

做过的只是经验，总结后是案例，抽象提炼后才能形成知识。而用笔思考，比用脑袋思考要深刻，要系统得多。

知识不像钱，越分享越少。

知识是越分享越多，开卷有益，多学习和多交流没有损失。对于企业组织来说，广阔的探索环境、好的共享平台、平等尊重等都是吸引探索型知识工作者的正确方式。从"资本主义"走向"知本主义"，传统控制和批判型的管理方式下，只会留下人云亦云、听话的人才。资本型管理方式只能收买功成名就、耍耍嘴皮子的顾问型人才。在新的时代，谁能提供更大的探索空间，谁能提供更好的平台，谁真正尊重知识，谁才能吸引到真正敢想敢干的高素质探索型人才，谁才更容易获取竞争优势。

对个人来说，要找好的探索环境。

从"之"字形到"工"字形，深度学习，掌握新知识的知识，学习新方法的方法。跨行业跨领域融合创新，海阔凭鱼跃！

参考文献

[1] 克里斯托弗. 物流与供应链管理：创造增值网络 第3版[M]. 何明珂, 崔连广, 郑嫒, 等译. 北京: 电子工业出版社, 2006.

[2] 沃麦克, 琼斯. 精益思想: 消灭浪费, 创造财富 修订版[M]. 沈希瑾, 张文杰, 李京生, 译. 北京: 商务印书馆, 2005.

[3] 沃麦克, 琼斯, 鲁斯. 改变世界的机器: 精益生产之道[M]. 余锋, 张冬, 陶建刚, 译. 北京: 机械工业出版社, 2015.

[4] 摩根, 莱克. 丰田产品开发体系: 整合企业人员、流程与技术的13项管理原则[M]. 精益企业中国, 译. 北京: 中国财政经济出版社, 2008.

[5] D辛奇-利维, 卡明斯基, E辛奇-利维. 供应链设计与管理: 概念、战略与案例研究 第3版[M]. 季建华, 邵晓峰, 译. 北京: 中国人民大学出版社, 2010.

[6] 泰勒. 科学管理原理[M]. 马风才, 译. 北京: 机械工业出版社, 2013.

[7] 斯隆. 我在通用汽车的岁月: 斯隆自传[M]. 刘昕, 译. 北京: 华夏出版社, 2017.

[8] 罗思柴尔德. 通用电气成功全书[M]. 杨斌, 等译. 北京: 机械工业出版社, 2008.

[9] 郭士纳. 谁说大象不能跳舞?: IBM董事长郭士纳自传[M]. 张秀琴, 音正权, 译. 北京: 中信出版社, 2006.

[10] 彭剑锋, 蔡菁. IBM: 变革之舞[M]. 北京: 机械工业出版社, 2013.

[11] 周禹, 杜贺敏, 崔海鹏. 三星崛起之道: 东方式管控+西方式变革[M]. 北京: 机械工业出版社, 2010.

[12] 哈肯. 协同学: 自然成功的奥秘[M]. 戴鸣钟, 译. 上海: 上海科学普及出版社, 1988.

[13] 普里戈金. 从存在到演化[M]. 沈小峰, 等译. 北京: 北京大学出版社, 2007.

[14] 米勒, 佩奇. 复杂适应系统: 社会生活计算模型导论[M]. 隆云滔, 译. 上

海：上海人民出版社，2020.
［15］WIEGERS K，BEATTY J. 软件需求：第 3 版［M］. 李忠利，李淳，霍金健，等译. 北京：清华大学出版社，2016.
［16］林雪萍. 工业软件简史［M］. 上海：上海社会科学院出版社，2021.
［17］高杨文，陶琦. 戚少保年谱耆编［M］. 北京：中华书局，2003.
［18］朱世巍. 东线：巴巴罗萨与十八天国境交战［M］. 重庆：重庆出版社，2018.
［19］伯恩. 蓝血十杰：美国现代企业管理之父［M］. 陈山，真如，译. 海口：海南出版社，2014.
［20］殷绍伟. 精益供应链：从中国制造到全球供应［M］. 北京：机械工业出版社，2016.

后　　记

华为的工作节奏并不轻松，闺女的成长陪伴也不能打折，这本书是利用周末和晚上的休息时间，写了3年多才终于完成的，希望我的心血没有白费。写书挺辛苦，看书也不容易，能够静下心看到这里的都是有耐心的读者。希望本书能够提供不同的视角，给大家带来思考和启发，避开我曾经掉过的坑，少走一些弯路。

中国企业发展进入新的阶段，很多人看到了供应链的重要性，也看到了问题。但供应链是系统工程，是偏实践的科学，特别需要理论和实践相互结合。很多搞理论的学院派没有实践，隔岸观火深入不下去；有实践的人又缺少总结，系统理论上不来。这中间承上启下的工作需要有人做。幸运的是，刘宝红等供应链前辈已经在这方面做了很多工作。我愿意跟随他们的步伐，从我擅长的场景化供应模式与产品可供应设计，从精益自働化与数字化等基础工程能力上着力。写作本书费了很大心血，但华为只能代表一小部分样本，且仅写书介绍理论的作用也有限。经过慎重考虑，我决定离开工作近20年的华为，把精力从日常管理工作中解脱出来，把视野扩展到跨企业的供应链实践，和更多同道中人一起，将理论和实践结合，为中国企业的供应链管理进步出一份力！

如果你遇到了供应链管理问题，看到了供应链的价值，欢迎联系我。

我的邮箱：yinshaoweisovin@gmail.com。

微信号：sovin26904554。